教育部人文社会科学研究青年基金项目
（民事诉讼请求之裁判界限研究 12YJC820059）资助

民事裁判的边界

The Boundary of Civil Judgment

梁开斌　著

社会科学文献出版社
SOCIAL SCIENCES ACADEMIC PRESS (CHINA)

序

民事裁判边界之确定，是民事诉讼得以开展的基石，也是民事诉讼法基础理论中的一个研究难题。作为民事裁判对象核心要素之诉讼标的，直接关系审判对象、审判方向和既判力范围的解决，有着重要的理论研究价值。诉讼标的因而成为一审、二审和再审相互衔接的桥梁。对诉讼标的范围的尊重，既有利于限制法官自由裁量权的恣意，又有利于保证当事人的合法诉求不为突袭性裁判所侵蚀，体现了法官审判权和当事人处分权的和谐统一。民事裁判边界的准确划定，直接影响着诸如诉之利益、诉之合并、反诉、共同诉讼、第三人诉讼、重复起诉禁止等基本理论问题的正确解决，维持着民事诉讼法理论体系的一致性，其价值可谓牵一发而动全身。

在民事审判实务中，法院的判决遗漏当事人诉讼请求的情形较为少见，但法官超越当事人诉讼请求而作出判决则屡见不鲜。这说明职权主义阴影仍然在一定程度上影响着法官的司法。与此同时，实践中还出现了一些争议性判决，其是否超越当事人诉讼请求范围难以界定。例如，裁判书以当事人未提及的法律关系或案件事实，来支持当事人的具体权利要求，是否超越诉讼请求范围？如何看待当事人诉讼目的和其诉之声明之间的关系？如何看待法官依实体法规定对当事人诉讼请求范围的变更，例如在合同无效案件中，要求"互相返还财产"的实体法规定，是否可以变更原告单方面的诉讼请求范围？如何理解《最高人民法院关于适用〈中华人民共和国民事诉讼法〉的解释》第247条中的"三相同、一否定"标准？上述问题的存在，均说明了现行民事诉讼法关于民事裁判边界的规定仍然失于粗泛，有待细化。

自罗马法以降，关于民事裁判边界的研究，形成了三条发展脉络，分别体现于英美法、法国法和德日法之相关规定。在很长的一段时间中，英美民事审判裁判边界之确定看重案件事实要素，德日民诉法看重法律关系要素，法国民诉法则倚重于规范与事实要素之组合。分久必合，同样是学术史上一个有趣的现象。近年来，作为发展主轴的该三类型民事诉讼，出于提高审判效率的需要，均有借重案件事实要素以确定民事裁判边界之趋势。回望国内，该领域的研究一直不乏其人，硕果累累。老一辈民诉法学者常怡教授、江伟教授就对采用传统或新诉讼标的理论持有不同的观点；新一代学者如张卫平、张晋红、李龙、段厚省、刘荣军、毕玉谦等教授也各自撰文立说，阐述了独立见解。理论争鸣的百花齐放造就了学术的繁荣，却未能得出一个有力的共识性结论，反而在某种程度上带来了"争鸣的疲劳"。这也正是我国实务界中"越界裁判"和"缺位裁判"频现的一个重要原因。

开斌博士对于民事裁判边界的研究情有独钟，长期关注。他在硕士毕业论文中就探讨了实体请求权竞合这一主题。2006 年，他考入厦门大学法学院，成为我的博士生。随后不久，就以民事诉讼标的作为方向，开始博士论文的写作。其间他还到台湾地区访学，专门收集了这方面的研究资料，拜会并旁听了邱联恭教授和杨淑文教授的课程，受益匪浅。他的博士毕业论文《民事诉讼标的之研究》，答辩成绩为优秀。答辩委员会主席为时任中国民事诉讼法学研究会会长陈桂明教授。陈教授以及另一位答辩委员会成员李浩教授均对该论文给予高度好评。博士毕业后，他继续坚持该方向的深入研究，获得教育部人文社科青年基金项目的立项。本书就是该基金项目的最终研究成果。

本书从历史的视角，系统介绍了民事裁判边界理论自罗马法以来的发展、分野与融合，尤其是对美国、欧盟和我国台湾地区的理论革新趋势，做了密切跟踪和剖析。书中采用了类案研究方法，笔触钩沉于判决之海洋，以实证精神小心描绘我国民事裁判边界之现状图景。作者回应现实中存在的民事裁判边界确定方法的朴素案件事实观，经历持续深入的理论论证和逻辑梳理，谨慎地提出了民事裁判边界之"目标管理案件事实说"。这是一个有相当分量的学术创新：在立法技术上，对案件事实的诉讼单元化提出了目的管理办法，这与英美法纠纷事件说中求诸法官经验的方法相比，显然更为客观；在诉讼理念上，既看重纠纷一次性解决之目标，又看重内含于案件事实中诸法律关系下的诉之声明的共同目的，这令法官阐明权和当事人诉讼促进义务的履行更为有章可循；在表达形式上，该学说主张直接点出了民事裁判边界之变动原因，并非源自诉讼标的范围之相对化，而是程序阶段功能对诉讼标的之相对影响力。这样的理论陈明更为直截了当，也更容易为参与诉讼的群众所理解和接受。认真对待本书关于民事裁判边界确定方式的研究与论证，经由学界智慧坚持不懈地探索与争鸣，相信必能对民事裁判边界确定之司法实践，产生重要的推动作用。其意义不仅仅是促进民事司法中法官的定位向协同主义型法官积极转换，还能科学化每一个判决的边界和既判力，从最基础的层面上直接夯实和提升民事判决的质量。

唯有砥行砺心，方能有真正意义上的学术创新。宁静致远，弱水流深，从厦大毕业至今，开斌博士在民事诉讼的基础理论方面，坚持自己的研究方向，不忘初心，脚踏实地，不断取得新的成绩，我为之十分欣喜。是为序。

齐树洁

厦门大学法学院教授、博士生导师

中国民事诉讼法学研究会副会长

2018 年 3 月 31 日

摘　要

　　民事裁判边界之确定，是民事诉讼中无可回避之基础性问题。民事诉讼标的之界定方式，直接决定了民事裁判的边界。本书以诉讼标的之界定为研究主线，借助类案分析、历史分析、比较分析和体系分析等方法，探讨了中国民事裁判的实有和应有边界。

　　除导论和结语外，全书共分为五章。

　　导论限定了研究的对象，介绍了研究的方法，阐明了研究的意义。

　　第一章重点介绍了民事裁判边界的相关基础性理论，主要包括传统诉讼标的理论、新诉讼标的理论二分肢说和一分肢说共三种重要理论。通过诉讼标的的范围之确定、诉讼系属、诉之客观合并、诉之变更和追加、既判力客观范围等五个角度，详分细剖该三种理论的基本思路，并进而比较它们的长短优劣。任何一种民事诉讼标的理论都是在"诉讼的安定"和"诉讼的经济"这双重价值之间进行徘徊和权衡。目前，中国民诉法理论界尚未就诉讼标的之确定方法达成共识，但未来的诉讼标的理论改革必然要妥善安置"诉讼的安定"和"诉讼的经济"这两种价值。

　　第二章详细分析了美国、欧盟和我国台湾地区民事裁判边界理论的改革新动向。这些理论都不约而同地注意到了纷争一次性解决的重要性。美国的自然事实观对于实现纷争一次性解决目标的积极作用不言自明；欧盟意识到程序分离所可能造成的诉讼不经济局面，特采用了关联诉讼等技术来缓解严格的诉讼系属规定所可能带来的种种不便；我国台湾地区则是通过强调当事人的诉讼促进义务，来限制"一案多诉"的可能性。尤为重要的是，在美国、欧盟和我国台湾地区的理论革新中，其对案件事实要素的特别借重，是之前诉讼标的理论中所未曾出现过的重大变革。

　　第三章对作为民事裁判对象核心要素之诉讼标的的三大构成要素进行了比较分析。在已有的各种诉讼标的理论中，它们对于诉讼标的的范围的划定不外乎借助三个基本要素：法律关系、案件事实、诉之声明。因此，要构建一种合理的诉讼标的理论，就必须透彻地分析此三要素。从逻辑的角度观察，此三要素在覆盖范围上并没有绝对的大小之分。但是，从生活的角度进行比较，可以发现，案件事实具有最大的覆盖范围。就法律关系的覆盖范围而言，由于法律关系的设定和划分更多的是从法律逻辑的角度来加以进行的，因此，一个纷争所涉的案件事实往往会包含多个法律关系。就诉之声明的覆盖范围而言，出于法律上的原因或生活上的原因，当事人在一个纷争中往往会主张一些不能并存的诉之声明，因此，以诉之声明来涵盖一个纷争的做法显然也不能够经受住实践的考验。就案件事实的覆盖范围而言，以一般理性人的评判标准出发，在绝大多数情形下，当事人所认定的"一个案件事实"能够和当事人所欲争讼的一个纷争有着相当的覆盖范围，因而可以实现诉讼标的范围最大化和纷争一次性解决的理想。

第四章通过分析大量的案例，力图发现我国民事裁判边界之确定方法。民诉法理论界普遍认为我国实务界实行的是传统诉讼标的理论，但通过研究相关的判决可以发现，在民事审判实践中，确有部分专业理论素质较高的法官坚持以传统的诉讼标的理论的方法来确定诉讼标的，但在诉之变更、诉之追加和诉之合并问题上，他们的做法又和传统诉讼标的理论的要求背道而驰。亦即，传统诉讼标的理论实际上并没有得到彻底地贯彻。实务中民事法官确定诉讼标的的方法可谓多种多样，既有坚持传统诉讼标的理论者，又有无意识地使用新诉讼标的理论一分肢说或二分肢说者，更有相当一部分法官在审判中根本没有树立起诉讼标的的意识，将诉讼标的简单地等同于诉讼标的额或者诉讼标的物。当前的相对混乱状况显然不利于法制的统一，亟须变革。

第五章指出，我国的民事案件量正在逐年上升，"诉讼的经济"这一价值的重要性也与日俱增。在民事裁判边界的确定上，本章提出了"目标管理案件事实说"这一新方案。目标管理案件事实说认为，应当以本案所涉的案件事实作为确定诉讼标的的范围之本体要素，如此，可以最大化诉讼标的之范围，有力实现"诉讼经济"这一价值；在目标管理案件事实说中，审判伊始的诉讼标的的范围可能会大于也可能会小于案件终结时的诉讼标的的范围（既判力客观范围的扩张或限缩）。之所以会出现诉讼标的的范围"前大后小"或者"前小后大"的变动，关键在于当事人就相关事实争点、法律争点和诉求争点之诉讼，有无获得充分的程序保障。对于这种现象，与其称之为诉讼标的的范围的相对变动，毋宁更准确地表述为程序对诉讼标的之相对影响力。通过对程序功能的兼顾，目标管理案件事实说可以妥善协调"诉讼的经济"和"诉讼的安定"这一对矛盾。此外，本章还论及目标管理案件事实说下请求权竞合问题的处理、法律适用突袭性裁判的防止和诉之声明的正当分割等问题。

结语中对全书各章的观点进行了收束，认为可以考虑以目标管理案件事实说来统一中国民事裁判边界的确定方法。退而求其次，如果不采用目标管理案件事实说，也应当力求变革，普遍树立起法官的诉讼标的意识，将传统诉讼标的理论中的诉之客观合并、诉之追加等可以提高诉讼效率的技巧引入我国的民事诉讼实践中。

关键词： 裁判边界　诉讼标的　案件事实　法律关系　诉之声明

目　录

CONTENTS

导　论

一　民事裁判边界之研究对象

（一）民事裁判边界暨相关具体概念

1. 民事裁判边界

何为民事裁判边界？从审判逻辑而言，民事裁判边界对应于民事裁判对象之边界，民事裁判对象的范围有多大，民事裁判边界的范围就应该有多大，不可超越也不可遗漏。这也正是《中华人民共和国民事诉讼法》第200条第11项规定的价值之所在："当事人的申请符合下列情形之一的，人民法院应当再审：（十一）原判决、裁定遗漏或者超出诉讼请求的。"从逻辑上，民事裁判边界在外延上可以等同于民事审判对象，亦即诉讼标的。应当注意的是，前述提法适用于判决问题上并无大的争议，但是否可适用于裁定问题则可能有所分歧。就裁定的对象而言，有些裁定，如关于诉讼指挥的裁定并不必然对应于民事审判对象，但也有些裁定其并不局限于程序事项，如关于支付令和诉讼费用的裁定可对应于审判对象。就裁定的种类而言，民事裁定整体上可分为诉讼裁定和非讼事件的裁定两类。其中，就诉讼要件的裁定而言，其可以使得"当事人免于就同一事件重复提起欠缺同一诉讼要件之诉，也可以使法院免于重复同一之判断，从而赋予诉讼要件的解决以安定性"[①]。此处，裁定对于"同一事件"的程序性判断，也和民事审判对象相对应。正是在此论说意义上，本文使用民事裁判边界这个概念。

民事裁判边界是一个统称性的概念，在民事诉讼法上并非一个专有名词，它是对一系列诉讼中现象的总括，包括三大要素：诉权要素，即决定

[①]　许少波：《论民事裁定的既判力》，《法律科学》2006年第6期，第123页。

当事人诉权是否消灭的重复诉讼；效力要素，即决定当事人权利义务最终状态的既判力；核心要素，即在更深层次上对重复诉讼和既判力起决定作用的诉讼标的。

传统意义上，对于诉讼标的概念之理解，均有一个研究前设，即其范围具有恒定性。本书认为，诉讼标的是在程序中运行，会受到程序阶段性特征的影响，因此其并非一个纯静态的概念。与诉讼标的概念相比较，民事裁判边界具有动态性的一面，更能反映诉讼标的于程序中的动态运行过程，故本书命名为《民事裁判的边界》。秉承大陆法系的传统，我国法学界对民事诉讼标的一词的理解和接受也直接取材于德国法中的传统诉讼标的理论。在我国民事诉讼法学界中，习惯于将大陆法系的民事诉讼标的概念与英美法系的 subject matter 一词相对应。诚然，无论在字面上还是在具体含义上，这种翻译方式均无可指责。但是，subject matter 一词有着多种含义，并且，该词也没有像诉讼标的概念那般经由历史发展而产生了丰富的内涵。实际上，英美法系真正意义上的审判对象，是指当事人的诉讼请求（claim），而其对诉讼请求范围（dimensions of claim）的讨论，才更为接近大陆法系诉讼标的之含义。有鉴于此，在民事诉讼标的研究问题上，使用民事裁判边界这个概念，能为大陆法系和英美法系的相关研究搭建一个可供直接对话的"概念桥梁"。

民事裁判边界不能简单地等同于既判力之边界。在不同的诉讼阶段，民事裁判边界是一个逐步发生和发展的过程：在案件起诉阶段，人民法院虽未下判，但是裁判边界应当已经明晰，亦即诉讼标的；在人民法院受理案件后，该案件即发生诉讼系属，其他人民法院不得再次受理，这是裁判边界体现在管辖上的二次形态；在一审程序中，裁判边界可能会随着诉之合并、诉之分离或诉之变更而发生边界的变化；在二审程序中，裁判边界原则上应当绝对等于或小于一审当事人的诉讼请求范围，例外性的突破是二审中允许当事人以调解形式对一些一审未提及的新的事项进行约定；在法律文书发生效力后，民事裁判边界则等同于相关法律文书的既判力范围。具体变化可参看图1。

民事裁判边界在诉讼过程的不同阶段，会和不同的民诉法概念发生联系，这其中包括一事不再理、重复诉讼、既判力、诉讼标的这几个关键概念。因此，有必要对这些概念的关系进行梳理，以保证本文的研究不在混乱无序中进行。

```
              ┌─────────────────────┐
              │   民事裁判边界的动态变化   │
              └─────────────────────┘
                        │
        ┌──────────────────────────────────┐
        │ 裁判边界的原初形态：案件起诉阶段的诉讼标的 │
        └──────────────────────────────────┘
                        │
          ┌──────────────────────────┐
          │  裁判边界的二次形态：诉讼系属   │
          └──────────────────────────┘
                        │
    ┌──────────────────────────────────────┐
    │ 裁判边界的一审变化形态：随着诉之合并、分离或变更而变化 │
    └──────────────────────────────────────┘
                        │
┌──────────────────────────────────────────────┐
│ 裁判边界的二审变化形态：原则上等于或小于一审边界（当事人的诉讼请求范围） │
└──────────────────────────────────────────────┘
                        │
      ┌──────────────────────────────────┐
      │ 裁判边界的最终形态：裁判生效后等同于既判力范围 │
      └──────────────────────────────────┘
```

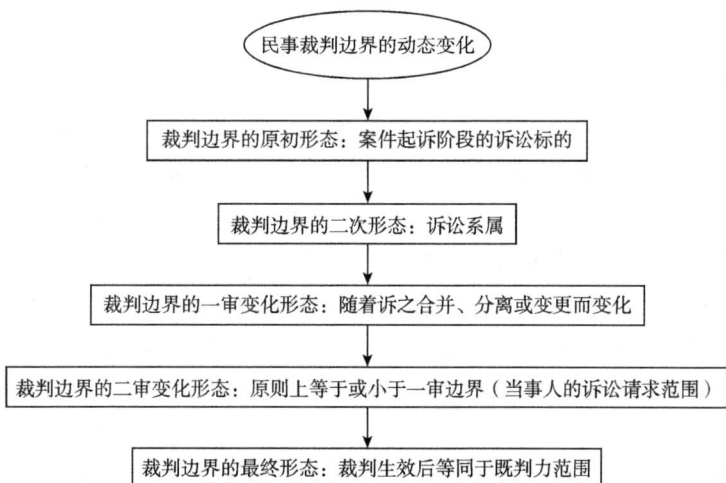

图 1　民事裁判边界的动态变化

2. 一事不再理之界定

一如大陆法系中的其他法律制度，"一事不再理"原则被民事诉讼学界普遍认为发端于罗马法。基于罗马法完全根植于古罗马社会实际生活纠纷之特点，"一事不再理"事实上是经由多次具体审判后，借由法学家的演说和论著才获得了形而上于彼时审判实践的地位，并最终以自然法的形式获得了普世认同。基于其本源上的表达，Ne bis in idem，即一事不再理，其 bis 是指第一次审判，idem 是指第二次审判。换言之，此原则是指已经由某一法院审判的案件就不应该再进入第二个法院重新审判了。这其中有两层含义，首先一旦原告将被告诉至某一有管辖权之法院，则双方当事人即由于此诉讼而与受理法院形成了一种约束，任何一方当事人均不得再以同一问题诉至另一法院。其次，一旦受理了此案件的有管辖权的法院就系争事实作出有效判定，则此判定即应得到所有人的尊重。前者，即所谓的诉讼系属；后者则是为人所熟知的民事裁判既判力。

3. 诉讼系属之界定

诉讼系属，即特定当事人将其纷争提交至有管辖权的法院之后，且获得终局裁判之前，在此特定纷争之上，当事人之间和当事人与该法院之间形成的一种约束关系。这种约束关系应得到当事人和法院的尊重，不得任意更改和否定。其目的很明确，即在诉讼这种"复仇的文明替代物"（Edouardo Couture)① 之中，保护一方当事人免于受到另一方当事人以诉讼为武器的重复"诉讼攻击"。

在大陆法系国家和地区，诉讼系属非常重要并得到立法承认。《德国民事诉讼法》第 261 条第（1）款明文规定：通过起诉，一案即在法院获得诉讼系属（Rechtshängigkeit）；第（3）款第 1 项规定：获得诉讼系属的案件，不得在另一法院或同一法院重新获得诉讼系属。《日本民事诉讼法》第 142 条也明文禁止重复起诉：系关一法院系属之案件，当事方不得再另行起诉。中国台湾地区的《民事诉讼法》第 253 条规定：当事人不得就已起诉之事件，于诉讼系属中，更行起诉。

大陆法系国家和地区的此项立法，都蕴含了同一理念：禁止对同一纠纷重复起诉，一旦一诉的诉讼目的可以通过正在进行的诉讼实现，即排除任何其他基于此目的的诉讼再度进行。禁止重复起诉不仅是基于人权理念对当事人的保护，也是基于诉讼经济和权威之理念对法院的保护。诉讼系属始于一方当事人的起诉，至于其他非诉程序则不形成诉讼系属；诉讼系属终于法院作出终局生效裁判。基于大陆法系的诉讼结构特点，当一方当事人违反诉讼系属重复起诉时，不仅当事人可提起诉讼系属抗辩，法院也应依职权注意。鉴于中国大陆地区民事审判量越来越大，法院审判负担越来越重之实际情形，在民事诉讼法理论和立法中，应尽快正视此问题，裨补缺漏，以保障民事诉讼的效率。

4. 既判力之界定

既判力，简言之，即生效裁判之拘束力，是对一诉诉讼目的已经实现的确定回答。既判力可谓系关诉讼制度能否存在的一个本源性制度。因此，无论在大陆法系抑或英美法系，既判力都是其诉讼中的一个基本制度。在民事诉讼中，既判力的界定包括如下内容：既判力的约束对象、既判力的效用、具有既判力的裁判种类以及既判力之范围。

首先，既判力的约束对象既包括当事人也包括一国国内的所有法院。基于诉讼系属在当事人间形成的约束关系，以及享有程序保障机会的也限于诉讼当事人，因此，原则上既判力是仅及于当事人的。但鉴于前文对实际案例的分析，有时后诉当事人虽然只是前诉的第三人，甚至完全没有参加前诉，但其诉讼目的为前诉所覆盖以致后诉成为多余者，也应受既判力

---

① John Anthony Jolovicz, *On Civil Procedure* (Cambridge：University Press, 2000)：92.

约束。另外，也还有当事人继受人受既判力约束之情形。①

其次，确定了既判力之后，其效用有二：其一，当事人之间在此特定事项上的权利义务关系已经确定并禁止重起争执；其二，法院在处理有关此事项的其他诉讼时，应尊重此判决所确定的权利义务关系。即使法院受理的后诉是新诉，只要前诉之判决所确定之事项对后诉待决事项有影响的，亦需尊重其既判力。

再次，具有既判力的裁判种类不仅包括法院作出的生效判决和裁定，还应包括仲裁裁决。② 基于民事纠纷解决多元化机制越来越重要，其他能够作出具有同等定分止争之效的组织或机构所作出的各类法律文书，也应承认其效力。如前文论述，这一点也得到了审判实践的支持。如此具有生命力和智慧力的做法理应获得理论和立法的认同。

最后，既判力的范围需要注意的是其时间基准点。这一点，通常应以生效裁判发生效力的时间基准点为准，对此前的系争法律关系所作出的裁判具有确定的约束力。如果之后重新发生了变化，则需要分辨是新产生的案件事实还是新发现的证据，给予不同处理。前者，可认定构成新诉；后者则只是构成申请再审的理由。

（二）　民事裁判对象之核心要素——诉讼标的

1. 诉讼标的之概念

"诉讼标的"，亦即审判对象，是审判中最核心的要素，直接关系到审判内容划定、审判方向确定和既判力范围等重要问题的解决。民事诉讼标的之界定方式，直接决定民事裁判的边界。因此，本书以诉讼标的之界定为研究主线，最终在逻辑上自然推导出民事裁判的边界。

关于诉讼标的的理论，可谓复杂多变，但不论是哪种诉讼标的理论，其最终都脱离不开三个要素的变化组合：案件事实、法律关系和诉之声明（诉讼请求）③。我国大陆地区目前坚持的是传统诉讼标的理论，亦即法律

---

① 邱联恭：《口述民事诉讼法讲义（三）》，台北，三民书局，2007，第304页。

② 〔德〕罗森贝克、施瓦布、戈特瓦尔德：《德国民事诉讼法（下）》，李大雪译，中国法制出版社，2007，第1156页。

③ 对于诉讼标的理论之一分肢说持有者而言，民事诉讼请求之裁判边界，实际上等同于民事诉讼标的之裁判边界；对于传统诉讼标的理论持有者而言，民事法律关系之裁判边界，实际上等同于民事诉讼标的之裁判边界。

关系说，这从最高人民法院的民诉法司法解释第 247 条中可以获得明显推断。

"民事诉讼标的"，是民事审判对象之别名。严格来说，不单单是民事诉讼，包括刑事诉讼、行政诉讼都有一个审判对象范围的确定问题。本书以民事诉讼作为研究前提，其研究自然明确地指向民事审判中审判对象的确定问题。在民事审判中，民事诉讼标的之确定关系重复起诉禁止、诉之合并、诉之追加、诉之变更以及既判力客观范围等一系列重要问题。

诉讼标的之确定，在民事审判中有着极为重要的作用，具体影响范围如下。

（1）对审判对象范围之影响

诉讼标的，也就是诉讼的客体、诉讼的审判对象。民事诉讼标的范围之确定，实际上就是民事审判对象范围的确定，这对于诉讼各方来说都是一个非常重要的问题。就当事人而言，审判对象范围的确定，直接决定了各方当事人攻击和防御的目标；就法官而言，其判决的作出，既不得逸出民事审判对象的范围，又不得遗漏本属于审判对象范围的任何内容，否则，就有构成突袭性裁判的嫌疑。

（2）对诉讼系属之影响

诉讼标的之确定，关系到诉讼系属原则的应用。所谓诉讼系属，是指当事人不得就法院已经受理但尚未审结的案件再次提起诉讼。对诉讼系属的认定和诉讼标的之确定直接相关。只有前诉和后诉的诉讼标的相同，才可以说后诉违反了诉讼系属原则。[①]

（3）对诉之合并、诉之变更和诉之追加的影响

诉讼标的之确定，会直接影响到诉之合并、诉之变更和诉之追加的认定。例如，同样是法律依据的变化，依据新旧诉讼标的理论的不同认知，就会有不同的诉讼后果。在新诉讼标的理论看来，这仅仅是法律陈述上的合并、变更或追加，完全属于当事人的权利自治范围；但在传统诉讼标的理论看来，这已经构成了诉之合并、变更或追加，应当征得对方当事人的

---

① 我国民事审判实务中经常将"一事不再理""诉讼系属"和"既判力客观范围"这三个概念进行混用。实际上，"一事不再理"应当是后两者的上位概念，包含了后两者的内容。而"诉讼系属"和"既判力客观范围"这两个概念所覆盖的范围各自不同，应当相互区别。参见陈洪杰《论"一事不再理"与"既判力"之区分》，载张卫平主编《民事程序法研究》第 4 辑，厦门大学出版社，2008，第 89~96 页。

同意。

（4）对既判力客观范围的影响

在诉讼过程中，各方当事人已就诉讼标的范围内的各个争点在法律上和事实上进行了充分的攻击和防御，其程序参与权得到了充分的保障。因此，在判决既判力客观范围的决定，自当以诉讼标的之范围作为最直接的依据。一般来说，诉讼标的范围有多大，判决既判力的客观范围就应当有多大。但是，在近来的一些诉讼标的理论中，也有论者认为，既判力的客观范围可以小于诉讼标的之范围。①

2. 诉讼标的与相关概念间的关系

从上面的介绍，不难进行概念关系间的脉络梳理："一事不再理"应当是"重复诉讼"和"既判力"这两个概念的上位概念，它更多意义上是作为一种原则而不是制度在司法中加以使用。②"一事不再理"作为一种原则，其背后蕴含着诉权消耗、诉讼经济、裁判一致、减轻诉累等多种理念和价值。作为其下位概念的重复诉讼则可分为横向和纵向两种，横向重复诉讼即诉讼系属，纵向重复诉讼即既判力。作为其另一下位概念的既判力则可具体细分为主观范围、客观范围和时间范围三个维度，分别对应于"既判力限于当事人之范围，而不对第三人产生拘束力""既判力客观范围限于判决主文，而不扩张至判决理由中判断""既判力只针对辩论终结时，而不及于其后的新事由"三大具备很强操作意义的制度化命题。③

需要注意的是，无论是"一事不再理""重复诉讼""既判力"这三者间的关系如何进行变化，都脱离不开诉讼标的这个核心概念。这三个概念始终必须通过案件事实、法律关系和诉之声明（诉讼请求）来进行解读和界定。所谓"一事不再理"中的"一事"，即指的是广义的案件事实；所谓重复诉讼，依据 2015 年生效的民诉法解释第 247 条之规定，包括当事人、诉讼标的（法律关系说）和诉讼请求三个构成要件，均内含于诉讼标

---

① 在台湾政治大学杨淑文教授所提出的相对诉讼标的概念中，即持有此种观点。参见杨淑文《诉讼标的理论在实务上之适用与评析》，《政大法学评论》1999 年第 61 期，第 197 ～ 251 页。

② 张卫平：《重复诉讼规制研究：兼论"一事不再理"》，《中国法学》2015 年第 2 期，第 42 页。

③ 林剑锋：《既判力时间范围制度适用的类型化分析》，《国家检察官学院学报》2016 年第 4 期，第 10 页。

的之构成要素中;① 所谓既判力，其主观范围中的当事人、其客观范围中的法律和诉讼请求、其时间范围中的案件事实，仍然和诉讼标的诸要素之间高度重复。因此，如果对诉讼标的没有一个清晰的认识和界定，就不可能对这些相关概念进行严肃地讨论。

总体而言，这些概念之间的关系如图2所示。

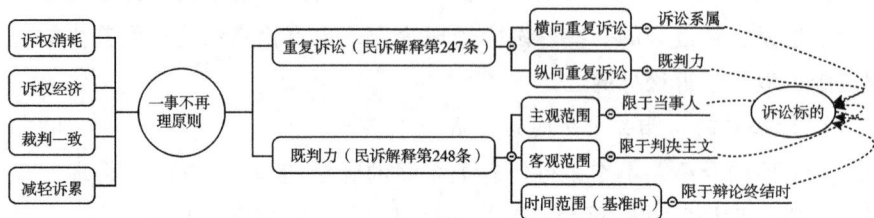

图 2　诉讼标的与相关概念的体系性逻辑关系

二　民事裁判边界之研究方法

（一）类案研究方法优先

要研究诉讼标的理论，就必须了解我国民事审判实践中诉讼标的之确定方法，为此，本文在研究方法上有意侧重于实证研究的应用。一方面，作者收集和分析了大量相关案例；另一方面，作者也积极谋求在福建省内不同级别的人民法院中做相关调研。

在研究过程中，注意类案研究方法的使用。个案研究方法在我国法学界已经盛行三十余年。用个案方法收集的资料往往是不系统的和主观的，让研究者的理论偏好有太多的选择余地，导致观察和解释产生了偏见。其次，个案研究难以处理研究结果适用范围普适性和特殊性之间的关系。因此，根据个案研究得出的结论，要当作正确的、可推广的东西加以接受，就必须用类案研究方法加以检验和监督。

相对于民事个案而言，民事类案是指那些进入民事诉讼程序并在事实认定和法律适用上具有高度相似性或高度相关性的案件的集合体。民事类案研究既

① 依据该解释第 247 条，当事人就已经提起诉讼的事项在诉讼过程中或者裁判生效后再次起诉，同时符合下列条件的，构成重复起诉：（一）后诉与前诉的当事人相同；（二）后诉与前诉的诉讼标的相同；（三）后诉与前诉的诉讼请求相同，或者后诉的诉讼请求实质上否定前诉裁判结果。

包括对同类案件中同类问题的研究，又包括对不同类案件中同类问题的研究。类案研究本身可以实现"同案同判"的目标，进而达到对法官滥用自由裁量权的限制和监督。民事类案监督的重心是"类"，因此，相关的案例信息收集工作必不可少，否则难免会陷入巧妇难为无米之炊的尴尬。相关的信息源可以进行如下简单分类：法信案例库、北大法宝司法案例数据库、其他人民法院案例库。

类案研究可以采用两种方法进行：一是程度划分法。所谓程度划分法，是指以某一案例为中心，向外拓展，不断收集相关案例，视案例中所承载价值的轻重程度不同编排成案例表。通过这些程度性的编排，可以获得不同案例处理上的举重以明轻或举轻以明重之效。二是逻辑推演法。所谓逻辑推演法，是指以某一案例为起点，分析其所有关键性构成要件，并在逻辑上进行排列组合，推导出所有可能的案型，编排出相应的案例谱系。通过对该案例可能演化的所有案型的研究，对该类型案件的处理可以保证整体上的和谐性，保证民事判决的稳定性和一致性。

（二）历史研究方法与比较研究方法相结合

本书第一章和第二章采用了历史研究方法，重点探讨民事诉讼标的理论的历史嬗变过程。同时，也注重对现有诉讼标的理论的横向比较研究，着力剖析了欧盟、美国和我国台湾地区诉讼标的理论发展的新动向。作者希望通过纵向历史研究方法和横向比较研究方法的结合使用，发现诉讼标的确定方法之一般规律。

（三）兼采体系研究方法

民诉法发展至今已是自成一体，任何诉讼标的确定方法之运用都必然会对该体系中其他环节产生一定的影响。在第五章中对诉讼标的理论在实务中可能引发的其他问题都给予了尽可能的关注：探讨了诉讼标的之确定与请求权竞合、突袭性裁判以及诉之声明的分割等基本问题的互动。

三 民事裁判边界之研究意义

本书研究对象可归于民事诉讼法基础理论的范畴。民事裁判边界的确定是民事诉讼中无法回避的一个基础性问题，无论是在大陆法系抑或是在英美法系的民事审判中，均须直面诉讼标的之确定问题。多年以来，我国学者致力于介绍和研究大陆法系的诉讼标的理论，取得了一系列令人欣喜的成果。但是，我国民诉法学界的诉讼标的理论研究也存在着明显的不足：一方面，较少有学者涉足英美法系民事审判对象理论的比较研究，导致该领域的学术成果乏善可陈；另一方面，民事诉讼标的理论研究和实践运用之间存在着明显的断裂和鸿沟，致使相关的后续研究难以为继。这些不足之处固然令人遗憾，但也证成了本书的研究空间和论说意义。

（一）选题的抽象性

之所以会有许多人认为这个选题过于抽象，实际上是因为诉讼标的概念的抽象性导致了论文选题的抽象性。但为什么诉讼标的在我国大陆始终是一个令人觉得颇为抽象的概念呢？其一，缘于理论界对此概念的模糊[1]；其二，缘于实务界对此概念的误解。毋庸讳言，这一问题也暴露了我国民诉法学界和实务界在诉讼标的研究上的断裂和鸿沟。一方面，在理论界，诉讼标的问题讨论的沸沸扬扬却终无定论；另一方面，诉讼标的在实践中的发展并没有得到有力的关注和总结。在民事审判实务中，多年以来，有相当大一部分法官不理解甚至是不知道诉讼标的的具体所指何物，但这似乎并不妨碍他们"顺利"地判案。[2]

概言之，在诉讼标的问题上，这种理论研究的纷乱而无定论，司法实践的混沌而不明确，理论研究与司法实践的断裂，正是造成该选题乍看上去抽象的主要原因。而这种背景下造成的选题本身的抽象意味，恰好传递出了这样一种信息：诉讼标的理论在我国民事司法实践的运用中还存在着许多问题，相应的研究仍然大有可为。有鉴于此，本书希望能够紧扣我国民事审判实际，并从中总结出一套切实可行的民事裁判边界之确定方法。

（二）选题的深度难度

从事基础理论研究，其深度难度是不言而喻的。就基础理论和前沿问

---

[1] 如在全国通行的马工程民诉法教材中，将诉讼标的定义为："又称诉的标的，是指当事人请求法院裁判的权利主张或者民事法律关系，也就是诉讼的对象。"此定义中，"权利主张"究竟是实体法上的请求权还是程序法上的请求权？如是实体法上的请求权，究竟是旧实体法说中的请求权还是新实体法说中的请求权？另定义中"权利主张"和"民事法律关系"两个概念之间为什么是"或者"的关系？诸如此类问题，书中并无明确说明或者定论。参见《民事诉讼法学》编写组《民事诉讼法学》，高等教育出版社，2017，第43页。

[2] 在台湾访学期间，有法官表示，在他们看来，诉讼标的是民事审判中最基础最重要的东西。在案件审理伊始，如果没有确定诉讼标的，他们就觉得寸步难行。其后，本人查阅了大量的台湾民事判例，发现其所言不虚。

题研究相比较而言，前者的艰深繁复往往会大大地超过后者。民事诉讼标的是民诉法中最核心、最基础的理论，以此作为选题并期许在短期内能有根本性的突破，绝不是一个明智的想法。从 2007 年选题至今，前后经历了 10 年断断续续的写作和思考，并不冀望实现该理论研究上的根本性飞跃，若能为该领域相对沉闷的氛围带来一些清新的空气，即为已足。

（三） 选题的新颖性

撞车现象，是选题时必须极力避免的一个雷区，但这也并非一条不可动摇的金科玉律。和之前我国大陆学者的研究[①]相比较，本文力求在以下三个方面凸显出自己的研究特色。

1. 方法的新颖性

在研究路径上，本书不可避免要介绍既往的各种诉讼标的理论，但全书将通过一个个实际的案例进行生动的探讨，努力摆脱民事诉讼标的之抽象理论色彩。这尤其体现在本书第三章和第四章的相关内容中。

2. 视角的新颖性

通过查阅既往的相关学术文献，可以发现，我国民事诉讼标的之研究大多偏重于对大陆法系传统诉讼标的理论和新诉讼标的理论的比较与分析。本书在研究视角上作了一定的突破，既涵盖了代表大陆法系最新发展趋势的欧盟诉讼标的理论，又涵盖了对英美法系诉讼标的理论的探讨。这些诉讼标的理论研究的新动向完全能够为我们带来一些新的思考。

3. 理念的新颖性

本书的研究肇始于诉讼标的理论，落足于诉讼标的实践，升华于诉讼经济之理念，是一种带有明显价值取向的研究。事实上，已有的各种诉讼标的理论之间并无绝对的优劣之分，关键在于该种理论的应用能否有效地促进所在地域的民事审判实践工作。在民事诉讼案件量日益爆炸而司法资源捉襟见肘的今天，民事裁判边界的研究应当反映这个时代的要求，体现与时俱进的诉讼经济思想，力争纷争的一次性解决。

---

① 就中国大陆而言，该相关主题已经有李龙的《民事诉讼标的理论研究》、段厚省的《论诉讼标的》、李汉昌的《诉讼标的理论研究》等博士论文。

第一章　民事裁判边界之基础理论

第一节　民事诉讼标的理论的历史脉动

民事裁判边界的设定，直接取决于民事诉讼标的之界定方式。纵观民事诉讼标的理论的发展，可以看出这并不是一个自足封闭的过程，它总是受到民事程序法和民事实体法关系的影响。不同历史时期的不同诉讼标的理论，实际上是对民事程序法和实体法关系的具体反映。因此，对诉讼标的理论的研究，也就无法脱离这样一个研究背景：民事实体法和民事程序法的关系。

一　民事诉讼标的理论的历史发展

（一）罗马法混沌的诉讼标的理论

要对诉讼标的理论的发展进行溯源，就不得不提起罗马法时代。罗马法先有诉权（actio）的思想。所谓 actio，就是某人就某事有权将另一人带进法院。通过对《十二表法》①形成过程的考察，可以发现，actio 也是逐步发展起来的。在一个又一个具体的 actio 中，法院判定原告具有这样或那样的实体权利。后来，众多的 actio 在实践中被固定了下来，由此逐渐产生了实体法上的权利样态。这也就是民事诉讼法学者所津津乐道的：在历史上，是民事诉讼法产生了民法。《十二表法》第一表第八段规定：一方当事人过了午后仍不到庭的，法官可以针对本案的诉讼标的判定到庭的当事人胜诉。在已知的文献中，这应当是诉讼标的的概念见之于立法的最早记载。

严格地说，在罗马法时代，民事实体法和民事程序法均处于羽翼未丰

---

① 中国许多学者较一致的译法是《十二铜表法》，厦门大学徐国栋教授经研究认为，正确的译法应当是《十二表法》。参见徐国栋等译《十二表法》，《河北法学》2005 年第 11 期，第 2～5 页。

的阶段，因此，难以对民事实体法和民事程序法作严格的区分。例如，在罗马法的法定诉讼阶段，"从程序法的角度来看，当事人对权利内容、权利范围、权利形成与权利效果的陈述就是指诉讼标的"①。这意味着，在一个法律体系尚不健全的时代，法官难以从法律关系、案件事实和诉之声明等各要素来确认和限定审判对象的范围，而只能够笼统地将摆在他面前的"纷争"本身视为审判对象。这样的诉讼标的理论，可称之为混沌的诉讼标的理论。

（二）德国法"请求权规范为原则"观点下的诉讼标的理论

1. 实体法观点下的诉讼标的理论

随着人类社会生产活动向高级化阶段的迈进和司法经验的积累，法律体系的发展也不断地走向精致。那种将"纷争"视为审判对象的粗线条做法，显然并不合乎法学理论的发展旨趣。

19 世纪出现的历史法学派认为，actio 包含实体法上的请求权及程序法上的诉权。后来，温德沙伊德（Windscheid）又进一步将 actio（诉权）分解为请求权（anspruch）与诉权（klagerecht），并将请求权自 actio 中分离出来，建立实体法上之请求权概念，把剩下的部分划归诉讼法。由此，温德沙伊德于其 1856 年发表的《从现代法的观点看罗马私法上的诉权》一书中创建了德国民法中的请求权概念，该概念被《德国民法典》所采用。对他来说，请求权概念的创建可以服务于其所提出来的新理念：私法上的权利是基础的权利，而其以诉的方式贯彻的可能性则是延伸的。而程序的任务为当先于程序已存在之实体权利受侵害或有争议时，排除其疑义并使之实现。在这里，私法权利是第一位的，通过诉讼程序实现是第二位的；通过请求权概念的构造，使给付之诉能够实现，并适用强制执行程序。②这意味着，每一个实体法上的请求，对应着一个程序法上的请求权。受温德沙伊德学说以及潘德克顿法学的影响，德国民事诉讼法草案以及动议案的起草人都把实体请求权作为诉讼标的，并没有区分出诉讼上请求权（诉讼标的 streitgegenstand）。③ 这种实体法观点下的诉讼标的理论被民诉法学

---

① 巢志雄：《诉讼标的理论的知识史考察——从罗马法到现代法国法》，《法学论坛》2017
年第 6 期，第 64 页。

② 〔德〕拉伦茨：《德国民法通论（上）》，王晓晔等译，法律出版社，2003，第 245 页。

③ Rimmelspracher：*Materiellrechtlicher Anspruch und Streitgegenstandsprobleme im Zivilprozess*，转引
自王洪亮《实体请求权与诉讼请求权之辨》，《法律科学》2009 年第 2 期，第 104 页。

界称为传统诉讼标的理论（又称为旧诉讼标的理论或旧实体法说）。① 亦即，诉讼标的之范围，必须根据其实体法上的请求权依据来加以确定。在19世纪相当长的一个时期，民事程序法都被视为是民事实体法的附庸，因此，法学家们提出了实体法观点下的诉讼标的理论——传统诉讼标的理论，可谓水到渠成！

2. 程序法观点下的诉讼标的理论

众所周知，让民事实体法凌驾于民事程序法之上的做法并未能经受住历史的检验。同样地，从该角度出发的传统诉讼标的理论在司法实践中也不可避免地屡屡碰壁。在传统诉讼标的理论的运用中，让民事实体法学者感到受挫的是，民事实体法请求权的范围和民事程序法请求权的范围，并不总是一一对应、契合完美。

在民事程序法上，除了给付之诉外，还有确认之诉和形成之诉。就确认之诉和形成之诉而言，它们在实体法上面并不能够找到相对应的实体法请求权。例如，在确认之诉中，当事人并不要求实现某种实体法上的请求权，而仅仅是要求确认某种法律关系甚至是某种基础事实的存在与否。此外，实体法观点下的诉讼标的理论还有许多其他的致命缺陷（下文将具体介绍之）。

有鉴于此，民事程序法的研究者决定另起炉灶。他们认为，民事程序法不是民事实体法的子法，也不是民事实体法的助法，应当具有其独立的地位和价值。与民事程序法的独立要求相呼应，民事程序法请求权自此也和民事实体法请求权分道扬镳，获得了独立地位，这为程序法观点下诉讼标的理论的产生奠定了基础。在德国众多民事程序法学家的努力下，具有革新面貌的新诉讼标的理论产生了。

这些新诉讼标的理论不再以实体法上的请求权依据作为决定民事审判对象范围的决定性要素，而是转向于借重案件事实和诉之声明等非实体法要素。

3. 统一诉讼标的概念之解构

受概念法学的影响，无论是德国民诉法还是继受自德国的日本民诉法，都以坚守一个统一的诉讼标的概念为目标和荣誉。但是，在面对一些溢出统一诉讼标的概念的具体案例以及来自欧盟关于诉讼标的立法的新挑

---

① 有学者认为，将传统诉讼标的理论称为旧诉讼标的理论本身并不是一种准确的提法，传统诉讼标的理论至今仍然有着强大的生命力。本文不认为传统诉讼标的理论已经是一种过时的理论，但为了表述的方便会在部分地方使用旧诉讼标的理论的称谓。

战，无论是德国人①还是日本人②均意识到一个统一诉讼标的概念的不足，解构的必要性正与日俱增，各种相对诉讼标的论开始被不断抛出。

（三） 美国法 "案件事实为原则" 下的诉讼标的理论

在美国，民事诉讼的诉讼请求界定方式有以下五种模式，其中，交易理论占据了主导性地位。美国著名民诉法学者理查德·D. 弗里尔，在其经典教科书《美国民事诉讼法》中，对相关诉讼请求界定方式有着详细的论述。③

（1）交易理论。所谓交易理论，即以案件事实所涉及的救济权利群来界定诉讼请求本身的范围，将诉讼请求界定为源自同一案件事实（the same transaction, occurrence, or series of transactions or occurrences）的所有受侵害权利。④

（2）基本权利理论（the primary rights theory）：原告对受同一被告侵害的每一项权利可以提起一个独立的诉讼请求，因而，每一个独立的诉讼请求可以拥有一个独立的诉讼。

在美国，基本权利理论并未如同我们想象的笨拙：一方面，即便当事人就同一案件事实下的不同权利救济请求发动独立的后诉，该后诉因和前诉中的许多争点重复，可以发生争点排除效，进而大幅度地精简了后诉讼的工作量。另一方面，出于争点排除效的压力，后诉中的双方当事人达成和解的成功率大幅度提高。

（3）证据同一性标准（sameness of the evidence test），即支持第一次诉讼的证据是否和支持第二次诉讼的证据相同。如果相同，则两次诉讼的诉

---

① 德国相对诉讼标的的理论的出现，意味着德国传统理论中一体化构建诉讼标的的概念的研究范式出现了动摇。诚然，从一系列相关联的法律条文中分离出若干要素，并将此等要素一般化，再按照一系列逻辑规则构建整个法律规范的概念体系，是德国法学的一种学术研究传统，也是一种迷人的价值取向。但是，不能以牺牲具体场景下结果妥当性为代价，过度地追求体系化的构建。参见卢佩《困境与突破：德国诉讼标的的理论重述》，《法学论坛》2017 年第 6 期，第 81 页。

② 日本法通说认为，法律效果的具体妥当性优先于理论概念建构的完整性、无谬性，在"体系性"诉讼标的的概念作为上位概念无法实现逻辑自洽时，毋宁果断放弃针对上位概念的讨论，转而在下位概念的四个重要节点（诉的客观合并、诉的客观变更、诉讼系属、既判力客观范围）中分别寻求合理的解决机会。认清这种哲学观，是理解日本法"概念功能相对化"进路的重要前提。参见史明洲《日本诉讼标的的理论再认识——一种诉讼法哲学观的转向》，《法学论坛》2017 年第 6 期，第 90~91 页。

③ 〔美〕理查德·D. 弗里尔：《美国民事诉讼法》，张利民等译，商务印书馆，2013，第 660~669 页。

④ See rule13 and rule18 of Federal Rules of Civil Procedure.

讼请求相同。

（4）单一不法行为标准（single wrongful act），即行为人违法行为所引发的所有救济权利构成的范围。

（5）诉讼请求人因"不同的法律理论"而有不同的诉讼请求。该理论是因早期普通法对诉答规则的限制而产生，也随着诉答规则限制的放宽丧失了生命力。

（四）法国法"请求权规范为原则，案件事实为补充"观点下诉讼标的理论

《法国新民事诉讼法典》第4条第1款规定："诉讼标的依据各当事人的诉讼请求来确定"。当事人决定"诉讼标的"的原则体现为以下四个方面：第一，法院识别当事人诉讼请求中的"诉讼标的"需遵循书面主义；第二，诉讼标的由双方当事人共同确定；第三，法官对当事人诉讼标的意思表示进行干预的最低限度权力；第四，诉讼标的因和解、私力救济或者违法情形消除而丧失。在法国，通过当事人决定诉讼标的的原则并不绝对，某些特别法的规定和司法判例的意见对该原则做了一些例外性突破。①

"诉讼标的由双方当事人共同确定"是法国法的特色，法国民诉法既尊重原告方的诉讼请求，又尊重案件发展过程中被告方引进来的新案件事实。这表明其诉讼标的不是如德国法那般一味按照原告方请求权规范基础的思路来决定，又不是如同英美法那般以"交易"事件来吸收各种可能的诉讼请求。

总体上，当今世界之所以形成英美法、法国法和德国法三足鼎立之态势，其根源在于对罗马法上"诉"的分解程度不同。中村宗雄认为：罗马法以"诉"为核心，"诉"的实体权利要素和诉权要素处于未分离状态，有"诉"就有权利救济；英美法以事实为理论出发点，法律规范内在于事实之中，且无先例也有救济；法国法理论的出发点是从事实向法律规范移动，法律规范中存留事实要素；德国法以法律规范为理论出发点，完全分离了事实要素和规范要素。② 在诉讼标的之界定问题上，德国法、英美法和法国法也体现出了各自理论出发点对该问题的影响。具体可见图1-1。

---

① 巢志雄：《诉讼标的理论的知识史考察——从罗马法到现代法国法》，《法学论坛》2017年第6期，第69~70页。

② 〔日〕中村宗雄、中村英郎：《诉讼法学方法论》，陈刚等译，中国法制出版社，2009，第37~38页。

```
                                         ┌─ 一分肢说    寻找诉讼标的的统
              德国法         实体法   程序法 │             一性概念和相对
            (规范出发型诉讼模式) 诉讼标的  诉讼标的 └─ 二分肢说    性概念之平衡

罗马《十二表          法国法         诉讼请求  ┌─ 起诉状     诉讼标的的范围随
法》第一表第    (以规范出发型诉讼为原则)  确定   │             审判进程浮动
八段规定       (以事实出发型诉讼为例外)        └─ 答辩状

              英美法         案件事实   寻求诉讼标的的最大化
            (事实出发型诉讼模式) 确定
```

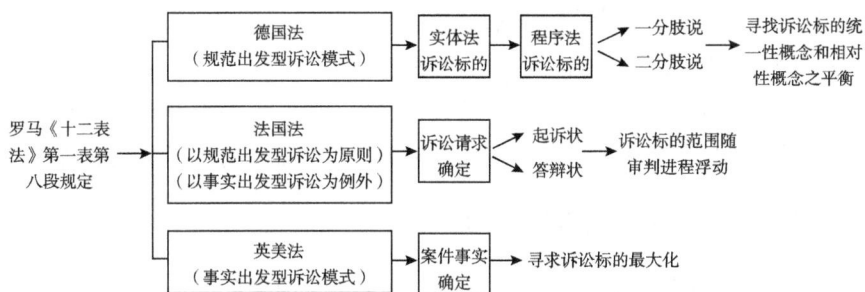

图 1 - 1　诉讼标的的历史发展脉络

二　民事诉讼标的之实际功能

诉讼标的之确定，在民事审判中有着极为重要的作用。

（一）审判对象范围之确定

诉讼标的，也就是诉讼的客体、诉讼的审判对象。民事诉讼标的的范围之确定，实际上就是民事审判对象范围的确定，这对于诉讼各方来说都是一个非常重要的问题。就当事人而言，审判对象范围的确定，直接决定了各方当事人攻击和防御的目标；就法官而言，其判决的作出，既不得逸出民事审判对象的范围，又不得遗漏本属于审判对象范围的任何内容，否则，就有构成突袭性裁判的嫌疑。

（二）诉讼系属

诉讼标的之确定，关系到诉讼系属原则的应用。所谓诉讼系属，是指当事人不得就法院已经受理但尚未审结的案件再次提起诉讼。对诉讼系属的认定，和诉讼标的之确定直接相关。只有前诉和后诉的诉讼标的相同，才可以说后诉违反了诉讼系属原则。[①]

（三）诉之合并、诉之变更和诉之追加

诉讼标的之确定，会直接影响到诉之合并、诉之变更和诉之追加的认

---

① 我国民事审判实务中经常将"一事不再理""诉讼系属"和"既判力客观范围"这三个概念进行混用。实际上，"一事不再理"应当是后两者的上位概念，包含了后两者的内容。而"诉讼系属"和"既判力客观范围"这两个概念所覆盖的范围各自不同，应当相互区别。参见陈洪杰《论"一事不再理"与"既判力"之区分》，载张卫平主编《民事程序法研究》第 4 辑，厦门大学出版社，2008，第 89 ~ 96 页。

定。例如，同样是法律依据的变化，依据新旧诉讼标的理论的不同认知，就会有不同的诉讼后果。在新诉讼标的理论看来，这仅仅是法律陈述上的合并、变更或追加，完全属于当事人的权利自治范围；但在传统诉讼标的理论看来，这已经构成了诉之合并、变更或追加，应当征得对方当事人的同意。

（四）既判力客观范围之确定

在诉讼过程中，各方当事人已就诉讼标的范围内的各个争点在法律上和事实上进行了充分的攻击和防御，其程序参与权得到了充分的保障。因此，在判决既判力客观范围的决定，自当以诉讼标的之范围作为最直接的依据。一般来说，诉讼标的范围有多大，判决既判力的客观范围就应当有多大。但是，在近来的一些诉讼标的理论中，也有论者认为，既判力的客观范围可以小于诉讼标的之范围。[①]

第二节 传统诉讼标的理论

一 传统诉讼标的理论的基本内容

（一）诉讼标的之确定

传统诉讼标的理论认为，要判断案件中诉讼标的之单复异同，必须以实体法上权利（或法律关系）之单复异同作为判断标准。如果原告在一诉讼程序中就同一事实主张多个实体法权利，则有多个诉讼标的存在。例如，原告将自己所有之 A 房屋租赁给被告使用，但是，租赁期限届满之后，被告拒不返还该房屋。原告遂起诉要求被告返还 A 房屋，并以租赁物返还请求权和所有物返还请求权为其法律依据。在该案件中，根据传统诉讼标的理论的处理方法，两个请求权实际上就是两个不同的诉讼标的。

（二）诉讼系属

依据传统诉讼标的理论，若原告就同一事实在前诉讼程序中主张一实

[①] 在台湾政治大学杨淑文教授所提出的相对诉讼标的概念中，即持有此种观点。参见杨淑文《诉讼标的理论在实务上之适用与评析》，《政大法学评论》1999 年第 61 期，第 197 ~ 251 页。

体法权利，而在后诉讼程序中主张另一实体法权利，这并不违反诉讼系属原则。例如，在前述房屋租赁案件中，原告在前诉讼中主张了所有物返还请求权，但其在前诉讼尚未审结之时，又依据租赁物返还请求权就该房屋的归属提起一个新的诉讼，于此，传统诉讼标的理论认为：原告在前诉讼和后诉讼中分别主张了两个不同的实体法上的权利，前后两个诉讼具有不同的诉讼标的。因此，后诉讼的提起并不违反诉讼系属的规定。

（三）诉之客观合并

依据传统诉讼标的理论，若原告就同一诉讼请求在同一诉讼程序中同时提出两个或两个以上的实体法权利主张，这可以构成诉之客观合并。例如，在前述租赁案件中，在诉讼途径的选择上，原告为了讨回自己所有的房屋，可以一次性地同时主张租赁物返还请求权和所有物返还请求权，这构成了诉之客观合并。

（四）诉之变更和诉之追加

依据传统诉讼标的理论，如果原告就同一诉讼请求在同一诉讼程序中先行提出一个实体法上的权利主张，随后又放弃，改为主张另一实体法上权利依据，这构成了诉之变更。如果原告就同一诉讼请求在同一诉讼程序中先行提出一个实体法上的权利主张，随后又发现其他被遗漏的实体法上权利依据，遂追加主张，这构成了诉之追加。例如，在前述房屋租赁案件中，原告在诉讼中先行主张租赁物返还请求权，后发现该租赁协议的效力存在严重瑕疵，遂改弦易辙主张所有物返还请求权，这构成了诉之变更。若原告在诉讼中先主张租赁物返还请求权，后发现还有所有物返还请求权可以主张并要求追加，这构成了诉之追加。传统诉讼标的理论认为，在一审程序中，原告为诉之变更或诉之追加，必须征得对方当事人的同意。[①]在二审程序中，原告不能为诉之变更或诉之追加，原告若因此而败诉，其

[①] 例如，1930 年中国颁行的《民事诉讼法》第 245 条规定：诉讼拘束发生后，原告不得将原诉变更或追加他诉。该法第 412 条明确规定：诉之变更、追加或提起反诉、非经他造同意不得为之。但他造无异议而为本案之言辞辩论者，视为同意。又例如，德国 1877 年《民事诉讼法》第 264 条规定：诉讼系属后，经被告同意或法院认为不造成被告防御之重大困难时，得为诉之变更。但总体而言，各国和地区的立法对诉之变更的禁止态度已经在逐渐放缓。参见黄明展《诉之变更或追加之研究》，硕士学位论文，台湾东海大学法律研究所，1997，第 14～18 页。

可以提起新的诉讼来主张其他的实体法上权利依据。①

（五）既判力的客观范围

依据传统诉讼标的理论，判决既判力之客观范围仅及于原告所主张的，并经当事人各方攻防的实体法上的权利主张。例如，在前述房屋租赁案件中，原被告双方在诉讼过程中若已就租赁物返还请求权和所有物返还请求权极尽攻击和防御之能事，则法院就判决既判力之客观范围仅仅及于这两个实体法上的权利主张。易言之，本案法院若是判决原告败诉，则其日后可依据占有物返还请求权再行就该房屋的归属问题提起诉讼，这将是一个新的诉讼，并不落入前诉判决既判力客观范围的射程，法院不得拒绝受理。

二 传统诉讼标的理论的基本价值取向

（一）诉讼的安定

诉讼的安定，是传统诉讼标的理论的首要价值取向。依据传统诉讼标的理论来进行诉讼，可以有效地保证诉讼的安定性。无论是民事诉讼中的原告还是被告，在固定实体法请求权依据之后，均可以有针对性地进行攻击和防御。法官的审理和判决也可以紧紧地围绕着该实体法请求权依据而展开，不容易发生突袭性裁判。应当注意的是，传统诉讼标的理论在追求诉讼的安定性时，也没有轻易放弃诉讼经济之目的。以诉之追加制度为例，它"不仅能减轻当事人在民事纷争解决过程中之负担，符合诉讼经济原则，且能促进当事人间民事纷争的终局性解决，对法院裁判权威性之保持亦大有裨益"②。

（二）私法自治理念下的处分权主义

传统诉讼标的理论赋予了原告较大的诉讼自由。针对同一诉讼请求，原告既可以一次性地将实体法上所有的请求权依据一一列明，也可以将这些实体法上的请求权依据拆分在若干个诉讼中分别行使。传统诉讼标的理论之所以赋予原告如此广泛的诉讼自由空间，正是私法自治理念在诉讼法领域的贯彻。对私法自治理念的推崇，自当会允许原告自由处分自己的私

---

① 一般情形下，二审中不得允许为诉之变更或者追加，否则会伤害到另一方当事人的审级利益。

② 占善刚：《略论诉之追加》，《法学评论》2006 年第 3 期，第 95 页。

权利，这表现在民事诉讼中，就是处分权主义的展现，就是对实体法请求权依据的自由选择。

（三） 实体法优先的理念

传统的诉讼标的理论之所以得以盛行，实际上是实体法优先观念的产物。从实体法的角度来看待诉讼标的理论，自然会希望程序法请求权和实体法请求权一一对应，自然会认为程序法请求权是实体法请求权的逻辑必然发展，自然不能够容忍在实体法请求权之外还存在着独立的程序法请求权。

三　传统诉讼标的理论的不足

（一） 诉讼的不经济

传统诉讼标的理论力图让程序法请求权和实体法请求权一一对应，这使得实体法上的请求权竞合问题也蔓延到程序法领域中。对那些坚持传统诉讼标的理论的学者来说，请求权竞合问题成为令人头痛的理论软肋。在许多案件中，支持同一诉之声明的实体法请求权依据往往可以有多个。如是，依据传统诉讼标的理论，当事人如果愿意，就会出现有多少个实体法上的请求权依据就可以提起多少个诉讼的情形。亦即，同一诉之声明可以因为有多个诉讼标的而得到多次审判。

这不但令被告不堪重负，而且大大地降低了审判的效率，为实务界所不能够容忍。尤其应当注意的是，即使原告在后诉讼中选定了一个完全错误的实体法请求权依据，来支持与前诉讼完全相同的诉之声明，其仍然有足够的理由启动诉讼程序，这在一定程度上会为滥诉现象开启方便之门。

（二） 技术上的缺陷

传统诉讼标的理论认为，民事诉讼标的就是原告所主张的实体法请求权依据。但是，在确认之诉中，原告并不要求实现某一实体法请求权，而是要求确认某一法律关系是否成立、某一文书是真是伪，又或者某一案件事实是否存在。如是，则难以根据实体法上的请求权依据来确定确认之诉的诉讼标的。持传统诉讼标的理论的学者也认识到了这个问题，因此，他们对传统诉讼标的理论做了适当的改造，认为诉讼标的应当是指具体的法律关系主张。做了此番理论改造之后，传统诉讼标的理论基本上也可以适用于确认之诉。

第三节 新诉讼标的理论

传统诉讼标的理论不能够实现纷争一次性解决，因此，随着时间的推移，改革传统诉讼标的理论的呼声愈演愈烈，最终，新诉讼标的理论应运而生！新诉讼标的理论包含有许多不同的学说，如一分肢说、二分肢说、三分肢说和新实体法说。在这些学说当中，最有影响的是二分肢说和一分肢说，本节重点介绍这两种学说。

一 新诉讼标的理论的二分肢说

（一）诉讼标的之确定

新诉讼标的理论的二分肢说认为，应依据诉之声明和案件事实共同确定诉讼标的的范围，正是对这两个要素的并重，故该理论被称为二分肢说。二分肢说是以案件事实而不是以实体法上的请求权依据作为确定诉讼标的范围的要素，而同一案件事实可以容纳若干个实体法上的请求权依据，这为二分肢说克服传统诉讼标的理论的缺陷提供了有力武器。

二分肢说自身也存在一些有待进一步澄清的问题，例如，如何对案件事实进行提炼？关于二分肢说中的案件事实，究竟是指生活事实，抑或是指法律事实，这是一个长期以来争执不休的问题。

（二）诉讼系属

在诉讼系属问题上，新诉讼标的理论二分肢说同样坚持，以案件事实和诉之声明的组合来判断前诉讼和后诉讼的诉讼标的是否相同。如是，以前述的房屋租赁案件为例，传统诉讼标的理论允许原告先以租赁物返还请求权提起前诉讼，再以所有物返还请求权提起后诉讼。但新诉讼标的理论二分肢说则不允许这种做法，认为这已经违反了诉讼系属的规定。因为，不论是租赁物返还请求权抑或是所有物返还请求权，其所依据的是同一个案件事实：即被告租用了原告的房屋且逾期不还。在该案件中，我们可以明显地看到，与传统诉讼标的理论相比，新诉讼标的理论二分肢说所具有的优势。但是，在下面这一个案件中，则可以发现新诉讼标的理论二分肢说也存在着力有不逮之处。甲乙双方签订一个买卖合同，甲由此必须给付乙方货款 100 万元，甲在收受了乙方提供的货物之后，签发了一张 100 万元的支票给乙。事后，如果甲方没有给付乙方 100 万元，则乙方既可以就买卖行为提起一个诉讼，还可以就支票行为提起另一个诉讼。这两个诉讼所依据的案件事实并不相同，并不违反诉讼系属的规定。

（三）诉之合并、诉之变更和诉之追加

依据新诉讼标的理论二分肢说，实体法请求权依据的变化并不会成为诉之合并、诉之变更和诉之追加的原因。原告所主张实体法请求权依据的变化，只是法律陈述上的变化，属于攻击和防御方法的范畴，和诉讼标的本身并无直接的关联。

（四）既判力的客观范围

依据新诉讼标的理论二分肢说，既判力的客观范围应当等同于诉讼标的之范围，但允许一定例外的存在。台湾有学者对此做了总结："原则上，在给付、形成诉讼上，法院判决的对象是诉讼上的请求权而非实体上的权利或法律关系，而此诉讼上请求权内容的确定则需依赖原告的诉讼声明和事实来加以确定。所以当事人对于那些已经提出而且经法院加以审理的事项，已不得再提起新诉，至于那些言词辩论终结前已存在而当事人未提出，法院未及审酌的事项，当事人得对之再提起新诉。"[1]

二分肢说的创始人罗森贝克教授认为，既判力客观范围之确定应当存在两个例外：其一是确认诉讼；其二是形成诉讼中请求裁判离婚以及撤销婚姻的诉讼。在确认之诉中，既判力之客观范围既覆盖原告所主张的事实和理由，也覆盖原告所未主张的事实和理由；在请求裁判离婚和撤销婚姻的诉讼上，应当直接以裁判离婚或撤销婚姻的请求为诉讼标的，既判力同样及于言辞辩论终结前存在的事实和理由。因此，罗森贝克不是一个彻底的二分肢说坚持者，而是允许在确认之诉、离婚暨撤销婚姻的诉讼中采用一分肢说。[2]

---

[1] 叶月云：《德国新诉讼标的理论之研究》，硕士学位论文，台湾东海大学法律学研究所，1994，第 21 页。

[2] 罗森贝克在其著名的民事诉讼教科书的第六版之后，实现了从二分肢说向彻底的一分肢说的转向。

二 新诉讼标的理论的一分肢说

（一）诉讼标的之确定

新诉讼标的理论的一分肢说，不是以原告所主张的实体法上请求权为诉讼标的，而是以原告受给付的法律地位（诉之声明）为诉讼标的。如是，原告就同一个受给付法律地位，尽管可能同时拥有实体法上的多个请求权，但只能算是有一个诉讼标的。例如，在前述房屋租赁案件中，原告虽然可同时主张租赁物返还请求权和所有物返还请求权，但不论是哪一个请求权，其指向的均是原告受给付房屋的法律地位。因此，本案只有一个诉讼标的。

（二）诉讼系属

根据传统诉讼标的理论，同时进行的两个诉讼即便针对同一诉之声明，但它们如果有不同的实体法请求权依据，则这两个诉讼并不违反诉讼系属的规定。但是，根据新诉讼标的理论一分肢说，只要这两个诉讼是针对同一诉之声明，它们就违反了诉讼系属的规定。以前述的房屋租赁案件为例，传统诉讼标的理论允许原告先以租赁物返还请求权提起前诉讼，并可以在前诉讼尚未终结时，再以所有物返还请求权提起后诉讼。但新诉讼标的理论的一分肢说则不允许这种做法。该学说认为，所谓实体法上的请求权依据，只是诉讼中的法律主张。原告在前后两个诉讼中所主张实体法上请求权依据的不同，只是原告攻击或防御方法的变化，并不影响诉讼标的的认定。由此可见，与传统诉讼标的理论相比，新诉讼标的理论一分肢说扩大了诉讼标的的范围。有疑问的是，在如何判断两个诉的诉之声明不同上，一分肢说面临一定的困难。

（三）诉之合并、诉之变更和诉之追加

依据新诉讼标的理论一分肢说，如果原告所主张的实体法请求权依据指向的是同一诉之声明，那么这些实体法请求权依据数量上的多寡变化和前后的增减变化，并不会构成诉之合并、诉之变更和诉之追加。

（四）既判力的客观范围

新诉讼标的理论一分肢说以原告的诉之声明为诉讼标的，因此，法院判决既判力的客观范围自然也应当受到原告诉之声明范围的限制。亦即，

如果原告在前诉中败诉后，又就同一诉之声明提起诉讼，则不论其后诉讼中的实体法请求权依据和前诉讼中的实体法请求权依据有何不同，后诉讼仍然为前诉讼的既判力所遮断。

三　新诉讼标的理论的新实体法说

当传统诉讼标的理论遭遇纷争一次性解决的理论困境时，民诉法学者希望从程序的角度另辟蹊径，民法学者也试图在民法自身的范围中找到解决请求权竞合问题的钥匙。新实体法说的产生，就是民法学者努力的结果。德国新实体法说倡导者 Blomeyer 认为："在给付和请求权的确认诉讼上，系以实体法上的请求权作为诉讼标的。而在处理请求权单复数的问题时，他区别实体上请求权单复数的标准是给付，因此给付只有一个情况，纵然其实体法上的权利依据有数个，其请求权仍只有一个。"[1] 如此，Blomeyer 将基于同一原因事实但由于不同法律规定而发生的数个实体法请求权简化为一个请求权，从而达到在程序法上面只有一个诉讼标的的结果。这就是新实体法说的主要思想。

从理论建构来看，新实体法说确实能够彻底解决传统诉讼标的理论（旧实体法说）的各种缺陷。但是，由于不同的实体法请求权建立在不同的法律规定之上，它们在诉讼时效、损害赔偿范围、抵销、举证责任等各个方面经常会有着不同的规定。如何调和这些规定，成为立法上的一个难题。因此，迄今为止，无论是在理论上还是在实务上，新实体法说都没能取得统治地位。本节也不再对该理论做详细的介绍。

四　新诉讼标的理论的价值取向

（一）诉讼的经济

与传统诉讼标的理论相比，新诉讼标的理论有意识地扩大了诉讼标的之范围。在二分肢说中，作为诉讼标的之确定性要素的案件事实，可以同时容纳若干个不同的实体法请求权依据；在一分肢说中，作为诉讼标的之确定性要素的同一诉之声明，既可以容纳若干个不同的实体法请求权依据，还可以容纳若干个不同的案件事实。诉讼标的范围的扩大，无疑有利

---

① 叶月云：《德国新诉讼标的理论之研究》，硕士学位论文，台湾东海大学法律学研究所，1994，第 42～43 页。

于纷争一次性解决，节约了当事人和法院的诉讼成本，实现了诉讼经济之目的。但是，在达成诉讼经济目的的同时，新诉讼标的理论或多或少地牺牲了诉讼的安定性。

传统诉讼标的理论以原告的实体法请求权依据或法律关系主张作为确定诉讼标的之要素，这使得诉讼当事人可以明确认知攻击和防御的方向，在一定程度上可以预测和把握诉讼进程，确保了诉讼的安定性。新诉讼标的理论摒弃了实体法请求权这一要素之后，可能会遭遇到如下的问题。

1. 突袭性裁判

如果法官在审判中没有对当事人阐明具体的实体法请求权依据，却在判决中径行适用自认为合适的实体法请求权依据，就会构成突袭性裁判。例如，《中华人民共和国合同法》第122条规定了违约责任和侵权责任的竞合，若当事人一方以违约责任起诉，双方在法庭辩论中也同样就违约责任法律关系是否成立进行了攻防，但是，法官却径行以侵权责任关系作了判决，这就会构成裁判的突袭。

2. 法官阐明的程度难以把握

诉讼标的范围之扩大可以有效地实现纷争一次性解决，这也要求法官在判案时应当把所有可能的实体法请求权依据全部加以考虑。同时，为了防止裁判突袭，法官还应当就实体法请求权依据的选择进行适当阐明。但由此衍生出的问题是，在当事人选择错误的实体法请求权依据时，法官是应当明确告知当事人改变自己的实体法请求权依据，抑或是建议性的征询当事人的意见？如何保证法官的告知不会违反武器平等原则？

3. 法官阐明错误的责任

法官虽然知法，但在实践中也不可避免地会出现法官对实体法请求权依据的认定发生错误的情形。如果法官的阐明出现了错误，而当事人依据法官的阐明进行诉讼出现了不利的法律后果，那么，是否应当让当事人自行来承担败诉的后果，抑或也让法官就阐明权行使的错误承担相应的责任？此类败诉的案件是否应当允许再诉或再审？诸如此类的问题都会在实践中产生很大的困惑。

（二）辩论主义

新诉讼标的理论的一分肢说和二分肢说，更倾向于辩论主义而不是处分权主义。在新旧两种诉讼标的理论中，原告所主张的实体法请求权依据有着截然不同的地位。在传统诉讼标的理论中，实体法请求权依据和诉讼标的直接相关，它的变化会直接影响到诉之合并、诉之变更和诉之追加，但是，原告对于实体法请求权依据的选择和取舍享有完全的处分权。在新诉讼标的理论一分肢说和二分肢说中，实体法请求权依据不再是决定诉讼标的的要素，仅仅是当事人在法律上的攻击和防御方法，属于辩论主义的范围。尤为重要的是，若原告明知有某种实体法请求权依据却无正当理由不在诉讼中加以主张，经法官充分阐明之后，原告将不能够因为在前诉讼中没有主张该实体法请求权依据而要求提起后诉讼，后诉讼已被前诉讼的既判力所遮断。

（三）程序法优先的理念

传统诉讼标的理论是从实体法观点出发来确定诉讼标的之范围，但在司法实践中，传统诉讼标的理论很难实现纷争一次性解决，因此，民诉法学者寄希望于从民事程序法本身来寻求一个更为合理的诉讼标的概念。新诉讼标的理论的诞生，是程序法独立意识的产物，是程序法请求权对实体法请求权的独立。

五　新诉讼标的理论的不足

（一）二分肢说的不足

新诉讼标的理论的二分肢说，摒弃了旧有的实体法请求权因素，引入了案件事实和诉之声明这两个全新的要素来确定诉讼标的。这种做法克服了传统诉讼标的理论的缺陷，但与此同时，它也带来了新的问题。实践中，可能存在多个案件事实指向同一诉之声明的案件，如前述的买卖行为和票据行为共同指向受给付 100 万元的诉之声明；也存在着同一案件事实可以指向多个诉之声明的案件。

例如，对于经营者明知产品质量存在缺陷却依旧销售不误的事实，消费者既可以根据《中华人民共和国产品质量法》第 43 条的规定要求销售者赔偿损失[①]；也可以根据《中华人民共和国消费者权益保护法》第 55 条

---

① 第四十三条　因产品存在缺陷造成人身、他人财产损害的，受害人可以向产品的生产者要求赔偿，也可以向产品的销售者要求赔偿。属于产品的生产者的责任，产品的销售者赔偿的，产品的销售者有权向产品的生产者追偿。属于产品的销售者的责任，产品的生产者赔偿的，产品的生产者有权向产品的销售者追偿。

第 2 款的规定，要求所受损失二倍以下的惩罚性赔偿。[①] 事实上，如何认定一个完整独立的诉之声明的存在，是新诉讼标的理论一分肢说和二分肢说所共同面临的难题。

（二）一分肢说的不足

1. 没能获得司法实践的认同

就可查的资料来看，诉之声明的一分肢说并没有在哪一个大陆法系国家成为实践中的主导性诉讼标的理论。[②] 由于没有经受过实践的检验和诘问，一分肢说是否存在其他的缺陷尚不可知。但是，司法实践对一分肢说敬而远之的态度，至少可以表明其并不比传统诉讼标的理论更为高明。在美国早期的司法实践中，曾经有一段时间是以救济形式作为确定审判对象范围的标准，这种确定诉讼标的范围的方法类似于大陆法系的一分肢说。但是，在坚持该标准不久以后，美国的法院发现其难以为继，自动放弃了这种做法。

2. 诉之声明的基本单位划分不好把握

一分肢说以诉之声明作为确定诉讼标的基本单位，但是，如何划定一个完整的诉之声明存在着一定的困难。例如，《合同法》第 107 条规定：当事人一方不履行合同义务或者履行合同义务不符合约定的，应当承担继续履行、采取补救措施或者赔偿损失等违约责任。如是，假定在一个买卖合同纠纷中，原告对被告提出的诉之声明如下：（1）给付未交付的部分货物、对已交付货物中的不合格者进行更换、赔偿因迟延履行所带来的损失；（2）给付因不及时赔偿损失而发生的利息费用；（3）承担全部诉讼费用。学者们认为，对于原告的这些请求，究竟应当视为是五个、三个抑或是两个诉之声明，存在着一定的疑问。

---

① 第五十五条　经营者明知商品或者服务存在缺陷，仍然向消费者提供，造成消费者或者其他受害人死亡或者健康严重损害的，受害人有权要求经营者依照本法第四十九条、第五十一条等法律规定赔偿损失，并有权要求所受损失二倍以下的惩罚性赔偿。

② 多数学者指摘此说既系仍须借助生活事实甚至实体法观点始能区别诉讼标的，且在票据债权与原因债权竞合之案件中，对于既判力客观范围的判断仍需以生活事实不同为理由，与二分肢说的操作及问题并无太大不同；另特别就诉讼标的之范围在诉讼前阶段大于后阶段的论理，亦遭受不一贯的批评。因此，通说、实务仍采行二分肢说。参见陈玮佑《诉讼标的的概念与重复起诉禁止原则——从德国法对诉讼标的的概念的反省谈起》，《政大法学评论》2011 年第 127 期，第 12 页。

由此引申出来的问题是，对于同一法条所规定的若干个不同法律后果是否可以视为一个诉之声明？对于不同法条所规定的不同法律后果是否可以视为不同的诉之声明？对于每个案件中所必然发生的诉讼费用承担问题是否应当视为诉之声明的一部分？对于这些问题，一分肢说都无法给出令人满意的回答。

3. 诉之声明的混淆

在请求给付金钱的时候，遵循一分肢说可能会发生此诉讼标的和彼诉讼标的难以区分的问题。例如，甲和乙之间先后有两笔各 1 万元的借款，分别为不同日期所借。依据一分肢说，这两笔借款的诉之声明均为甲请求给付 1 万元借款的法律地位，如是，就发生了两个诉讼的诉讼标的相混同的问题。同样地，如果甲乙之间的这两笔借款，一笔是货物买卖合同中所欠的货款，另一笔是正常的借款，依据一分肢说，也难以对这两个诉之声明做出区分。

六　新旧诉讼标的理论的图表比较

如前所述，传统诉讼标的理论和新诉讼标的理论在理论基础、诉讼标的决定因素、诉之客观合并、诉之变更或追加、既判力客观范围和诉讼系属等问题上有着各自不同的态度。为了达到对诸种理论的更好认识，可以通过图表直接比较各种理论的异同（见表 1 - 1）。

表 1 - 1　传统诉讼标的理论和新诉讼标的理论的比较

内容 理论	诉讼标的之确定	理论基础	诉之客观合并	诉之变更或追加	既判力客观范围	诉讼系属
传统诉讼标的理论	实体法请求权的个数	实体法观点下的诉讼标的理论，追求诉讼的安定，兼顾诉讼的经济	同一诉讼请求有两个或两个以上的实体法请求权依据，则有多个诉讼标的，构成诉之客观合并	同一诉讼请求有两个或两个以上的实体法请求权依据，且原告的法律主张存有先后的情形，则会构成诉之变更或追加	既判力的客观范围应等同于诉讼标的之范围	就同一诉之声明，先以一实体法请求权为依据提起诉讼，后以另一实体法请求权为依据提起另一诉讼，并不违反诉讼系属的规定

续表

理论＼内容	诉讼标的之确定	理论基础	诉之客观合并	诉之变更或追加	既判力客观范围	诉讼系属
新诉讼标的理论 ＼ 二分肢说	诉之声明和案件事实对确定诉讼标的的范围具有同等重要性	程序法观点下的诉讼标的理论，追求诉讼经济之目的，兼顾诉讼的安定	同一请求有两个或两个以上的实体法请求权依据，但若是建基于同一案件事实，仅有一个诉讼标的，不构成诉之合并	同一诉讼请求有两个或两个以上的实体法请求权依据，且原告的法律主张存在先后的情形，仅构成诉讼中攻击方法的追加或变更	①等同于诉讼标的之范围，因此，在言辞辩论终结后当事人未提出，法院未及审酌的事项，不为既判力范围所覆盖；②于确认之诉，既判力及于原告所未提出的任何事实；③于形成之诉，既判力及于言辞辩论终结前存在之事实或理由①	①通过原因事实和诉之声明来共同判定前诉与后诉的诉讼标的是否同一；②例外，在确认之诉中，不考虑原因事实，仅仅依据原告于诉之声明中所陈述的权利或法律关系为准来判定前后两诉的诉讼标的的同一性
一分肢说	诉之声明的个数		若诉之声明相同，不论是多个案件事实还是多个实体法请求权依据，均不存在诉之合并	同一诉之声明下的原因事实或实体法请求权的变更或追加，不构成诉之变更或追加	①等同于诉讼标的之范围；②言辞辩论终结前已存在而未被提出的事实，视其与前诉讼资料是否相关而决定是否为既判力所及②	①根据前诉和后诉的诉之声明是否相同判断诉讼标的的同一性；②例外，在金钱债权的诉讼中，数额相同的诉之声明也可能构成不同的诉讼标的，从而不违反诉讼系属的规定

---

① 叶月云：《德国新诉讼标的理论之研究》，硕士学位论文，台湾东海大学法律学研究所，1994，第21页。

② 叶月云：《德国新诉讼标的理论之研究》，硕士学位论文，台湾东海大学法律学研究所，1994，第21页。

续表

理论 ＼ 内容	诉讼标的之确定	理论基础	诉之客观合并	诉之变更或追加	既判力客观范围	诉讼系属
新诉讼标的理论	新实体法说	实体法请求权的个数，但对传统的请求权竞合现象仅视为有一个实体法请求权存在	以实体法看待诉讼标的之确定，力求实现诉讼之经济	在同一案件事实下所主张的不同实体法请求权依据，属于法律依据的合并而非诉之合并	在同一案件事实下所主张的不同实体法请求权依据，原告的主张若有先后情形，属于法律依据的变更或追加而非诉之变更或追加	等同于诉讼标的之范围	根据前诉和后诉的实体法请求权是否相同判断诉讼标的的同一性

第四节　中国诉讼标的理论的研究现状

一　传统诉讼标的理论的通说地位

中国大陆民事诉讼法学界通说认为，实务界采用的是传统诉讼标的理论，亦即以当事人所讼争的民事法律关系作为诉讼标的之确定依据。[①] 但也有学者质疑该"通说"的地位，认为实务界是否采用了传统诉讼标的理论，尚有待于进一步考证。[②] 在我国高教版的《民事诉讼法》教材中明确指出："我国大陆传统认为诉讼标的是当事人之间争议的请求法院裁判的民事实体法律关系，司法实践也基本上采取这一界说。"[③] 老一辈著名的民事诉讼法学家常怡教授也认为："诉的标的，是指当事人之间发生争议，并要求人民法院作出裁判的民事法律关系。诉的标的，又称为诉讼标的。"[④] 同时，他还对诉讼标的与诉讼请求做了区分。（1）诉讼

---

① 李浩：《民事诉讼法学》，法律出版社，2016，第117页。齐树洁：《民事诉讼法》，厦门大学出版社，2013，第47页。江伟：《民事诉讼法》，高等教育出版社，2004，第11页。常怡：《民事诉讼法》，中国政法大学出版社，1997，第133页。
② 段厚省：《民事诉讼标的论》，中国人民公安大学出版社，2004，第273页。
③ 江伟：《民事诉讼法》，高等教育出版社，2004，第11页。
④ 常怡：《民事诉讼法》，中国政法大学出版社，1997，第133～134页。

标的是诉讼请求成立与否的基础。诉讼标的是双方当事人之间争议的法律关系，诉讼请求则是当事人通过人民法院向对方当事人所主张的具体权利。原告只有在法律关系中享有权利，其所提出的诉讼请求才能够被人民法院所支持。（2）诉讼标的之变更与诉讼请求的变更有着截然不同的法律后果。诉讼标的之变更意味着整个诉讼的变更，实际上是一个新的案件的发生；诉讼请求的变更并不会对整个案件的性质产生根本性的影响。[1]

二 一分肢说影响的与日俱增

在中国大陆，江伟教授是一分肢说的积极倡导者。江伟教授首先对诉讼标的和诉讼请求这两个概念进行了统合。他认为，诉讼标的和诉讼请求是同义的，因为诉讼标的与诉讼请求的区别在理论上和实务运用上并没有实际的意义，徒增诉讼理论的烦琐，并且世界各国也采取了诉讼标的与诉讼请求同义的做法，而将二者等同也便于对话和交流。在研究进路上，江伟教授认为："由于诉讼标的内含着实体内容和程序内容，因此在对诉讼标的进行识别时，就应当从诉讼法和实体法相结合的角度进行，也就是说，应当将'诉的声明'与原因事实（或称事实理由）结合起来进行考察。"[2] "但这里所说的'原因事实'，并非是'二分肢说'所主张和解释的不受实体法加以评价的自然的历史事实或生活事实，而应当是与实体法相联系的具有法律意义的事实。因此，当事人所提出的原因事实（事实理由），应当是与诉的声明密切相关的法律事实，其中既有法律关系发生、变更和消灭的事实，也包括发生民事争议的事实，这种原因事实是实体法与诉讼法在诉讼标的的识别标准上的纽带。"[3] 江伟教授在各种具体的诉讼中所确定的诉讼标的识别标准，可以归纳如图 1 - 2。

在图 1 - 2 中，江伟教授似乎认为，在关于给付之诉的部分案件中，案件事实也应当被视为确定诉讼标的的范围的决定性要素。但是，实际情形并非如此。在相关文献中，他进一步阐明道："虽然事实理由可以作为诉讼标的的判断标准，但诉讼标的并不包括事实理由，这是两个不同的概念。"[4] 由

---

[1] 常怡：《民事诉讼法》，中国政法大学出版社，1997，第 135 页。
[2] 江伟：《民事诉讼法》，高等教育出版社，2004，第 12 ~ 13 页。
[3] 江伟：《中国民事诉讼法专论》，中国政法大学出版社，1998，第 86 页。
[4] 江伟：《民事诉讼法》，高等教育出版社，2004，第 14 页。

```
          ┌ 特定物或特定行为给付的识别：诉之声明
      ┌ 给付之诉 ┤
      │       └ 金钱、种类物和内容可能重复的行为给付的识别：诉的声明和事实
  ────┤
      ├ 确认之诉：以诉之声明作为识别标准
      └ 形成之诉：以原告在诉讼中表明的所欲达到的形成效果作为识别标准
```

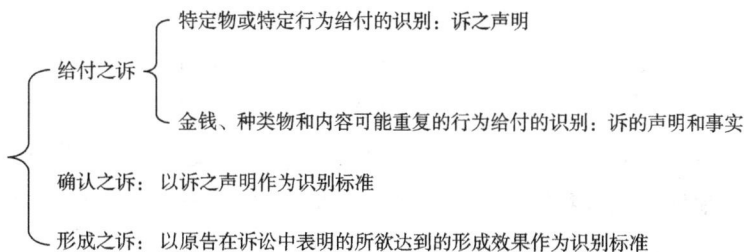

图 1 - 2　江伟提出的诉讼标的理论

此可见，在江伟教授看来，事实理由仅仅属于区别诉讼标的之辅助性因素，其本人坚持的仍然是彻底的一分肢说。

三　多元化的诉讼标的确定方式

（1）李龙教授的诉讼标的理论

李龙教授在攻读博士学位时即以"民事诉讼标的"作为其博士论文的选题。毕业后，他出版了中国大陆第一本系统研究民事诉讼标的理论的专著，《民事诉讼标的理论研究》。在该书中，他认为："我国的民事诉讼标的理论应当继承和发扬现有的并没有完全过时的理论观点，在此基础上，以实体法学说为基础，按照不同的诉讼种类和不同的审级，分别定义和识别诉讼标的，并在实体法学说的理论观点指导下，构建我国的诉权理论、诉的要素的理论、诉的合并、变更理论、既判力理论。"[1] 李龙教授的诉讼标的理论，集中体现在图 1 - 3 中。[2]

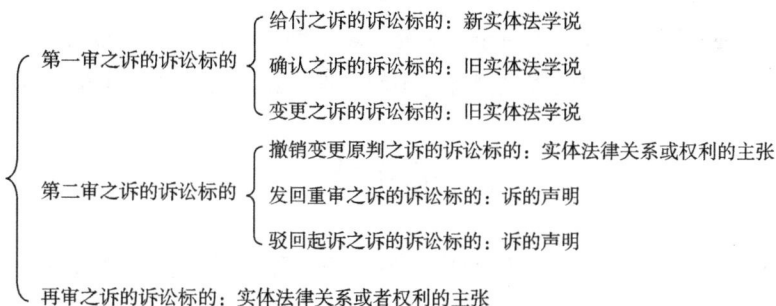

```
          ┌ 给付之诉的诉讼标的：新实体法学说
  ┌ 第一审之诉的诉讼标的 ┤ 确认之诉的诉讼标的：旧实体法学说
  │                └ 变更之诉的诉讼标的：旧实体法学说
  │          ┌ 撤销变更原判之诉的诉讼标的：实体法律关系或权利的主张
──┤ 第二审之诉的诉讼标的 ┤ 发回重审之诉的诉讼标的：诉的声明
  │          └ 驳回起诉之诉的诉讼标的：诉的声明
  └ 再审之诉的诉讼标的：实体法律关系或者权利的主张
```

图 1 - 3　李龙的诉讼标的理论

---

[1]　李龙：《民事诉讼标的理论研究》，法律出版社，2003，第 6 页。

[2]　李龙：《民事诉讼标的理论研究》，法律出版社，2003，第 231 页。

（2）张卫平教授的诉讼标的理论

针对诉讼标的理论问题，张卫平教授曾专门撰写了《论诉讼标的及识别标准》一文。在该文中，他对诉讼请求的概念做了语义分析和比较分析，认为诉讼标的和诉讼请求应当是可以互换的同义语。[1] 在诉讼标的的识别上，他则主张从我国民事诉讼的实际情况出发，对不同类型的诉，采用不同的诉讼标的识别标准（见图1-4）：[2]

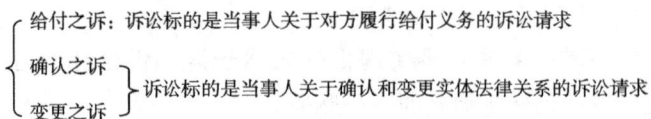

给付之诉：诉讼标的是当事人关于对方履行给付义务的诉讼请求

确认之诉

变更之诉 诉讼标的是当事人关于确认和变更实体法律关系的诉讼请求

图1-4 张卫平的诉讼标的理论

（3）王亚新教授的诉讼标的理论

王亚新教授认为，诉讼标的这个概念"一般情况下多指法律关系，但鉴于多种多样的案件情形，也可能涵盖从生活事实到包括请求权或法定事由在内，所有能够识别特定请求的要素。诉讼标的概念在比较法上牵涉到复杂的理论学说，对其内涵外延的理解相当多义多歧，围绕其功能为何也存在很大争议。在中国民事诉讼的语境内，现阶段对于这个概念的研究应尽量结合法律上或司法解释中有明文规定的程序问题加以探讨，而避免抽象的学理讨论"[3]。

除了上述学者所提出的诉讼标的理论之外，我国其他学者，如毕玉谦、刘荣军、段厚省等人也在相关文献中阐述了自己独到的诉讼标的观点。本文基于篇幅所限，在此不再一一列明。这些学者的研究，直接推动了诉讼标的理论在我国的发展，但由于该研究领域长期处于百家争鸣的状态，在某种程度上也造成了一定的理论困惑，不利于理论界和实务界的良性互动。

本章小结

民事诉讼标的是连接民法和民事诉讼法的理论桥梁。围绕着诉讼标的

---

① 张卫平：《民事诉讼法》，中国人民大学出版社，2015，第148页。张卫平：《论诉讼标的及识别标准》，《法学研究》1997年第4期，第59页。

② 张卫平：《民事诉讼法》，中国人民大学出版社，2015，第148页。张卫平：《论诉讼标的及识别标准》，《法学研究》1997年第4期，第67页。

③ 王亚新、陈杭平、刘君博：《中国民事诉讼法重点讲义》，高等教育出版社，2017，第11页。

之确定，民法学者和民事诉讼法学者先后提出了多种理论。通过对这些基础理论的分析，可以发现：

1. 诉讼标的之确定难以凭借民法或民事诉讼法一己之力得以彻底解决

作为民事审判对象，诉讼标的必然既包括民法上的内容，又必须兼顾民事诉讼程序的特性。传统诉讼标的理论虽然以纯实体法律关系作为判定诉讼标的之决定性要素，但也希望通过诉之客观合并等方法来提高诉讼效率。新诉讼标的理论的一分肢说和二分肢说，则是寄希望于在诉讼法的领域内解决诉讼标的问题，但其仍然将当事人的法律关系主张视为法律上的攻击和防御方法。新诉讼标的理论中的新实体法说，则既兼顾了纷争一次性解决的程序性要求，又力图实现对多个实体法请求权规范的统合，是颇有意义的理论尝试。

2. 传统诉讼标的理论和新诉讼标的理论各有优势

传统诉讼标的理论服务于诉讼的安定性，兼顾诉讼的经济；新诉讼标的理论服务于诉讼经济之目的，兼顾诉讼的安定性。因此，此二者均有着自身所特有的理论优势。理论界若要在诉讼标的领域中推陈出新，首先应当考虑如何实现"诉讼的安定"和"诉讼的经济"这双重价值在新理论中的和谐安排。

3. 我国大陆民诉法理论界就诉讼标的问题的争鸣至今尚无定论

在民事诉讼法的历史上，几乎没有其他任何一个理论问题可以像诉讼标的一样，给学者们带来如此巨大的困惑。多年以来，我国大陆新旧诉讼标的理论的支持者各执一端，相持不下。理论界的莫衷一是，几乎耗尽了实务界的关注热情。诉讼标的是民事审判中最核心的要素，直接关系到审判对象、审判方向和既判力范围等重要问题的解决。实务界对诉讼标的理论的轻慢，使得一些相互矛盾的做法得以安然潜伏。当新旧诉讼标的之争难分高下而令实务无所适从时，这场旷日持久的争鸣就亟须终结，否则，终将严重危害民事司法的统一性。

第二章 民事裁判边界理论改革的新动向

关于民事裁判边界之讨论，传统诉讼标的理论和新诉讼标的理论的交锋，主要是发生在 20 世纪中期，但这两种理论并没有哪一方完全战胜另一方而取得绝对性的统治性地位。如今，德国采行的是新诉讼标的理论的二分肢说，日本则坚持使用传统诉讼标的理论。除此之外，在一些国家和地区还出现了一些其他的诉讼标的的确定方法。这些民事诉讼标的的改革新动向，值得引起研究者的充分关注。

第一节 美国民事审判对象的变迁与发展

作为大陆法系国家，中国学者们多致力于德、日等国相关理论的比较研究。日积月累，学界关于新、旧诉讼标的理论的探讨，可谓著述颇丰，硕果累累。但是，对于英美法系民事审判对象的研究，则少有人涉猎，仅见雪泥鸿爪。在美国民事审判对象的发展过程中，共经历了基本权利理论、救济权理论、相同证据法则和自然事实观四次较大的变革。他山之石，可以攻玉，通过追寻美国民事审判对象变迁的历史轨迹，完全可以为中国民事诉讼法的改革提供一些可资借鉴的理论素材。

一 历史背景

在 18 世纪晚期以前，美国的民事司法以诉因为审判对象。但是，在其时普通法的每一个诉讼中，都牵涉诉讼程式（forms of action）的选择。每一个诉讼程式都有其独特的程序性规定，在诸如法院管辖、被告的传唤方式、答辩方式、审理方式、判决方式、特定的救济方式和执行方式等方面，各自不同。①诉讼程式依案件类型而定，这实际上是等于让每一类型的案件都有着自己所独用的民事诉讼程序。尤其不合理的是，原告对诉讼程式的选择是不可撤销

---

① Anthony J. Bellia Jr, "Article III and the Cause of Action", *Iowa University Iowa Law Review*89 (2004)：781.

的（irrevocable），一经做出就不得更改。如果原告做了错误的选择，则被告只需针对该错误选择做一个概括答辩就可获得胜诉。"原告为了获得可以被救济的诉因，就不得不依照严格的法律形式来陈述自己的案件，从而使得自己获得可援引的诉讼程式。如此严苛的程序要求，使得一个形式上的、以救济为基础的诉因概念占据了主导地位。这意味着，只有具备了相应的可以提供救济的诉讼程式，才能够说在普通法中存在诉因"①。诉讼程式的选择是如此的重要，以至于诉因被无形地架空，出现了诉因形式化的趋势。

早期美国民事诉讼中严苛繁复的程序性规定，引起了当事人的强烈不满。法学家们顺势而为，试图构建一种统一的诉讼程序来取代原先的多元化诉讼程序。1848 年，纽约立法机关制定了《菲尔德规则》（*Field Code*）②，成为第一个采用了统一诉讼规则的州。该法典统一了法律诉讼和衡平诉讼的程序，创造了一种混合性的制度（a blended system），使得所有的案件都遵循一个诉讼程序：单一的民事诉讼（one form of civil action）。自 19 世纪中期起，美国各州先后掀起了波澜壮阔的改革浪潮。作为改革的成果，各州构建了统一的法典诉答程序（code pleading）。

法典诉答程序的构建，结束了多种诉讼程式分立的局面。当事人因程序技术错误而导致败诉的可能性，也大幅度地降低了。在解决程序问题的困扰之后，诉因对诉讼结果的影响开始日益彰显。法官也已不再考虑程序的因素，仅仅将诉因本身视为审判对象。诉因开始变得比以往任何时候都更为重要，获得了前所未有的关注。然而，对诉因究竟是什么的问题，立法界和司法界中存在着较大的分歧和争鸣。在立法上，绝大多数州的立法认为诉因应当由事实来构成③，但对哪些事实可以构成诉因并无定论。实践中对于这个问题的回答，先后涌现出多种不同的确定标准，美国民事审判对象的范围也随着这些标准的变化而波动起伏。

二 基本权利理论

在实践中涌现的诸多诉因确定标准中，基本权利理论（primary rights

---

① Anthony J. Bellia Jr, "Article III and the Cause of Action", *Iowa University Iowa Law Review* 89 (2004)：782.

② 该规则是在美国法学家 David Dudley Field（1805～1894）的大力推动下方得以通过，故以其名字命名。

③ 在《菲尔德规则》中，将诉因定义为："a statement of the facts constituting the cause of action."

theory）最先粉墨登场。

（一）理论前身

基本权利理论的前身是法官 Bliss 的侵权行为理论。Bliss 认为，"诉因由那些可以表明一个侵权行为或侵权威胁（a wrong committed or threatened）存在的事实所构成。……对权利的否认、对义务的拒绝履行、对某项责任的过失履行和某种确定的伤害等，都可以是侵权行为产生的原因。……诉因表明了原告所遭受到的法律上的错误对待，亦即对其权利的侵害……法律可以对一项侵权（亦即一个诉因）给予多个救济。"① 对这个诉因定义仔细研究可以发现，Bliss 是在广义上来使用侵权行为这个术语的，实际上该术语包含了权利的要素。此外，Bliss 关于"对一项侵权（亦即一个诉因）可以给予多个救济"的主张，已将诉因和具体的救济方式做了一定的区分，克服了以往司法实践中有多个救济方式就会有多个诉因的难题。

（二）主要内容

透过法官 Bliss 的广义侵权行为概念，学者 Pomeroy 更进一步，发掘出了基本权利这一要素。Pomeroy 认为，对救济的要求并非诉因的组成因素。"诉因实际上是由两组事实所构成：第一组事实，是产生了原告的基本权利（primary rights）和被告与之相对应的基本义务的事实；第二组事实，是那些组成了被告侵权行为和不法行为的事实"②。在其诉因概念中，基本权利占有一个很重要的位置。同时，他也意识到在美国新体系下的诉讼规则中，原告从不主张以抽象形式而存在的法律上的基本权利，而是主张可以推出基本权利的事实。③ 他认为，尽管救济是对救济权（the remedial right）的满足，但是，救济权只是第二性的权利，是被告侵害了原告的原权利而产生的后果。相比较救济权而言，基本权利才是第一性的原权利。"原权利先于被告的不法行为而存在。被告的不法行为使原告获得了要求一种或几种救济的权利，

---

① G. S, Forms of Action, The American Law Register, Vol. 12, No. 12, New Series Volume 3, （Oct. , 1864）：708 - 709.

② John Norton Pomeroy, *Code Remedies*：*Remedies and Remedial Rights* （Boston：Little. Brown, 1904）：349.

③ John Norton Pomeroy, *Code Remedies*：*Remedies and Remedial Rights* （Boston：Little. Brown, 1904）：347.

但是，这些救济并不会被自行唤起。在被唤起之前，原告无法知道可以寻求或者获取什么样的救济。相形之下，在任何的诉讼程序启动之前，诉因已经完完全全地存在。Pomeroy 认为，只要认识到救济权是诉因的结果，就可以简单而清楚地区分此二者。在一个案件中，诉因是单一的，但可能会存在多个救济权。因此，诉因全然不是一个有救济性色彩的概念"①。总之，依据 Pomeroy 的观点，基本权利是不同于法律救济并先于法律救济而存在的事物。

（三）理论评价

以基本权利来判断诉因的方法，存在着其所决定的审判对象范围过小而捉襟见肘的缺陷。例如，人身权和财产权是两种不同的基本权利，因此，对于同一被告同一过失行为所造成的人身权和财产权侵害，原告就会拥有两个不同的诉因。② 如此，就有可能导致"一案多诉"的问题。针对基本权利覆盖范围可能过窄的问题，有学者提出了改进理论："一个基本权利在有些情形下可以被认为是单一的权利，但在另外一些情形下则可以被认为是某一个法律关系的结果，是多个权利的集合（a bundle of rights）。相应地，不法行为则可以被认为是一个或更多的行为，甚至是行为的组合，这些行为与前述法律关系所要求的行为指向恰好相反。"③ 但这一理论对基本权利理论的改进努力并未获得太多的回应。

此外，基本权利和救济权利之间的界限存在着模糊性，这也受到了学界的尖锐的批评。学者 Clark 还指出了确定基本权利的困难："在侵入土地、驱逐等类似的诉讼中，'我对土地的财产权'有时候会被视为基本权利，并且高于和重于那些诸如'我所拥有的你不能够侵入土地'等附属性的较次要的权利。实践中的基本权利变得复杂且难以确定，甚至被那些使用该概念的人作随心所欲的解释。对于同时侵害人身权和财产权的案例，既可能会被认定为有人身权和财产权两个基本权利，也可能会被认定为仅有一个不为被告过失行为所损害的基本权利。"④

总之，正如美国法学会 1982 年编纂的《判决的第二次重述》[*Restate-*

① Oliver L. McCaskill, "The Elusive Cause of Action," *The University of Chicago Law Review* 4 (1937)：283.

② Robert C et al., *Res Judicata* (Carolina：Academic Press, 2005)：64.

③ Silas A. Harris, "What Is a Cause of Action," *California Law Review* 16 (1928)：477.

④ Charles E. Clark, "The Code Cause of Action," *The Yale Law. Journal* 33 (1924)：827.

ment（second）of Judgments，以下简称《重述》] 所指出，在基本权利和诉讼请求的关系方面，"存在着如何确定哪些权利属于基本权利以及如何确定基本权利范围的困难，但是，依据基本权利来确定诉讼请求的范围已经被证明是太过狭隘的做法"①。

三　救济权理论

（一）理论提出

继以基本权利为判准的诉因观之后，学者 O. L. McCaskill 提出了以救济权理论（remedial rights theory）为判准的诉因观。实质上，该诉因观是对实施法典诉答程序之前的以救济为基础的形式化诉因概念的回归。在其发表于《耶鲁法学杂志》长达 38 页的洋洋大作《诉讼和诉因》中，O. L. McCaskill 有力地批判了以基本权利为判准的诉因观。他认为，基本权利界限的模糊不清将导致高度的不确定性。与此同时，他有破有立，明确指出，救济权是诉因的基本要素。

（二）理论表述

O. L. McCaskill 坚持传统的诉因概念，认为法典诉答程序是"对普通法诉讼和衡平法诉讼二者之间差别的消灭，并不消灭普通法诉讼和衡平法诉讼本身；对普通法中各种诉讼程式的消灭也并不意味着违约之诉被转换为获得土地的占有之诉。无论是在新体系抑或是旧体系中，各种各样的救济都同样存在。每一种救济都和其他的救济有着明显的区别，建立在不同的起作用的事实上，要求不同法律规则的适用"②。尤为重要的是，通过对令状的历史考察，O. L. McCaskill 发现，只有在对救济的研究中，才能够确定某一权利的界限。③ 有鉴于此，他得出结论，对救济的要求是诉因必不可缺的因素。他还进一步给出了自己的诉因概念："诉因是起作用事实的组合，该组事实可以表明原告的一个权利和（被告）针对该权利而实施的一个不法行为，这进而给予了州通过自己的法院对权利受侵害方予以救济的原因。"④

---

① See ALI, Restatement（second）of Judgments（1982）§ 24cmts. a.

② O. L. McCaskill, "Actions and Causes of Action," *The Yale Law. Journal*34（1925）：621 – 622.

③ O. L. McCaskill, "Actions and Causes of Action," *The Yale Law. Journal*34（1925）：634 – 637.

④ O. L. McCaskill, "Actions and Causes of Action," *The Yale Law. Journal*34（1925）：638.

该种诉因观的最大特点是将权利和救济相结合，因此被称为救济权（reme-dial right）理论。依据该理论，诉因范围的确定必须受限于原告所寻求的救济方式。例如，对于一个土地买卖合同的违约行为，可以有损害赔偿的救济方式和实际履行的救济方式，因此，原告享有两个不同的救济权，也就在实际上拥有两个诉因。救济权理论在司法实践中也拥有一定的市场。[①]

（三）理论评价

以救济权理论为判准的诉因观的最大缺陷是，就同一侵害行为，原告可能会寻求多种可以并行或者可相互替代的救济方式，如此，就会出现同一案件有多个诉因和多次诉讼的问题。有学者一针见血地指出："虽然离开救济方式而存在的诉因是毫无价值的，但是，当法律赋予多个救济方式时，这并不意味着多个诉因的存在。救济是诉因的一个元素，但并不是一个区别（此诉因和彼诉因）的元素。"[②] 对于重复诉讼的责难，O. L. McCaskill 认为，可以通过合并诉因的方式来加以解决。但是，作为救济权理论的提出者，O. L. McCaskill 在多年之后改变了自己的主张，转而提出动态的诉因观。他认为："有着单一定义的诉因不可避免地会遭遇到这样或那样的困难。针对诉讼的不同阶段，应当让诉因的含义像变色龙一样可以适应自己的诉讼背景。"[③] 但是，这种动态的诉因观，并没有在理论界和实务界中引起很大的回响。

四 相同证据法则

（一）理论提出

不论是以基本权利为判准的诉因观，还是以救济权为判准的诉因观，都具有一定的理论狭隘性，都未能经受住司法实践的检验。有鉴于此，美国法院在认定诉因的事实构成标准上，不再直接参考权利因素或者救济因素，取而代之的是相同证据法则（same evidence test）。在美国法学会于1942 年出台的《判决的重述》（Restatement of Judgments）的第 61 条中，

---

① See Smith v. Kirkpatrick, 111 N. E. 2d 209（N. Y. 1953）.
② Silas A. Harris, "What Is a Cause of Action," *California Law Review* 16（1928）: 467 – 468.
③ Oliver L. McCaskill, "The Elusive Cause of Action," *The University of Chicago Law Review* 4（1937）: 281 – 310.

就采用了相同证据法则，这标志着该法则主导性地位的正式确立。①

（二）理论表述

顾名思义，相同证据法则关注的是案件的证据。依据该理论，"如果用以支持后诉的证据同样也可以用于支持前诉，则不论这两个诉讼中所蕴含的请求权基础或者所提出的主张是如何的不同，均可以认定前诉和后诉具有同一诉因。反之，如果用以支持后诉的证据无法同样地用于支持前诉，则前诉和后诉各自具有不同的诉因，前诉不能够排除后诉"②。

（三）理论评价

随着相同证据法则的深入使用，其在实践中也出现了跛脚的尴尬。例如，"依据此等理论，基于同一过失行为所造成的人身权和财产权侵害，可以分别构成两个不同的诉因。原因是，指向财产损害的证据可以是构成一个案件所必须的初步证据，但这些证据不足以支持人身权损害的诉讼请求。……实际上，相同证据法则更适合于判定两个诉讼是否具有相同的诉因，但不适合于鉴别两个诉讼是否不具有相同的诉因。证据的同一性虽然足以表明前诉和后诉应当被合并进行，但是，缺乏证据的同一性则不足以表明应当允许后诉的提起"③。

总之，正如《重述》所言，"不可以太过依赖相同证据法则。有时候它确实可以作为判断前后诉讼请求是否相同的唯一标准，但有时候它扮演的是一个肯定性标准而不是一个否定性标准。在某些情形中，即便是后诉中的证据和前诉中的证据并不构成实质性的重叠，而是有所变化，但该后诉仍不应当被允许提起"④。

五　自然事实观

无论是基本权利理论、救济权理论还是相同证据理论，都有可能将同

---

① Restatement of Judgments § 61 (1942) states: Where a judgment is rendered in favor of the plaintiff or where a judgment on the merits is rendered in favor of the defendant, the plaintiff is precluded from subsequently maintaining a second action based upon the same transaction, if the evidence needed to sustain the second action would have sustained the first action.

② Robert C et al., *Res Judicata* (Carolina: Academic Press, 2001): 65.

③ Robert C et al., *Res Judicata* (Carolina: Academic Press, 2001): 65 – 66.

④ See ALI, Restatement (second) of Judgments (1982) § 24cmts. a – b.

一个纠纷分解为不同的诉因，存有划定民事审判对象范围过窄的弊端，客观上导致了审理效率的低下和当事人的诉累。有鉴于此，人们开始思考，是否可以将案件所涉的纠纷事实本身作为审判对象？这是一种很有趣的设想，它有效地扩大了审判对象的范围，提高了民事审判效率，实现了诉讼经济的目的。

（一）理论提出

在美国法学会 1982 年编纂的《重述》中，以 transaction 来决定当事人的诉讼请求范围。这意味着，transaction 是某一具体案件审判对象范围的确定标准。transaction 具体指的是什么呢？若作为非法律用语，其最一般的含义自是指交易而言。那么，应用于法律上的 transaction 是否有其他的不同含义呢？《重述》评论道："应当强调的是，在那些规定诉答文书和其他民事程序的法条中，可以看到 transaction 这个概念的运用。它也因此获得了与所运行语境相匹配的含义。日常语境下和 transaction 这个词相关的'自愿交换'的内涵并不适用于此……总之，transaction 这个表达意味着，'一个自然的事实群或者某些起作用事实的共同核心（a natural grouping or common nucleus of operative facts）.'"① 《重述》还解释到，关于 transaction，并没有一个如数学一般精确的定义。它唤起了一个务实的标准，该标准的使用让人们更为注意案件的事实。② 总体而言，transaction 强调的是形成某一诉讼的所有自然事实。有鉴于此，将 transaction 译为自然事实较为妥当。③

综上，在美国，用以决定民事审判对象的案件事实被称为自然事实（transaction），而以自然事实来确定民事审判对象的方法也相应地被称为自然事实观（transactional view）。

（二）理论表述

对于自然事实观的最权威表述，莫过于《重述》第 24 条和第 25 条的规定。

---

① See ALI, Restatement（second）of Judgments（1982）§ 24cmts. b.

② See ALI, Restatement（second）of Judgments（1982）§ 24cmts. a.

③ 关于 transaction 的翻译，我国有学者将其译为"交易"，颇值商榷。具体参见白绿铉《美国联邦民事诉讼规则证据规则》，卞建林译，法律出版社，2000，第 26、31、32、33 页。

1. 第 24 条的规定

第 24 条①全文如下：

> 为了既判力吞并效和阻断效之目的而确定的"诉讼请求"范围：
> (1) 依据吞并效和阻断效的规则，当某一诉讼的有效且终局的判决消灭了原告的诉讼请求时，在产生该诉讼的全部或部分的自然事实或者系列的连续性自然事实中，所有原告本可要求被告给予救济的权利，都已被包括在这个被消灭的诉讼请求中。(2) 什么样的事实群可以构成一个"自然事实"，以及什么样的事实群可以构成"一系列连续的自然事实"，必须务实地加以确定。应当充分考虑到这些事实在时间、空间、起因和动机等因素上是否相关，它们是否可以组成一个适宜的审判单位 (trial unit)，以及将它们作为一个审判单位来处理是否符合当事人的期待或者是否符合对事务的理解和使用。

第 24 条是对自然事实观的正面性规定。它既指出了原告的诉讼请求范围是案件所涉的自然事实，又指出了自然事实的确定方法。

2. 第 25 条的规定

第 25 条②全文如下：

> 关于分割诉讼请求的例证。第 24 条可以消灭原告对被告提出的诉讼请求，甚至于是原告在第二次诉讼中准备 (1) 提出的证据、根据

---

① ALI, Restatement (second) of Judgments (1982) § 24. Dimensions of "Claim" for Purposes of Merger or Bar——General Rule Concerning "Splitting"：(1) When a valid and final judgment rendered in an action extinguishes the plaintiff's claim pursuant to the rules of merger or bar (see Ё 18, 19), the claim extinguished includes all rights of the plaintiff to remedies against the defendant with respect to all or any part of the transaction, or series of connected transactions, out of which the action arose. (2) What factual grouping constitutes a "transaction", and what groupings constitute a "series", are to be determined pragmatically, giving weight to such considerations as whether the facts are related in time, space, origin, or motivation, whether they form a convenient trial unit, and whether their treatment as a unit conforms to the parties' expectations or business understanding or usage.

② ALI, Restatement (second) of Judgments (1982) § 25. Exemplifications of General rule Concerning Splitting：The rule of 24 applies to extinguish a claim by the plaintiff against the defendant even though the plaintiff is prepared in the second action (1) To present evidence or grounds or theories of the case not presented in the first action, or (2) To seek remedies or forms of relief not demanded in the first action.

或请求权基础，并未于第一次诉讼中被主张；或（2）寻求的多个救济或者救济方式，并未于第一次诉讼中被主张。

第25条是对自然事实观的反面性规定。它要求，对于案件自然事实所可能包含的各种请求权基础和救济方式，原告在第一次诉讼中必须一次性提出。原告若自行分割诉讼请求，则会因既判力的惩罚而丧失提起第二次诉讼的可能性。

3. 《联邦民事诉讼规则》的相关规定

除了《重述》中的规定之外，在美国2006年颁行的新《联邦民事诉讼规则》（*Federal Rules of Civil Procedure*）中，其第13条、第15条、第18条、第20条以及第42条都有对自然事实观的直接或间接规定。

（1）直接规定

第13条最为直接地规定了自然事实观，其全文如下：

　　反请求和交叉请求

　　第1款①强制反请求。在诉答文书送达时，答辩人对于对方当事人所有的请求，只要该请求所基于产生的自然事实或事件是对方当事人所请求之诉讼标的，并且对其裁判不需要法院不能取得管辖权的第三当事人出庭，则必须作为反请求提出。

　　第2款②任意反请求。在诉答文书中提出的任何对抗对方当事人的反请求，该反请求所基于产生的自然事实或事件可以并非对方当事人所请求之诉讼标的。

　　该条中的强制反请求规定，极大地扩大了答辩人提出反请求的义务范围。而任意反请求的规定，其是否可以合并审理的可能则给予了当事人以一定的自主空间。令人感兴趣的是，在《联邦民事诉讼规则》中，找不到"强制反请求"的对应概念——"强制请求"。但实际上，"强制请求"已经规定在《重述》中的诉讼请求排除效规则（The Doctrine of Claim Preclusion）之中。这具体体现为第18条关于既

---

① (a) Compulsory Counterclaim. *In General.* A pleading must state as a counterclaim any claim that—at the time of its service—the pleader has against an opposing party if the claim：(A) arises out of the transaction or occurrence that is the subject matter of the opposing party's claim；and (B) does not require adding another party over whom the court cannot acquire jurisdiction.

② (b) Permissive Counterclaim.
A pleading may state as a counterclaim against an opposing party any claim that is not compulsory.

判力吞并效的规定和第 19 条关于既判力阻断效的规定。在民事审判实务中，法院也均以自然事实的范围作为界定既判力的标准。[①]

（2）配套规定

自然事实观的施行，有两个前提，其一是合并审理的便利性和公平性；其二是对当事人的充分程序保障。有鉴于此，《联邦民事诉讼规则》也给出了配套规定。

①对合并审理的便利性和公平性规定

对合并审理的便利性和公平性要求，充分体现在《联邦民事诉讼规则》的第 18 条和第 42 条中。依据第 18 条的规定，一方可以对另一方同时提出他所拥有的多个诉讼请求；此外，对于两个之间应当存有先后关系的救济方式，也允许合并提出。但是，对于是否合并或者分开审理，则由法院最终依据《联邦民事诉讼规则》第 42 条决定。依据第 42 条，法官既可以出于效率的考虑合并审理不同诉讼请求，也可以出于便利、公平、妥当和经济的要求，分开审理某一诉讼请求。

此外，《联邦民事诉讼规则》的第 20 条关于当事人的许可合并和第 24 条关于诉讼参加的规定，也同样以自然事实作为出发点，扩大了当事人的范围。

在美国民事诉讼的历史上，诉之合并受到普通法上令状制度的严格限制，仅允许原告依据某一法律理论提出该理论辖下的权利救济请求。与之不同的是，衡平法则更为宽容，其目的是解决整个争议而不是对争议采取零敲碎打化整为零的方式加以解决。"《联邦民事诉讼规则》开创了现代合并的时代。当然，其适用于在联邦法院进行的诉讼。尽管各州可以自由规定其合并规则，但《联邦规则》在此领域极富影响力。许多州都采纳了合并问题上的联邦规则。"[②] 众所周知，无论在大陆法系还是英美法系，诉的基本要素可以包括主观要素和客观要素，主观要素即当事人，客观要素则离不开案件事实、法律关系和诉之声明三个基本内容。在诉之区分与合并方面，大陆法系因对法律关系和诉之声明要素的各自强调，有传统诉讼标的理论和新诉讼标的理论之分。对于传统诉讼标的理论而言，同一案件事

---

① Charles Alan Wright et al. , *Federal Practice and Procedure* (St. Paul：West Pub. Co. , 2002)：168 - 169.

② 〔美〕理查德·D. 弗里尔：《美国民事诉讼法（下）》，张利民等译，商务印书馆，2013，第 744 页。

实下的不同法律关系，在大陆法系传统诉讼标的理论中被视为不同的诉，若要一并处理则构成诉之合并。对于新诉讼标的理论一分肢说而言，同一案件事实下不同种类的诉之声明，将被视为不同的诉，若要一并处理则构成诉之合并。《联邦民事诉讼规则》关注的是客观要素中引发责任的"交易或者事件"，这实际上就是客观要素中的"案件事实"。和大陆法系的案件事实概念相比较，"交易或者事件"的概念更具有天然的区隔性，更符合一个民事诉讼单元化的描述要求。"案件事实"的概念更倾向于事物的性质判断，不具有划分单元所必需的区隔性。诉讼标的之首要功能在于区分此诉与彼诉，区分度的要求，使得大陆法系民事诉讼标的理论研究者要么是关注法律关系要么是关注诉之声明，无法将目光投向那些天然不带有区隔性的"案件事实"。即便在众多诉讼标的理论中，偶有提及"案件事实"要素者，也多是将"案件事实"作为一个判定诉讼标的之辅助性要素而不是一个决定性要素。① 严格意义上而言，《联邦民事诉讼规则》关注的是客观要素中引发责任的"交易或者事件"，这实际上就是更接近于客观要素中的"案件"而非"案件事实"。"案件事实"始终是显示"案件"所必需的"事实"，哪些"事实"构成"案件事实"，既不是由"事实"来决定，也不是由法律来决定，而应当是由"案件"本身来决定。

《联邦民事诉讼规则》认为，同一案件事实下的若干法律关系或者若干诉之声明，必须合并提出。此处的合并，并非指诉之合并，仅仅是单纯要求诉讼请求人在请求的提出上不可分离而言。亦即，同一案件事实下的若干法律关系或者若干诉之声明，原则上是一个具有整体意义的诉。《联邦民事诉讼规则》甚至还对"交易或者事件"的概念进行了二次突破：第一个突破被分散规定在诸如第20条等若干条款中，是允许对"系列交易或者事件"中的诉讼请求作为一个整体的诉讼请求提出；第二个突破则规定在第18条（a）款中。如果说这一条款对诉讼请求的限定有什么特色之处，那么其最大特色在于对诉讼请求的提出毫无限定。"它允许原告对被告提出所有其可能提出的诉讼请求，这些诉讼请求无需存在任何联系，无论是在交易方面、法律方面还是在所寻求的救济方面，都可以完全不相

---

① 我国台湾地区是个例外，台湾民诉法第199-1条规定："依原告之声明及事实上之陈述，得主张数项法律关系，而其主张不明了或不完足者，审判长应晓谕其叙明或补充之。被告如主张有消灭或妨碍原告请求之事由，究为防御方法或提起反诉有疑义时，审判长应阐明之。"

关。可以是单独的诉讼请求，也可以是选择性的诉讼请求；可以是普通法上的诉讼请求，也可以是衡平法上的诉讼请求。"①

美国民诉法一方面强调对诉讼请求的合并，另一方面也对诉讼请求的合并有一些限制性的规定，具体可见表2-1。

表 2-1　美国民诉法上诉讼请求之限制

诉讼请求限制	具体法条	适用范围
管辖限制	第82条	对人管辖权、对事管辖权、审判地
当事人适格（doctrine of standing）限制	第17条（a）款第（1）项：正当当事人 第17条（b）款（1）项：民事诉讼行为能力	①有利益关系的真实当事人（RPI） ②当事人诉讼能力：起诉和应诉的能力
主审法官命令分开审理	第20条（b）款与第42条（b）款	法官自由裁量

②当事人的充分程序保障规定

《联邦民事诉讼规则》对当事人的充分程序保障主要体现在诉答文书的修正上，以防止当事人在证据、请求权基础或者救济方式上的遗漏或错误。该规则第15条第3款第2项规定：对诉答文书的修改的追溯效力可及于最初诉答文书提出的日期，其条件是，修改的诉答文书中提出的请求或抗辩是基于最初诉答文书中提出或企图提出的行为、自然事实或事件中而产生的。

③请求排除（claim preclusion）和争点排除（issue preclusion）

关于请求排除，早先的案例倾向于将该原则解释为禁止基于同一诉因提起两次诉讼，而更现代的案例则是禁止基于同一诉讼请求提起两次诉讼。② 在现代美国民诉法中，既判力和请求排除这两个词语经常发生混用，但应当注意到其间的微妙区别：早期的既判力更多的是和诉因这个词语相关联，请求排除则更多的是和诉讼请求（claim）这个词语相关联。

请求排除和争点排除的法律意义有二：一是诉讼的终局性，这对于减轻当事人的诉累、减少法院的积案、节约社会的司法资源均有着重要意义；二是判决的一致性，请求排除和争点排除可以避免法院就同一问题作

---

① 〔美〕理查德·D.弗里尔：《美国民事诉讼法（下）》，张利民等译，商务印书馆，2013，第744页。

② 〔美〕理查德·D.弗里尔：《美国民事诉讼法（下）》，张利民等译，商务印书馆，2013，第650页。

出两次判定，防止了前后冲突的可能。

在美国民诉法上，请求排除和争点排除是一对重要的概念，有联系又有区别。它们可以从许多不同的角度加以阐释。

从既判力角度看请求排除和争点排除的区别。所谓既判力，有积极作用和消极作用的两面。所谓积极作用，亦即"禁止法院判决矛盾"，前诉法院所作的判决，后诉法院不得作出相矛盾之判决。所谓消极作用，亦即"禁止当事人重复诉讼"，对于已获得终局判决的案件不得在常规性程序中再为争执，一事不再理。

在《联邦民事诉讼规则》第 8 条（c）款（1）项中，请求排除和争点排除都被视为肯定性答辩（affirmative defenses）①，这意味着其更多意义上是和既判力的消极作用发生重叠。如果将诉讼请求界定为单一受侵害的权利（这在美国少部分州中是如此界定），则在同一侵权事件中，前诉主张财产损害赔偿，后诉主张人身损害赔偿，则后诉的判决主文和前诉的判决主文不存在内容上的交叉，后诉没有落入前诉的既判力范围，不受请求排除的限制。但是，这并不意味着后诉不能适用争点排除。若于此情形，后诉中的部分争点已经落入前诉的争点范围，则无论该争点是有利于原告或者被告中的任何一方，均可依一方当事人请求不再辩论而径行确认。如果将诉讼请求界定为源自同一案件事实（the same transaction, occurrence, or series of transactions or occurrences）的所有受侵害权利，那么在同一侵权事件中，前诉主张财产损害赔偿，后诉主张人身损害赔偿，则前诉的判决主文内容尽管没有提及人身损害赔偿的内容，但视为已经对该被侵权人所有可救济的权利给予了一揽子处理。因此，被侵权人只有"一次咬苹果"②的机会，基于请求排除规则，不能再行提起后诉。综上，在以交易或事件来界定诉讼请求范围的做法中，既判力范围得到了有效的最大化，在排除了后诉诉讼请求的提起可能时，自然也排除了后诉争点的提起可能。在以某特定权利来界定诉讼请求范围的做法中，既判力范围得到了谨慎的圈定，它既不能排除后诉中救济其他权利的诉讼请求，又不能直接限定后诉的争点。

从禁止重复起诉的角度看请求排除和争点排除的区别。请求排除直接作用于禁止重复起诉，相当于直接再诉禁止。与之不同的是，争点排除只

---

① In General. In responding to a pleading, a party must affirmatively state any avoidance or affirmative defense, including: res judicata.

② 〔美〕理查德·D. 弗里尔：《美国民事诉讼法（下）》，张利民等译，商务印书馆，2013，第 646 页。

是就同一交易或者事件中的相同的法律或事实上的争点进行限制，限制的对象是诉讼的根据，但不是诉讼本身，因此，争点排除间接作用于禁止重复起诉，相当于间接再诉禁止。

从禁反言角度看请求排除和争点排除的区别。请求排除的缘由，是当事人不合理地分割了诉讼请求，和禁反言无关。争点排除则是一种禁反言。由于不是在同一次诉讼中所做的排除，争点排除因此是一种间接禁反言的技术设置（collateral estoppel）。

从法律效果角度看请求排除和争点排除的区别。请求排除决定一个后诉是否会被驳回；争点排除决定一个后诉的争点是否应当精简。

（三）自然事实观的实践

《重述》通过陈列大量的判例，对自然事实观作了简洁但鲜活的阐释。

1. 一个自然事实造成多个损害的情形

甲乙驾驶着各自的小车，由于甲的过失造成了撞车事故。这仅是一个事件，乙也只能够拥有一个诉讼请求。如果乙先行就车子的损失提起诉讼并胜诉，则其不能再就人身损害提起诉讼。理由是，前后两个诉讼所涉及的是同一个事件，依据自然事实理论，前一个诉讼已经将后一个诉讼吞并了。反之，如果乙先行就车子的损失提起诉讼并败诉，则其同样不能再就人身损害提起诉讼。原因是，依据自然事实理论，前一个诉讼已经将后一个诉讼给阻断了。

2. 一个自然事实可以适用多个请求权基础或多种救济方式的情形

甲将自己的工具借给乙使用，但乙丢失了工具，无法归还。如此，甲在请求权基础上可以有双重选择，或是因过失导致工具遗失而生的侵权请求权基础，或是因不能归还工具而生的违约请求权基础。当然，这两种请求权基础可能会各自侧重于该自然事实中的不同部分内容。此外，甲在救济方式上也可以有双重选择，或是要求对方归还工具，或是要求对方赔偿金钱损失。但是，如果甲在前诉中只选择了其中的一种请求权基础作为起诉的依据，或者在前诉中只要求某一种救济方式，则基于自然事实观，甲就他种请求权基础或救济方式提起后诉的可能，将被吞并或者阻断。

3. 连续性行为构成了一个自然事实或者是相关联的系列自然事实

甲连续一个星期侵入乙的土地，则在乙起诉之前，甲所有这样的连续性侵入行为仅构成一个自然事实（审判单位）。例如，如果乙于1月15日仅就甲在1月10日的非法侵入行为提起诉讼，那么乙之后就不能够再行起诉 1 月 11 日至 1 月 15 日之间的侵入行为。

4. 持续性行为构成的自然事实

持续性行为构成的自然事实，主要出现在侵权案件中，如土地相邻关系或地役权上的"妨害行为"，或者是越界建筑物等问题。在诸如此类的持续性行为所构成的自然事实中，如果法院认为，某持续性行为已经构成侵权，但确实处于无法改变的状态，则该持续性的侵权状态被视为具有永久性的特征。此时，就土地价值因上述侵权行为而招致的全部损失，只允许原告提起一次性的索赔诉讼。如果法院认为，某个呈持续性的侵权状态具有非永久性的特征，则在前诉讼结束后，受害人可以就仍持续存在的侵权状态，提起后诉讼。此外，有些法院还赋予受害人对侵害进行定性的选择权，他既可以选择将侵害定性为"永久性"的，也可以选择将其定性为"非永久性"的，并据此适用相应的既判力规则。①

5. 商业实践的通常理解

关于某系列行为是否构成一个自然事实或一个相关联的系列自然事实的判断，还必须兼顾商业实践的通常理解。

例如，就一个包含多项义务的合同的违约问题，首先必须判定违约行为发生后该合同是否被终止。如果一项违约发生后，当事人中的任何一方终止了合同，则该合同已经走到了尽头。对于被终止的合同，原告必须在一个诉讼中寻求关于该合同所有方面的所有救济方式。

如果被告违反的是一个不可分的合同（entire contract），并且该合同尚未被终止，那么，对该合同中多项义务的每一个违约，通常都可以被视为一个独立的诉求，履约方可以在每一个违约发生后提起独立的诉讼。但是，此处诸违约行为间的可分性并非一成不变。如果在一个违约行为发生后，履约方没有立即起诉，此后又发生了其他的违约行为，那么，出于诉讼经济的考虑，其将丧失单独起诉每一个违约行为的权利。此时，起诉前发生的多个违约行为被视为一个不可分的审判对象。例如，"对于定期给付租金的租赁合同，诉讼请求应当包括所有于诉讼开始时应付而未付的分期付款款项。当然，若在本次诉讼前履约方已经提起过诉讼，则在前一诉讼中被主张过的分期付款款项不能被包括在本次诉讼的诉讼请求范围内。同理，对于本

---

① See Reynolds Metals Co. v. Wand, 308 F. 2d 504（9ᵗʰ Cir. 1962）；Spaulding v. Cameron, 239 P. 2d 625（Cal. 1952）.

次诉讼中所遗漏的分期付款款项，履约方也不能在后诉讼中再次提起"①。

如果是一个具有可分性的合同（divisible contract），例如某个包含了分期付款义务的可议付本票，则被告对于每一笔分期付款的拒付，都会构成原告的一个独立诉求。法院对于某一笔分期付款的判决，也不会排除原告对其他各笔分期付款的诉求，甚至这些未被主张的各笔分期付款内容是属于在诉讼开始时应付而未付的分期付款款项。如此，在自然事实的确定中，商业实践的通常理解也得到了妥善地兼顾。此外，实践中还有其他的情形得到了与前述可分性合同相类似的处理。例如，如果甲对州支付了 1973 年度、1974 年度的收入税以及 1973 年的财产税，那么，这些按年度征收的税款，可以被看作是各自独立的自然事实。因此，甲可以分别提起要求归还这些税款的诉讼。

6. 情势的变化

在美国的司法实践中，法官对自然事实的认定还服务于其追求正义的理念，因此，可以看到法官对自然事实的灵活理解。当某一判决作出后，如果已决事项发生了重要的变化，或者是新出现的事实和之前的事实相结合，都可以构成新的自然事实。当事人可以就新的自然事实提起新的诉讼，而不受"一事不再理"原则的限制。

例如，甲对乙提起诉讼，要求不再交付一块土地给乙，理由是乙存在着欺诈行为。在前诉中，甲因为无法证明乙存在欺诈行为而败诉。但是，在判决作出后，如果乙出现了违反不动产转让规定的行为，甲仍然可以提起新的诉讼。又例如，在一个离婚判决中，在当事人双方对妻子一方是否适合监护的问题作了激烈的辩论之后，法院将未成年人的监护权授予了妻子一方。但是，作为丈夫的一方，可以根据判决作出后新发生的重要事实，来证明女方已经不适合行使监护权。

即便有上述关于交易的诸多富有经验性的单元性划分方法，交易理论依然存在着一个挥之不去的困惑：交易的单元性划分问题，即什么算是一个完整的交易或者一系列完整的交易？《判决法重述》（第二版）认为，要从三个方面关注事实的单元性问题：（1）事件自身的发展性：即事件是否在时空、来源或动机方面紧密相连；（2）法院审理的便利性：即将某些因素集合在一起组成一个单元是否方便法院审判；（3）当事人的预期：即视为单个诉讼请求是否符合当事人的愿望或者其从事商业行为的预期。例

---

① See Fox v. Connecticut Fire Ins. Co., 380F. 2d 360（10ᵗʰ Cir. 1967）.

如，在合同案件中，对同一合同下的不同请求通常视为一个诉讼请求，对不同合同下的不同请求则视为多个诉讼请求。即便如此，要给出一个确定的单元性划分方案，仍似乎是不可能完成的任务。因此，期待通过一元化的定义，一劳永逸地解决"纠纷事件"这一概念的解释适用问题，既是一种与生俱来的"原罪"，也是一种不切实际的幻想。法学者应当承担的使命，不是追求对它下一个似是而非的定义，而是应识别不同程序场景下影响或形塑它的各种政策考量因素，并结合具体程序场景致力于确定它的应有含义。这对探寻我国诉讼标的理论发展的路径和方向有很大的启示意义。①

（四）自然事实观的理论评价

任何一个理论，都有一个逐渐成熟和被接受的过程。美国的自然事实观亦然。美国理论界对自然事实观前后截然不同的态度，可以给我们带来有益的启示。

1. 早期的理论评价

20 世纪前半期，无论是美国的理论界还是实务界，都赞同将诉因作为审判对象，但对于诉因的具体构成，则存在着较大的争议。② 1924 年，著名学者 Clark 在其论文《法典中的诉因》③ 中指出，诉因应当由纯粹的案件事实来构成。该观点是美国今天占主导地位的纷争事实观（transactional view）的理论前身。但是，Clark 的纯粹事实诉因观并没有立刻得到理论界和实务界的赞同。与之相反，各种批评接踵而至。其中，较为尖锐的反对声音主要为以下几种。④

（1）诉因应当具有形成法律争议的工具性作用，但 Clark 所主张的诉因仅仅是一堆无目标事实的集合体。"这实际上是将一堆半生不熟的事实（half baked and undigestible facts）塞给了未经训练的陪审团和处于时间高压下的法官，并不符合司法实践的实际状况"⑤。

---

① 陈杭平：《"纠纷事件"：美国民事诉讼标的理论探析》，《法学论坛》2017 年第 6 期，第 62 页。
② 为了避免对诉因的不同理解干扰审判对象范围的确定性，在美国法学会 1982 年出台的《重述》中，"诉因"（cause of action）的概念被有意地忽略，取而代之的是"诉讼请求"（claim）。此外，对作为审判单位的诉讼请求的事实构成，则以 transaction 表述之。
③ See Charles E. Clark, The Code Cause of Action. The Yale Law. Journal, Vol. 33 . No. 8, (Jun., 1924)：817 – 837.
④ See Silas A. Harris, What Is a Cause of Action, California Law Review, Vol. 16, No. 6, (Sep., 1928)：464 – 466.
⑤ O. L. McCaskill, "Actions and Causes of Action," The Yale Law Journal 34 (1925)：638.

（2）诉因之间应当可以相互区别，但 Clark 的诉因观难以对不同诉因作出区别。

（3）实体法的适用可以有不确定性，诉讼规则的适用则必须具有确定性，如此，方能提高审判的效率。但 Clark 的诉因观带来了很大的不确定性，其是否会增进审判的便利和效率，令人存疑。

（4）Clark 的诉因观将诉因的确定权赋予法官，这要求法官具有很高的素质，还不能够滥用自由裁量权。

2. 现在的理论评价

经过多年司法实践的检验，自然事实观已经获得了美国法学界广泛的认同。学者们认为，视自然事实为审判对象的方法，可以最大限度地实现纷争的一次性解决，体现了一种务实的态度。法院"既可以不再考虑实体法上的请求权基础个数以及据此衍生出来的救济方式的个数，又可以不再考虑被侵犯的基本权利的个数，还可以不再考虑用以支撑实体法请求权基础或权利的证据的变化。自然事实成为了确定具有不可分性的审判单位或审判实体的根据"[1]。如此，可以有效地防止那些本该在一次诉讼中加以解决的案件分流到不同的诉讼中去。事实上，当事人的诉讼请求范围被扩张到前所未有的最大限度，有学者精辟地指出："依据自然事实观，一个诉讼请求的范围大到可以包括：（1）不同的伤害；（2）不同的证据；（3）不同的请求权基础，无论是并行的，可替代的或者甚至是不一致的请求权基础；（4）不同的救济，无论是法律的或者是衡平的救济；（5）一系列相关的事件。"[2]

总体上来看，自然事实观的应用，实现了两种利益的平衡：其一是原告维护自身应有诉讼请求的利益；其二是被告和法院终结诉讼的利益。

相对于美国的自然事实观而言，我国自 2002 年 4 月 1 日起开始施行《最高人民法院关于民事诉讼证据的若干规定》（以下简称为《证据规定》）第 35 条的规定，也起到了类似的作用。第 35 条规定："诉讼过程中，当事人主张的法律关系的性质或者民事行为的效力与人民法院根据案件事实作出的认定不一致的，不受本规定第 34 条规定的限制，人民法院应当告知当事人可以变更诉讼请求。"在该条规定的实际运作中，法官实际上弱化了法律关系的重要性，突出了案件事实的地位。这意味着，迄今为

---

[1] See ALI, Restatement (second) of Judgments (1982) § 24cmts. a.

[2] See Robert C. Casad and Kevin M. Clermont, Res Judicata, Carolina Academic Press, 2001: 68.

止，我国大陆法官对于第 35 条的应用已有 16 年的实践经验积累。因此，他们具备以案件事实来确定民事审判对象的实践基础。所需注重的是，如何对第 35 条进行改造，使之能够合理有效地实现纷争一次性解决的目的。①

六 美国民事审判对象变迁和发展的启示

纵观美国百余年来民事审判对象范围的历史变迁，可以发现，其和大陆法系对民事审判对象范围的认识变化有着惊人的相似之处。美国法中的基本权利理论，实际上和大陆法系的传统诉讼标的理论相类似。传统诉讼标的理论的最大特色在于，其是以法律关系来确定诉讼标的之范围，而法律关系构成了原告的请求权基础，也就是基本权利的主张依据。美国法中的救济权理论，则和大陆法系新诉讼标的理论的一分肢说相近似。实际上，原告的救济要求，就是一分肢说中的诉之声明。最近，在德国法院和欧洲法院，则有将"生活案件事实"作为审判对象的做法，这使得各种法律纷争能够在以"生活案件事实"为审判对象的程序上获得集中处理。② 所谓的"生活案件事实"，其和美国法中的自然事实观只是表述上的差异，实质上二者指向的都是具体案件事实。

从发展路径来看，两大法系对民事审判对象的最新认识可谓是殊途同归。③

---

① 和美国的自然事实观相比，《证据规定》第 35 条呈现出三个特点。

其一，覆盖范围过窄。

美国的自然事实观，可以覆盖本案案件事实中所可能包含的所有法律关系。但是，依据第 35 条的规定，若出现了当事人和法官的法律关系主张不一致的情形，当事人要么采用自己的法律关系主张，要么采用法官的法律关系主张，而不能够两者并采。

其二，缺乏强制性。

美国的自然事实观，强制性地要求当事人一次性地提出本案案件事实中所包含的所有救济请求。第 35 条并没有强制性地将案件事实视为民事审判对象，而是停留在法官的"建议"阶段。

其三，突出了法官的阐明义务。

美国的自然事实观，并不强调法官的阐明义务，而是要求当事人自己对诉讼负责到底。在我国，则是为了弥补辩论主义的缺陷，要求法官能够作适当地阐明。相较于美国的自然事实观而言，第 35 条所规定的法官阐明义务具有理论上的优势。对于那些没有法律知识又请不起律师的当事人来说，只有法官的阐明才能保障程序的正义。

② 〔德〕罗森贝克、施瓦布、戈特瓦尔德：《德国民事诉讼法（下）》，李大雪译，中国法制出版社，2007，第 673~674 页。

③ 就英国而言，其情形和美国大致相同，也是以案件事实来决定诉讼请求的范围。例如，在英国 2000 年修订的《民事诉讼规则》（Civil Procedure Rules）第 17 条第 4 款中即规定，当事人所遗漏或所欲修正的请求或抗辩，只要能包含于诉答文书中所陈述的事实，则允许当事人在诉讼中的适当时机予以补充或修正。此外，英国是欧共体的成员国，其还必须遵循欧共体的诉讼标的理论。英国的相关判例可以参见 Spencer Bower，Turner and Handley，The Doctrine of Res Judicata（the third edition），Anthony Rowe Ltd，1996：69 - 82.

而之所以会出现这种认识上的一致性，其原因在于提高诉讼效率的需要。自 20 世纪下半叶以来，随着经济的迅速发展，各国的民事案件量也急剧上升，甚至出现了"诉讼爆炸"的现象。因此如何提高诉讼效率也成为各国民事程序设计者的重要考量因素。就民事审判对象而言，司法实践更是希望能够尽力实现审判范围的最大化，以实现纷争一次性解决的目标。

从原告的诉状内容来看，其可以用来确定审判对象范围的因素不外乎是案件事实、法律关系和诉之声明。因此，此三者中谁能够最大化民事审判对象的范围，谁就会得到司法实践的青睐。司法实践最终选择的是案件事实要素，因为它既可以直接涵盖本案所涉多个法律关系的构成要件，又可以间接包含诸法律关系所指向的诉之声明。因此，和法律关系以及诉之声明相比，案件事实的覆盖范围显然最为宽广。① 最为可贵的是，以案件事实为诉讼标的，客观上要求法官阐明权的大胆介入，大大减轻了那些没钱请律师的当事人的诉讼技术负担。

民事审判对象是民事诉讼的核心要素。长期以来，我国学界对民事审判对象的讨论一直受囿于传统诉讼标的理论、新诉讼标的理论的一分肢说和新实体法说这三种理论的比较、争鸣和取舍。传统诉讼标的理论和新诉讼标的理论的新实体法说是以案件所涉法律关系或请求权为审判对象，新诉讼标的理论一分肢说则以原告的诉之声明为审判对象，法律关系和诉之声明自然而然地成为学者们的关注焦点。相形之下，几乎没有人注意到以案件事实来确定审判对象的可行性。但在美国法中，却是以案件所涉的事实为审判对象，并且，这种规定也得到了实务部门的广泛认同。以案件所涉事实作为民事审判对象的立法与实践，是一个值得我国民诉法学界加以关注的全新视角。②

第二节　欧盟的诉讼系属观

欧盟不仅在经济一体化上取得了举世瞩目的成就，而且在国际私法的统

---

① 关于案件事实、法律关系和诉之声明三者覆盖范围的比较，本文将在第三章中予以专门论述。

② 就英国而言，其情形和美国大致相同，也是以案件事实来决定诉讼请求的范围。例如，在英国 2000 年修订的《民事诉讼规则》（*Civil Procedure Rules*）第 17 条第 4 款中即规定，当事人所遗漏或所欲修正的请求或抗辩，只要能包含于诉答文书中所陈述的事实，则允许当事人在诉讼中的适当时机予以补充或修正。此外，英国是欧共体的成员国，其还必须遵循欧共体的诉讼标的理论。

一化尤其是民商事管辖权规则的统一化方面也卓有成效，① 从 1968 年《布鲁塞尔公约》的签署到 2000 年《布鲁塞尔条例》的颁布，欧盟形成了自己一套独特的国际民商事管辖权规则体系，为全世界树立了样板。② 在这一系列的国际民商事管辖权规则体系中，其对诉讼系属问题的规定，可谓别具特色。

欧盟包括德国、法国等主要大陆法系国家，还包括英国③这一重要的英美法系国家。因此，欧洲法院（European Court of Justice）的诉讼标的确定方法有着极其重要的风向标作用。它既代表了大陆法系国家诉讼标的理论的最新发展态势，又成为连接大陆法系和英美法系诉讼标的理论的桥梁，应当引起我国民诉法学界的足够重视。

一　欧盟法律的国际民商事管辖权规则体系

（一）作为主轴的《布鲁塞尔条例》

1. 1968 年的《布鲁塞尔公约》

为了加强对欧洲共同体领域内居民的法律保护，并统一各成员国的国际民商事管辖权规则，1968 年 9 月 27 日，比、德、法、意、卢、荷等六国在布鲁塞尔签署了《布鲁塞尔关于民商事管辖权及判决执行公约》（*Brussels Convention on Jurisdiction and the Enforcement of Judgments in Civil and Commercial Matters* 1968，简称《布鲁塞尔公约》）。《布鲁塞尔公约》于 1973 年 2 月 1 日生效后，由于不断有新成员国加入欧洲共同体，新加入的成员国与原成员国又陆续缔结了《1978 年加入公约》《1982 年加入公约》《1989 年加入公约》和《1996 年加入公约》，并形成了《布鲁塞尔公约》的 1968 年、1978 年、1982 年、1989 年和 1996 年 5 个文本。但总体上而言，这些新的加入公约并未改变 1968 年《布鲁塞尔公约》的基本框架。1988 年 9 月 16 日，欧洲经济共同体当时的 12 个成员国（比利时、德

---

① Burkhard Hess, "Procedural Harmonisation in a European Context," X. E. Kramer and C. H. Rhee, Civil Litigation in a Globalising World (Hague：Springer, 2012)：158.

② 黄进、邹国勇：《欧盟民商事管辖权规则的嬗变——从〈布鲁塞尔公约〉到〈布鲁塞尔条例〉》，《东岳论丛》2006 年第 5 期，第 5 页。

③ 2017 年 3 月 16 日，英国女王伊丽莎白二世批准"脱欧"法案，授权英国首相特雷莎·梅正式启动脱欧程序。2018 年 3 月 19 日，欧盟与英国就 2019 年 3 月英国脱离欧盟后为期两年的过渡期条款达成广泛协议。脱欧的根本原因在于双方利益冲突的加剧，具体导火索则是欧债危机的蔓延等，但这并不能否认欧盟诉讼系属规则具有的启发和裨益作用。

国、法国、意大利、卢森堡、荷兰、英国、丹麦、爱尔兰、希腊、葡萄牙、西班牙）与欧洲自由贸易联盟（European Free Trade Association，EFTA）的 6 个成员国（奥地利、芬兰、冰岛、挪威、瑞典、瑞士）在洛迦诺缔结了内容与《布鲁塞尔公约》基本一致的《洛迦诺公约》，使《布鲁塞尔公约》扩展适用于欧洲自由贸易区国家。

《布鲁塞尔公约》为欧洲民事诉讼法的统一奠定了基础，是欧盟国际私法统一化的杰出成就，在欧洲民事诉讼法发展史上是一个重要进步。[①]

2. 2000 年《布鲁塞尔条例》的制定

随着时间的流逝，《布鲁塞尔公约》中的一些规定逐渐变得不合时宜，无法适应欧盟内部经济一体化的高度发展对民商事司法的一体化要求。

2000 年 12 月 22 日，欧盟理事会在《布鲁塞尔公约》的基础上通过了第 44/2001 条例 ［Council Regulation（EC）No 44/2001］，亦即《关于民商事案件中的管辖权和裁判的承认与执行条例》（On Jurisdiction and the Recognition and Enforcement of Judgments in Civil and Commercial Matters）。这是一部统合欧盟成员国之间民事诉讼程序的又一部重要法律。

《布鲁塞尔条例》由前言、正文和 6 个附件组成，其中正文包括 8 章 76 条，在调整范围上与《布鲁塞尔公约》保持了一致，在内容上也基本采纳了《布鲁塞尔公约》的体系，但删除了《布鲁塞尔公约》中一些不合时宜的规定。《布鲁塞尔条例》于 2002 年 3 月 1 日正式生效。

（二）作为补充的欧盟第 2201/2003 号条例和第 1346/2000 号条例

2000 年 5 月 29 日，欧盟理事会颁布了《关于婚姻事项和夫妻双方对于共同子女的父母亲责任事项的管辖权及判决的承认与执行的第 1347/2000 号条例》［Council Regulation（EC）No 1347/2000 of 29 May 2000 on jurisdiction and the recognition and enforcement of judgments in matrimonial matters and in matters of parental responsibility for children of both spouses］。该条例主要规定了法院对婚姻诉讼和父母亲责任事项的直接国际管辖权，弥补了原《布鲁塞尔公约》这方面规定的欠缺。该条例于 2001 年 3 月 1 日生效。由于该条例在子女的平等对待等方面的规定尚有欠缺，因此，其很快就被

---

① Haimo Schack, InternationalesZivilprozeβrecht: ein Studienbuch（3. Auflage, 2002），S. 35. 转引自黄进、邹国勇《欧盟民商事管辖权规则的嬗变——从〈布鲁塞尔公约〉到〈布鲁塞尔条例〉》，《东岳论丛》2006 年第 5 期，第 7 页。

新的条例所取代。

为了平等对待所有子女（包括婚生子女、非婚生子女以及父母离婚后的子女），并使包括子女保护措施在内的各种事关父母亲责任的判决得到承认与执行，2003 年 11 月 27 日，欧盟理事会颁布了《关于婚姻事项与父母亲责任诉讼的管辖权及判决的承认与执行并废除第 1347/2000 号（欧共体）条例的第 2201/2003 号条例》[*Council Regulation（EC）No 2201/2003 of 27 November 2003 concerning jurisdiction and the recognition and enforcement of judgments in matrimonial matters and the matters of parental responsibility，repealing Regulation（EC）No 1347/2000*]。① 该条例至今有效。此外，欧盟理事会还于 2000 年 5 月 29 日颁布了《关于破产程序的第 1346/2000 号条例》[*Council regulation（EC）No 1346/2000 of 29 May 2000 on insolvency proceedings*]。②

通过从《布鲁塞尔公约》到《布鲁塞尔条例》的更新换代，欧盟形成了主轴性的一般民商事领域的管辖权规则；而作为补充的欧盟第 2201/2003 号条例和第 1346/2000 号条例，又使得欧盟实现了从一般民商事领域管辖权规则向婚姻家庭、破产程序和电子商务等特殊领域民商事管辖权规则的扩展，从而最终形成了一个较完整的国际民商事管辖权规则体系。

（三）欧盟国际民商事管辖权规则的效力

从欧盟国际民商事管辖权规则的演变过程来看，其在立法形式上经历了从公约向条例的转变。先是《布鲁塞尔公约》的出台，其后为了纠正《布鲁塞尔公约》的内容缺陷和不合时宜，又出台了《布鲁塞尔条例》以及作为补充的欧盟第 1347/2000 号条例。立法形式上从公约向条例的转变，强化了欧盟国际民商事管辖权规则的直接效力。根据《欧洲共同体条约》第 249 条第 2 款的规定，条例 "在各方面都具有拘束力，并直接在各成员国适用"，而不需要各成员国立法机关的转化。在与成员国的国内法发生冲突时，"条例" 作为欧洲共同体法的一部分，具有效力上的优先性，即

---

① http：//eur － lex. europa. eu/LexUriServ/LexUriServ. do？uri ＝ CELEX：32003R2201：EN：HTML 2017 － 9 － 12.

② http：//eur － lex. europa. eu/LexUriServ/LexUriServ. do？uri ＝ CELEX：32000R1346：EN：HTML2017 － 9 － 12.

使国内法在条例生效后所制定，也不例外。① 亦即，条例的效力具有向后的溯及力。同理，欧盟国际民商事管辖权规则在诉讼系属方面的相关规定，已经不仅仅是一个国际私法的规定，而且是一个国内法的规定。

二 欧盟的诉讼系属规定

（一）《布鲁塞尔条例》的规定

基于对欧盟内部经济高度融合和司法一体化现实需求的回应，作为替代《公约》的第 44/2001 条例 ［Council Regulation （EC） No 44/2001］，《关于民商事案件中的管辖权和裁判的承认与执行条例》（*On Jurisdiction and the Recognition and Enforcement of Judgments in Civil and Commercial Matters*）于 2000 年出台，即前文提及的《条例Ⅰ》。② 《条例Ⅰ》继承了《公约》的大部分内容，对其仅予以 "有限"③ 的修改。在诉讼系属上，《条例Ⅰ》也几乎全盘接受了《公约》的馈赠，予以适当修改补正后成为欧盟民商事诉讼中诉讼系属规则的主轴。

与《公约》相比，规定于《条例Ⅰ》第九节中的第 27 ~ 29 条，④ 基本

---

① 黄进、邹国勇：《欧盟民商事管辖权规则的嬗变——从〈布鲁塞尔公约〉到〈布鲁塞尔条例〉》，《东岳论丛》2006 年第 5 期，第 13 页。

② 自 1997 年欧盟《阿姆斯特丹条约》签署后，欧盟经历了民事诉讼规则的立法繁荣，具体可参见 Ulrich Magnus、Peter Mankowski, *Brussels I Regulation* （Berlin：Walter De Gruyter, 2007）：11.

③ Ulrich Magnus、Peter Mankowski, *Brussels I Regulation* （Berlin：Walter De Gruyter, 2007）：9.

④ Article 27

1. Where proceedings involving the same cause of action and between the same parties are brought in the courts of different Member States, any court other than the court first seised shall of its own motion stay its proceedings until such time as the jurisdiction of the court first seised is established. 2. Where the jurisdiction of the court first seised is established, any court other than the court first seised shall decline jurisdiction in favour of that court.

Article 28

1. Where related actions are pending in the courts of different Member States, any court other than the court first seised may stay its proceedings. 2. Where these actions are pending at first instance, any court other than the court first seised may also, on the application of one of the parties, decline jurisdiction if the court first seised has jurisdiction over the actions in question and its law permits the consolidation thereof. 3. For the purposes of this Article, actions are deemed to be related where they are so closely connected that it is expedient to hear and determine them together to avoid the risk of irreconcilable judgments resulting from separate proceedings.

Article 29

Where actions come within the exclusive jurisdiction of several courts, any court other than the court first seised shall decline jurisdiction in favour of that court.

继承了《公约》第 21~23 条之内容，第 30 条则是新增补的内容。与公约相比，《条例 I》第 27 条，仅仅将公约第 21 条第 1 款中的"缔约国"一词修改为"成员国"。第 28 条第 1 款除将上述的"缔约国"修改为"成员国"外，另以"未决"一词代替公约第 22 条第 1 款中的"被提起"，并将第 22 条第 1 款中的原"此关联诉讼处于一审未决"之内容调整至第 2 款；此外又将原第 2 款中所规范的两部分内容顺序予以调整并适当修正：即将"法院国的法律允许关联诉讼合并且最先受理起诉的法院对两个诉讼均有管辖权"调整为"最先受理的法院对系争诉讼均有管辖权且其法律允许合并"。第 29 条则是完全继受自公约第 23 条，未做任何修改。

唯一新增的是第 30 条。

第 30 条[①]：

为本节之目的，一法院此时即被视为已经受理起诉：

（1）自启动诉讼程序的文书或者其他等效文书被呈送至法院之日起，但仅限于原告在起诉后为使诉讼对被告产生效力已履行所应采取相应步骤之情形，或者，

（2）如果呈送至法院的文书需先呈送至负责受理文书的机构，则自此负责机构受理之日起，并仅限于原告此后已履行所应采取相应步骤之情形。

（二）欧盟其他条例中关于诉讼系属的规定：以第 2201/2003 号条例为样本

欧盟在具体的民事诉讼领域中，颁布了多个条例，包括破产程序、婚姻和亲权、司法和非司法文书送达、取证、司法援助和诉讼费用、调解、小额诉讼、抚养和赡养、支付令、执行令等方面。以适用于婚姻和亲权的第 2201/2003 号条例为样本，可以看出适用于这些具体领域的诉讼系属规则。

欧盟第 2201/2003 号条例中关于诉讼系属的规定主要体现在第 19 条关

---

① Article 30

　　For the purposes of this Section, a court shall be deemed to be seised: 1. at the time when the document instituting the proceedings or an equivalent document is lodged with the court, provided that the plaintiff has not subsequently failed to take the steps he was required to take to have service effected on the defendant, or2. if the document has to be served before being lodged with the court, at the time when it is received by the authority responsible for service, provided that the plaintiff has not subsequently failed to take the steps he was required.

于未决诉讼和独立诉讼（Lis pendens and dependent actions）的规定中。

第 19 条①：未决诉讼和独立诉讼

（1）如果有若干个涉及相同当事人的关于离婚、分居或者婚姻无效的诉讼程序在不同的成员国法院被提起，则在首先受理起诉的法院没有确立管辖之前，第二个受理起诉的法院不得自主决定进入诉讼程序。

（2）如果有若干个涉及同一个孩子和相同诉因的关于父母亲责任的诉讼程序在不同的成员国法院被提起，则在首先受理起诉的法院没有确立管辖之前，第二个受理起诉的法院不得自主决定进入诉讼程序。

（3）如果该首先受理起诉的法院确立了管辖，则第二个受理起诉的法院必须尊重该管辖权，拒绝管辖。于此情形，向第二个受理起诉的法院提起相关诉讼的当事人，可以向第一个受理起诉的法院提起诉讼。

从公约到条例 I，再到具体领域的民事诉讼程序，诉讼系属规则一脉相承，规范了禁止重复诉讼（公约第 21 条）、关联诉讼诉讼系属的认定和处理（公约第 22 条）以及诉讼系属对专属管辖的限制（第 23 条）。条例 I 取代公约之后，除基于实际变化作出的一些朴素修正外（如以成员国取代缔约国），基本上继承了公约的全部内容，并且对诉讼系属的起始点予以补缺（条例 I 第 30 条）。诉讼系属规则自公约 1968 年签署、1973 年生效以来，深刻地影响到欧盟的民事审判实践。在此过程中，诉讼系属规则的效用日渐明朗：避免平行诉讼，避免一案多诉，避免判决矛盾，提高诉讼效率，以确保能够实现判决自由流动之终极目的。②

---

① Article 19

Lis pendens and dependent actions1. Where proceedings relating to divorce, legal separation or marriage annulment between the same parties are brought before courts of different Member States, the court second seised shall of its own motion stay its proceedings until such time as the jurisdiction of the court first seised is established. 2. Where proceedings relating to parental responsibility relating to the same child and involving the same cause of action are brought before courts of different Member States, the court second seised shall of its own motion stay its proceedings until such time as the jurisdiction of the court first seised is established. 3. Where the jurisdiction of the court first seised is established, the court second seised shall decline jurisdiction in favour of that court. In that case, the party who brought the relevant action before the court second seised may bring that action before the court first seised.

② Michael Bogdan, *Concise Introduction to EU Private International Law*（Brighton: Sussex Academic Press, 2012）: 133.

三　欧洲法院的诉讼系属判例

无论是欧盟的《布鲁塞尔条例》还是第 2201/2003 号条例，都有关于诉讼系属的规定。从两个条例关于诉讼系属的规定来看，二者间在内容上具有明显的相通性。其中，《布鲁塞尔条例》规制的是欧盟内部的一般性民商事案件，因此，其具有更广泛的适用性，有着较多的判例。就民事诉讼标的理论的比较研究而言，《布鲁塞尔条例》对诉讼系属的规定，具有非常重要的研究价值。欧盟民事审判中诉讼系属规则的精细化和周全化，通过欧洲法院民事审判实践的应用不断显现和实现。结合审判实践对诉讼系属规则的应用，我们可以对欧盟诉讼系属规则有一个更为完整的图景式理解。

应当特别指出的是，《布鲁塞尔条例》第 27 条、第 28 条和第 29 条关于诉讼系属的规定，分别源自于与原《布鲁塞尔公约》第 21 条、第 22 条和第 23 条的规定，但作了一定程度的修正。除此之外，《布鲁塞尔条例》还针对司法实践中所暴露出来的新问题，增加了第 30 条的内容。就诉讼系属方面的规定而言，《布鲁塞尔条例》比《布鲁塞尔公约》的内容要更为精致和周全，但总体上仍然属于粗线条的刻画，因此，仅凭短短的几条规定尚难以了解欧洲法院解决诉讼系属问题的全貌。实践中，前述的这些规定经过了一系列判例的解释，已是颇具可操作性。在下文中，我们不妨通过一系列的判例来进一步阐述欧盟关于诉讼系属的规定。

（一）《布鲁塞尔公约》中的规定

《公约》第八节的标题是"未决诉讼——关联诉讼（Lis pendens - related actions）"。究诘而言，该节规定的是诉讼系属问题。

该节共三个法条：

第 21 条①规定：如果有数个涉及相同诉因且发生在相同当事

---

① Article 21

Where proceedings involving the same cause of action and between the same parties are brought in the courts of different Contracting States, any court other than the court first seised shall of its own motion stay its proceedings until such time as the jurisdiction of the court first seised is established. Where the jurisdiction of the court first seised is established, any court other than the court first seised shall decline jurisdiction in favour of that court.

人间的诉讼程序在不同缔约国法院被提起，则在最先受理起诉的法院没有确立管辖之前，其他任何法院不得自主决定进入诉讼程序。

如果最先受理起诉的法院确立了管辖，则除最先受理起诉的法院外，其他任何法院都应当拒绝管辖以尊重该法院的管辖权。

第22条①规定：如果关联诉讼在不同缔约国法院被提起，且此关联诉讼均处于一审未决，除最先受理起诉的法院之外，其他任何法院都可以中止诉讼程序。

除最先受理起诉的法院之外，其他任何法院都可以根据一方当事人的申请，拒绝管辖，只要该法院国的法律允许关联诉讼合并且最先受理起诉的法院对两个诉讼均有管辖权。

为本条之目的，如果数个诉讼密切相关，以至于将其合并审理可避免多次不同诉讼可能引致的判决不一致，则此数个诉讼可以被视为具有关联性。

第23条②规定：如果数个诉讼均属于不同法院的专属管辖范围之内，则除最先受理诉讼的法院之外，其他任何法院都应当拒绝管辖以尊重该法院的管辖权。

（二）《布鲁塞尔公约》第21条的适用

1. 对第21条适用范围的限制：禁止重复诉讼

在《布鲁塞尔公约》第21条（亦即后来《布鲁塞尔条例》的第27条）中，直接陈明了在不同成员国法院提起的两个诉讼是否违反诉讼系属的判定标准。这似乎已经从根本上解决了诉讼系属问题，但由于各缔约国语言的不同，各国文本对《布鲁塞尔公约》第21条的表述也存在着较大

---

① Article 22 Where related actions are brought in the courts of different Contracting States, any court other than the court first seised may, while the actions are pending at first instance, stay its proceedings. A court other than the court first seised may also, on the application of one of the parties, decline jurisdiction if the law of that court permits the consolidation of related actions and the court first seised has jurisdiction over both actions. For the purposes of this Article, actions are deemed to be related where they are so closely connected that it is expedient to hear and determine them together to avoid the risk of irreconcilable judgments resulting from separate proceedings.

② Article 23 Where actions come within the exclusive jurisdiction of several courts, any court other than the court first seised shall decline jurisdiction in favour of that court.

的差异，这给实践带来了一定的困惑，有待于司法实践的进一步澄清。①

　　在 1987 年的一个案件中（Case 144/86：Gubisch Maschinenfabrik KG v Giulio Palumbo），② 欧洲法院进一步给出了认定第 21 条适用范围的三个标准。

　　该案涉及的是一个买卖合同纠纷。卖方是德国人，买方是意大利人。在第一个诉讼中，作为卖方的德国设备制造商在德国的法院起诉了作为买方的意大利商人，要求对方支付买卖合同所规定的设备购买款。随后不久，作为买方的意大利商人也在意大利的法院起诉了作为卖方的德国设备制造商，要求宣布合同无效或者解除合同（rescission or discharge）。作为诉讼上的回应，德国设备制造商认为意大利商人的起诉违反了《布鲁塞尔公约》第 21 条关于诉讼系属的规定，要求驳回对方当事人在意大利法院所提起的诉讼。意大利最高法院将此案提交给欧洲法院，请求欧洲法院就此案是否可以适用《布鲁塞尔公约》第 21 条作出明确的解释。

　　欧洲法院认为，《布鲁塞尔公约》第 21 条的适用范围是涉及相同当事人、相同诉因和相同诉讼目的两个诉讼。③ 除此之外，不应当对第 21 条的适用附加任何其他条件。欧洲法院还进一步指出，尽管《布鲁塞尔公约》第 21 条的德国文本并没有对"诉讼目的"和"诉因"这两个概念作出明确的区分，但必须根据其他作出区分的成员国文本来解释这两个概念。紧接着，欧洲法院围绕"相同当事人""相同诉因"和"相同诉讼目的"这三个标准，对《布鲁塞尔公约》第 21 条的诉讼系属规定作出了进一步的解释。

　　在相同当事人的判断上，欧洲法院认为，由于本案前后两个诉讼中的当事人并没有发生变化，只是原被告的身份发生了对调而已，因此，该两个诉讼中"当事人的相同"是毋庸置疑。事实上，欧洲法院的判决也没有在这一问题上耗费笔墨。

　　在诉因的判断上，欧洲法院认为，本案前后两个诉讼具备相同的诉因，因为，这两个诉讼涉及的是同一个合同法律关系。但是，在本案中，

---

① 德国文本使用了 streitgegenstand 一词，实际上是指诉讼标的；意大利的文本采用 oggetto 和 cause 这两个词，实际上是指诉讼的根据和目的；法国文本采用的是 objet 和 cause 两个术语，实际上是指诉讼的目的和根据；后来加入的缔约国英国使用的是 cause of action 一词，指的是诉因。

② http：//eur - lex. europa. eu/LexUriServ/LexUriServ. do? uri = CELEX：61986J0144：EN：HTML. 2017 - 10 - 16.

③ "It must be observed first of all that according to its wording article21 apples where two actions are between the same parties and involve the same cause of action and the same subject - matter, it does not lay down any further conditions." See Case 144/86：Gubisch Maschinenfabrik KG v Giulio Palumbo 14.

欧洲法院并没有对诉因这一概念究竟应当包含什么样的具体内容作出进一步的阐释。① 在法院之后处理的其他案件中，诉因的概念逐渐明晰，即包括案件事实以及据以起诉的法律依据。②

在诉讼目的是否相同的判断上，欧洲法院认为，本案前后两个诉讼具有相同的诉讼目的。第一个诉讼的目的是在于赋予合同以效力，第二个诉讼的目的是在于废除合同的效力，因此，合同是否具有效力成为这两个诉讼的核心问题。第二个诉讼甚至在某种程度上可以被视为是第一个诉讼的抗辩。因此，这两个诉讼具有相同的诉讼目的。如果把诉讼目的的相同解释为前后两个诉讼的诉讼请求完全相同，则这种解释显然过于严格。③

综上，欧洲法院最后斩钉截铁地作出了结论：如果认为《布鲁塞尔公约》第21条不能够覆盖这两个诉讼，那么这样的阐释将会走到《布鲁塞尔公约》立法目的的对立面。《布鲁塞尔公约》的目的是在于加强欧盟领域内的法律保护，阻止在不同缔约国法院之间所发生的平行诉讼（parallel proceedings），以及由于平行诉讼所导致的判决的冲突，便利于一个缔约国所作出的判决在另一个缔约国被承认。④

2. 对相同当事人的解释

在《布鲁塞尔公约》第21条中，前后两个诉讼具有"相同当事人"是认定后诉讼违反诉讼系属的标准之一。但是，何为相同当事人，这在司法实践中也有着不同的理解。为此，欧洲法院在一个判例中（Case 406/92：Tatry v Maciej Rataj），专门针对相同当事人问题作出了进一步的解释。⑤

该案件涉及的是海上货物运输合同纠纷。1988年9月，Tatry号货船满载着众多货主的大豆油从巴西出发前往荷兰鹿特丹和德国汉堡。但是，在货船到达目的地之后，大豆油货主发现大豆油或是被柴油或是被其他的碳氢化合物所污染，由此引发了船东和货主之间一系列的相互诉讼。

在Case 144/86判例中，欧洲法院虽然没有明确提及相同当事人的认定方法，但是，从该判决的主文中可以发现，对当事人是否相同的认定，与

---

① See case 144/86：Gubisch Maschinenfabrik KG v Giulio Palumbo 15.

② For the purposes of Article 21 of the Convention, the "cause of action" comprises the facts and the rule of law relied on as the basis of the action.

③ See case 144/86：Gubisch Maschinenfabrik KG v Giulio Palumbo 16 – 17.

④ See case 144/86：Gubisch Maschinenfabrik KG v Giulio Palumbo 18.

⑤ http：//eur - lex. europa. eu/smartapi/cgi/sga_ doc? smartapi! celexplus! prod! CELEXnumd oc&lg = en&numdoc =61992J0406. 2018 - 1 - 5.

当事人在诉讼程序中的位置没有直接的关系。在第一个诉讼中的原告可以成为第二个诉讼中的被告，如此的两个诉讼仍然可以视为具有相同的当事人。①

　　与 Case 144/86 相比较而言，本案的情况更为复杂。本案涉及许多货主，有些货主之间存在一定的业务来往，有些货主之间并无任何业务来往，只是由于运输大豆油的共同需求使得他们和同一个船东签订了众多各自独立的运输合同。在大豆油污染案的一系列诉讼中，出现了前后两个诉讼的诉因相同，但后诉讼中的当事人与前诉讼中的当事人不完全一致的情况。欧洲法院认为，于此情形，必须对第二个诉讼中的当事人作区别对待，如果第二个诉讼中的一部分当事人与第一个诉讼中的当事人是相同的，则后诉讼中关于该部分当事人的诉讼程序将会违反《布鲁塞尔公约》第 21 条关于诉讼系属的规定，相关的程序不得继续进行；如果第二个诉讼中的另外一部分当事人并没有在前一个诉讼中出现，那么，关于该部分当事人的诉讼程序仍然可以继续进行下去，这并不违反《布鲁塞尔公约》第 21 条的规定。②

　　3. 对相同诉因的解释

　　在 Case 406/92 中，欧洲法院还对此前并不清晰的诉因概念作出了进一步的解释：根据《布鲁塞尔公约》第 21 条的目的，诉因应当包括两方面的内容：一是本案的案件事实；二是本案所赖以起诉的法律依据。③

　　秉承对诉因的这种理解，欧洲法院认为，尽管船东和大豆油货主先后提起了不同的诉讼，但是，船东要求免责的前诉讼和大豆油货主要求承责的后诉讼，涉及同一批货物，并且这些货物是在相同的情况下遭受到了损害，因此，前诉讼和后诉讼具有相同的诉因。④ 值得注意的是，在本案诉因同一性的认定上，欧洲法院重点强调了前后两个诉讼具有相同的案件事实；在法律依据方面，欧洲法院则认为前后两个诉讼涉及的是同一海上货物运输合同关系，由此具有相同的法律依据。

　　欧洲法院还在 2001 年的另一个判例中（Case 39/02：Mærsk Olie & Gas A/S proti Firma M. de Haan en W. de Boer.）⑤ 进一步解释道，法律依据的不

---

① See case 144/86：Gubisch Maschinenfabrik KG v Giulio Palumbo 14.

② See case 406/92：Tatry v Maciej Rataj 30 – 35.

③ See case 406/92：Tatry v Maciej Rataj 38.

④ See case 406/92：Tatry v Maciej Rataj 39.

⑤ http：//eur – lex. europa. eu/LexUriServ/LexUriServ. do？uri = CELEX：62002J0039：CS：NOT. 2018 – 1 – 11.

同，会导致诉因的不同。此案案情如下：在 1985 年 5 月，此案的一方当事人 Mærsk 在北海铺设油气管道；此案的另一方当事人，是一艘拖网渔船的船主，其于 1985 年 6 月在前述铺设管道的区域进行捕鱼作业，不巧损害了这些管道。1987 年 3 月 23 日，该渔船主向荷兰的一个法院提起诉讼，要求其仅对管道的损害承担有限责任；随后，铺设管道的作业者 Mærsk 也在丹麦的一个法院向渔船主提起诉讼，要求对方承担完全赔偿责任。由此引发的问题是，这两个诉讼是否违反了《布鲁塞尔公约》第 21 条关于诉讼系属的规定。欧洲法院认为，渔船主一方提起的诉讼，是要求承担有限责任，其法律依据是 1957 年《国际运输条约》的相关规定；而作为管道铺设方所提起的诉讼，是要求对方当事人承担完全赔偿责任，该诉讼请求的提出依据是其他关于非合同责任的法律。因此，前后两个诉讼的法律依据并不相同，这两个诉讼不具有相同的诉因，后诉讼没有违背《布鲁塞尔公约》第 21 条关于诉讼系属的规定。①

4. 对相同诉讼目的的解释

在英文版的《布鲁塞尔公约》第 21 条中，并没有"相同诉讼目的"这一概念。欧洲法院在（Case 406/92：Tatry v Maciej Rataj）相关判例中因此提及道："在一开始就应当注意到该文本第 21 条并没有清楚地区分诉因和诉讼目的这两个概念。因此，该文本的第 21 条，必须根据其他绝大多数对这两个概念作出区分的成员国文本来加以解释。"②

非常重要的是，欧洲法院还给"诉讼目的"这一概念下了定义：所谓诉讼目的，根据第 21 条的立法目的，意味着诉讼在表面上所欲达到的结果（The "object of the action" for the purposes of Article 21 means the end the action has in view）。此外，还应当引起注意的是，欧洲法院在一些案件中并不总是将"诉讼目的"表述为 object of the action，而是使用了其他的同义语表述。在 Case 406/92 中，欧洲法院将诉讼目的表述为 the "object" of the action；在 Case 144/86，Case 111/01③ 和 Case 39/02 中，法院将诉讼目的表述为 the "subject – matter" of the dispute。④

---

① See case 39/02：Mærsk Olie & Gas A/S proti Firma M. de Haan en W. de Boer. 38 – 39.

② See case 406/92：Tatry v Maciej Rataj）37.

③ See case111/01：Gantner Electronic GmbH v Basch Exploitatie Maatschappij BV. http：//eur – lex. europa. eu/LexUriServ/LexUriServ. do? uri = CELEX：62001J0111：EN：NOT. 2018 – 1 – 16.

④ Furthermore, the subject – matter of the dispute for the purpose of that provision means the end the action has in view. See case 111/01：Gantner Electronic GmbH v Basch Exploitatie Maatschappij BV. 25.

在前述的大豆油海上运输污染纠纷案中，欧洲法院采取了一种让诉讼目的超越于当事人具体诉讼请求之上的态度。欧洲法院分析道："问题在于前后两个诉讼是否具有相同的诉讼目的。在第一个诉讼中，船东要求确认其对大豆油的污染损害不承担赔偿责任；在第二个诉讼中，大豆油货主则要求船东对污染损害承担赔偿责任。就赔偿责任而言，第二个诉讼和第一个诉讼具有相同的诉讼目的。因为，责任问题是这两个诉讼的核心。船东对责任的否定性请求和大豆油货主对责任的肯定性请求，并没有让争议的目的发生任何变化。就损害的赔偿而言，第二个诉讼中的赔偿损失要求，是大豆油货主要求对方承担责任的自然结果，这并不改变诉讼的基本目的。而在第一个诉讼中船东要求确认不承担责任的诉讼请求，也意味着其认为自身没有赔偿损失的任何义务。"①

实际上，欧洲法院在比较两个诉讼是否具有相同的诉讼目的时，总是对原被告双方的诉讼请求进行比较。如果前后两个诉讼的诉讼请求在核心内容上是一致的，则这两个诉讼具有相同的诉讼目的。我们还可以从另外两个判例的用语中明确看到欧洲法院的这一基本态度，在 Case 144/86 中，欧洲法院认为前后两个诉讼的核心都是合同责任（Question whether the contract is binding therefore lies at the heart of the two actions）；在 Case 406/92 中，法院也同样强调责任问题是前后两个诉讼的诉讼请求的核心（As to liability, the second action has the same object as the first, since the issue of liability is central to both actions）。从这个角度来说，欧洲法院所使用的诉讼目的的概念，类似于大陆法系诉讼标的理论中的诉之声明，但是，此二者也并不完全相同。诉讼目的要比诉之声明来得更为抽象，它和当事人所请求的具体救济形式——如救济的数额、救济的方式、救济的时间地点、救济的方向等都没有直接关联性。诉讼目的仅仅和救济的实质性内容发生直接关联。

（三）《布鲁塞尔公约》第 22 条对第 21 条的补充

1. 《布鲁塞尔公约》第 22 条的解释

在《布鲁塞尔公约》第 22 条中，有一个核心词汇，就是关联诉讼（related action）。关联诉讼的规定在很大程度上影响了诉讼系属的认定。由于仅从法条本身尚无法探究出第 22 条关联诉讼的准确含义，因此，在司

---

① See case 406/92: Tatry v Maciej Rataj. 41 - 43.

法实践中，欧洲法院对关联诉讼作出进一步的解释成为必然。

在前述的 Case 406/92 中，欧洲法院就关联诉讼问题作了进一步的解释。欧洲法院认为，《布鲁塞尔公约》第 22 条第 3 款规定，如果若干个诉讼是如此的紧密相关以至于将该若干个诉讼合并起来审理和判决可以有效地避免因程序的分离而造成的判决不一致的情形，这些诉讼可以被视为具有关联诉讼。该条款的目的是为了避免判决的冲突，从而便利于共同体内对正义的管理（administration of justice）。因为之前所有缔约国的文本对于关联诉讼的表达并不具有相同的含义，所以，《布鲁塞尔公约》第 22 条第 3 款给出了关联诉讼的定义。对于此处的关联诉讼概念必须进行独立的解释。

为了达成对正义的有效管理，对关联诉讼的解释必须尽可能地宽广，从而使其能够覆盖所有存在着判决冲突危险的诉讼，甚至是覆盖那些可以分别强制执行，并且执行后果并不相互排斥的判决。

在前述的大豆油污染案中，大豆油货主希望能够限制用于定义关联诉讼的"irreconcilable"一词的含义，从而排除公约第 22 条第 3 款在本案的适用。大豆油货主认为，"irreconcilable"一词同时被使用在公约第 22 条第 3 款和公约第 27 条第 3 款①中，其在这两个条款中必须具有相同的含义。大豆油货主援引了相关判例（Case 145/86：Hoffmann v Krieg［1987］ECR）第 2 段中对"irreconcilable"一词的定义："irreconcilable"意指判决相互之间必须具有排他性的法律后果。在这个判例中，受理法院根据公约第 27 条第 3 款的规定，认为一个关于某人根据婚姻义务向其配偶支付抚养费的外国判决与另一个准予离婚的国内判决是不相容的。

欧洲法院认为，大豆油货主的这个观点不能够被采纳。公约这两个条款的立法目的是不同的。依据公约第 27 条第 3 款的规定，可以允许一个法院借助于对公约原则和目的的减损和克制，拒绝承认一个外国的判决。"不相容的判决（irreconcilable judgments）"在此必须根据该目的加以解释。与之相比较，公约第 22 条的立法目的是为了增进共同体内部的司法合作，并极力避免出现判决的冲突与矛盾，甚至包括这些判决的独立执行并不相互排斥的情形。欧洲法院还指出，德国和意大利文本中对于公约第 22 条第 3 款以及公约第 27 条第 3 款中关于"irreconcilable"一词所采用的不同用语，也可以佐

---

① Article 27：A judgment shall not be recognised：（3）if the judgment is irreconcilable with a judgment given in a dispute between the same parties in the State in which recognition is sought.

证这一观点。因此，不可避免地可以得出这样的结论，公约第22条第3款和第27条第3款中所使用的 "irreconcilable" 一词，具有不同的含义。

综上，欧洲法院在大豆油污染案中得出结论："在一个诉讼中，一部分大豆油货主在货物遭受到损失后，根据彼此独立但条款相同的合同，在公约的一个缔约国向船东提起赔偿损失的诉讼；在另外一个诉讼中，另一部分大豆油的货主，也由于同样的情形遭受到了损失，并根据独立于前一个诉讼中大豆油货主所持有的但条款相同的合同，在公约的另外一个缔约国向船东提起赔偿损失的诉讼。对这样的两个诉讼，分开的审理和裁判虽然并不必然导致排他性的法律后果，但可能存在判决相互冲突的危险。根据对《布鲁塞尔公约》第22条的合理解释，这足以使得这两个诉讼之间具有关联性。"① 通过这个判例，欧洲法院有效地扩大了关联诉讼的覆盖面，它不但能覆盖所有存在判决冲突危险的诉讼，甚至是能覆盖那些可以分别强制执行，并且执行后果并不相互排斥的判决。

在证明对公约第22条第3款关联诉讼所做广义解释的正当性时，欧洲法院考量了不同语言文本中的用语、公约的框架并且明确地提及支持该条款的基本原则，亦即，一个完整的纠纷必须让一个法院来审判，如此方可以避免判决的冲突和矛盾，甚至于当这些独立的判决之间并非是 "不相容" 的。如同欧洲法院所注意到的，"正义的完美管理（sound administration of justice）" 原则要求避免判决的冲突与矛盾；判决的自由移动（free movement of judgements）原则，则特别强调公约第27条第3款所要求的对不相容判决的避免，对这两个原则必须区别对待。②

2. 《布鲁塞尔公约》第21条和第22条中后受理法院法律地位的比较

第22条并没有要求后受理法院在出现关联诉讼的时候 "应当" 拒绝管辖（shall of its own motion decline jurisdiction），而是规定其可以中止诉讼程序（may stay its proceeding）。相比较而言，第21条则要求后受理法院 "应当" 拒绝管辖，而不是可以中止诉讼程序。"因此，对后受诉法院而言，第21条规定的是一种义务，第22条规定的是一种权利。而且，根据第22条，再根据先受诉法院的国内法，允许合并诉讼并且先受诉法院对于两件诉讼都有管辖权，经一方当事人申请，后受诉法院才可以放弃管辖

① See case 406/92：Tatry v Maciej Rataj 50，51，52，53，54，55，56，57.
② Jannet A. Pontier、Edwige Burg, *EU Principles on Jurisdiction and Recognition and Enforcement of Judgments in Civil and Commercial Matters*（T. M. C：Asser press, 2004）：219.

权。此时，后受诉法院放弃管辖权也不是一种义务，而是一种权利"①。

3.《布鲁塞尔公约》第 22 条对第 21 条局限性的缓冲

（1）Case 406/92

在 Case 406/92 中，欧洲法院认为，如果第二个诉讼中的一部分当事人并没有在第一个诉讼中出现，那么，关于该部分当事人的诉讼程序仍然可以继续进行下去，这并不违反《布鲁塞尔公约》第 21 条的规定。在作出这个结论的同时，欧洲法院还意识到，对《布鲁塞尔公约》第 21 条的这种理解，会导致诉讼程序的分离（fragmenting the proceedings）。欧洲法院敏锐地指出，《布鲁塞尔公约》第 22 条的规定可以减轻《布鲁塞尔公约》第 21 条所带来的不便。即便是第二个诉讼中的部分当事人并没有在第一个诉讼中出现，但只要前后两个诉讼符合公约第 22 条关于关联诉讼的规定，则第二个诉讼的受诉法院仍然可以中止诉讼程序或者拒绝管辖。② 事实上，依据《布鲁塞尔公约》第 21 条的规定，两个诉讼只要是在诉因、诉讼目的和当事人这三个要素中有一个不相同，这两个诉讼的同时进行就不违反诉讼系属的规定。如此一来，有许多纠纷就可能被拆分为多个诉讼来进行，形成"一案多诉"的局面，这显然会大大增加法院的审理成本。《布鲁塞尔公约》第 22 条关于关联诉讼的规定，则充分地顾及了诉讼经济原则和法院审判的便利性，该条规定有利于多个相关联的诉讼在最大限度内得以合并审理。

（2）Case 189/87

在 Case 189/87：Kalfelis v. Schroder［1988］ECR，5565 中，欧洲法院同样指出了程序不合理分离问题的严重性。

欧洲法院认为，根据《布鲁塞尔公约》第 5 条第 3 款的规定，作为侵权行为地或者是欺诈行为发生地的法院可以对诉讼中在其管辖地域内所发生的部分事项进行审判，但是其不能够对诉讼中没有在其管辖地域内发生的同一案件的其他侵权行为或者其他欺诈行为进行管辖。当事人若依此而为诉讼，不可避免地会造成诉讼程序的分离。但是，欧洲法院认为，公约的第 2 条③

---

① 张淑钿：《〈布鲁塞尔公约〉体系下国际民事诉讼竞合的解决机制——评〈布鲁塞尔公约〉第 21 条适用》，载张卫平主编《民事程序法研究》第 2 辑，厦门大学出版社，2006，第 283 页。

② See case 406/92：Tatry v Maciej Rataj 34.

③ Article 2：Subject to the provisions of this Convention，persons domiciled in a Contracting State shall，whatever their nationality，be sued in the courts of that State. Persons who are not nationals of the State in which they are domiciled shall be governed by the rules of jurisdiction applicable to nationals of that State.

和公约的第 22 条可以解决这个问题。欧洲法院指出："让不同的法院对同一纠纷的不同方面进行审理，确实会造成消极的影响。但必须指出，原告一方面可以向被告的定居地法院提起完整的诉讼，另一方面，根据公约第 22 条的规定，如果在不同的法院所提起的诉讼之间具有关联性，那么先受理法院在满足一定的条件下可以对整个纠纷进行审理。"①

除了上述这些判例之外，我们还可以在其他的判例中②，发现欧洲法院所持有的类似的观点，即对公约第 22 条关联诉讼的借重和对程序分离的厌恶。在 Case 51/97：Réunion européenne SA and Others v Spliethoff's Bevrachtingskantoor BV and the Master of the vessel Alblasgracht V002.③ 中，欧洲法院再次引用了其在 Case 189/87 中的观点，制止了因一个案件多个法院审理所造成的程序分离。

4. 关联诉讼的规定并不授予管辖权

在 Case 420/97：Leathertex Divisione Sintetici SpA v Bodetex BVBA ④中，涉及的是一个商业代理合同的履行纠纷。根据一个长期协议，Bodetex 在相当长的一段时间内为另一方当事人 Leathertex 从事商事代理工作，并从代理所得中收取 5% 的报酬。但是，在 1987 年，Bodetex 没有能够从对方当事人处获得他所认为他应当得到的佣金，由此他认为这个协议已经终结。1988 年 3 月 9 日，Bodetex 正式通知对方终结协议，并要求对方支付佣金中未结清的款项和对方因未能够在合理的时间中尽合同终结的告知义务所带来的损失。在双方协商未果的情况下，Bodetex 向比利时的一个法院提起了诉讼。受理法院发现，与该合同纠纷相关的两个义务分别有着各自不同的履行地，"未能够在合理的时间中尽合同终结的告知义务所带来的损害赔偿"应当在比利时履行，而"没有支付佣金中未结清的款项的义务"应当在荷兰履行。比利时法院认为，根据公约第 5 条第 1 款的规定，它有权对被告未尽告知义务所带来的损害赔偿问题进行管辖，并且，关于被告支付佣

---

① See case 189/87：Kalfelis v. Schroder［1988］ECR，5565. 20.

② http：//eur – lex. europa. eu/smartapi/cgi/sga_ doc？smartapi！celexplus！prod！CELEXnumdoc&numdoc = 61997J0051&lg = en. 2018 – 1 – 26.

③ http：//eur – lex. europa. eu/smartapi/cgi/sga_ doc？smartapi！celexplus！prod！CELEXnumdoc&numdoc = 61997J0051&lg = en. 2018 – 1 – 28.

④ http：//eur – lex. europa. eu/smartapi/cgi/sga_ doc？smartapi！celexplus！prod！CELEXnumdoc&lg = en&numdoc = 61997J0420. 2018 – 2 – 2.

金中未结清款项的义务和前一个义务具有关联性，因此，它也有管辖权。①

此案引发出的问题是，先受理的法院是否可以根据《布鲁塞尔公约》第 22 条关于关联诉讼的规定审理事涉该案件的全部内容。欧洲法院认为，公约第 22 条是为了解决在不同缔约国的不同法院提起的关联诉讼，但第 22 条并不授予法院以管辖权。尤其是，它并不授予某一缔约国的法院对和自己所受理的某一诉讼相关联的其他诉讼的管辖权。② 欧洲法院最后得出结论，同一法院并不可以对同一合同中两个平行义务的履行纠纷所导致的两个诉讼都具有管辖权，如果根据该法院所在地的冲突法规则，其中的一个义务必须在该法院所在国履行，而另外一个义务必须在另一个缔约国履行。最后，欧洲法院指出，应当记住的是，尽管让不同法院来审理相同纠纷的不同方面具有不利的因素，但原告可以根据《布鲁塞尔公约》第 2 条的规定，向被告定居地的法院提出其所有的诉讼请求。③

（四）《布鲁塞尔公约》对诉讼的聚合

1. 原告对管辖法院的选择权

在 Case 68/93：Shevill v Presse Alliance④ 中，有一家报纸的新闻报道涉嫌侵犯了某一个人的名誉权。该报纸的发行遍及了《布鲁塞尔公约》的许多缔约国。根据《布鲁塞尔条约》第 5 条第 3 款⑤的规定，受害人可以在侵权行为发生地的法院提起诉讼，因此，受害人可以在该报刊所发行的每一个缔约国分别提起要求挽回自己名誉的诉讼。欧洲法院在审理该案件的时候，明确地指出："必须承认让不同的法院来审理同一个案件的不同方面，会带来不利的影响，但是，原告始终有机会选择将他的所有诉讼请求（entire claim）或者向被告定居地的法院提出，或者向出版物机构所在地的法院提起诉讼。"⑥

---

① See case 420/97：Leathertex Divisione Sintetici SpA v Bodetex BVBA. 11.

② See case 150/80：Elefanten Schuh v Jacqmain［1981］ECR 1671，paragraph 19，and Case 51/97：Réunion Européenne and Others v Spliethoff's Bevrachtingskantor and Another［1998］ECR I – 6511，paragraph 39.

③ See case 420/97：Leathertex Divisione Sintetici SpA v Bodetex BVBA. 40. 41.

④ http：//eur – lex. europa. eu/smartapi/cgi/sga_ doc？smartapi！celexplus！prod！CELEXnumdoc&numdoc = 61993J0068&lg = en. 2018 – 2 – 16.

⑤ Article 5：A person domiciled in a Contracting State may，in another Contracting State，be sued：3. in matters relating to tort，delict or quasidelict，in the courts for the place where the harmful event occurred.

⑥ See case 68/93：Shevill v Presse Alliance32.

2. 从义务附随主义务原则（the maxim accessorium sequitur principale）

从义务附随主义务原则意指，当事人之间就多项义务的履行出现争执的时候，对基本义务的管辖将会决定国内法院的管辖权。在欧洲法院的许多判例中都应用了这条原则，但是，该原则仅仅适用于关涉雇佣合同的案件。[①]在 Case 266/85：Hassan Shenavai v Klaus Kreischer[②] 中，欧洲法院指出："当关于某一个纠纷的特定案件涉及源自同一合同的众多义务，而这些义务又构成了原告所开启的若干个不同诉讼的基础，法院在决定自己是否有管辖权时，应当接受从义务附随主义务原则的指引。这意味着，当事人就众多义务的履行发生争执时，基本义务的履行地将会决定这些众多义务的管辖法院。"[③]

还应当注意的是，合同中的义务可以有着各种各样的关系，当基本义务与非基本义务之间的关系具有附属性时，可以适用从义务附随主义务原则，但是，当合同之间的众多义务处于同一层级时，则这些义务之间具有平行的关系，其显然无法适用从义务附随主义务原则。在 Case 420/97 中，欧洲法院还进一步指出："当一个纠纷涉及源自同一合同同一层级的众多义务时，受理法院不能够根据 Case 266/85 中法院所确定的从义务附随主义务原则来确定自己是否具有管辖权。"[④]

四　欧盟诉讼系属规定的评价

欧盟法律对于诉讼系属问题的规定，直接陈明了其诉讼标的之确定方法。在诉讼系属的判定上，欧洲法院以"相同当事人，相同诉因和相同诉讼目的"作为判断前后两个诉讼是否违反诉讼系属的充分必要条件，缺一不可。

（一）民事审判中诉讼系属的判定

欧盟的立法以及审判实践直接陈明了其诉讼标的之确定方法，即以"相同当事人、相同诉因和相同诉讼目的"作为判断前后两个诉讼是否违反诉讼系属的充分必要条件，缺一不可。

---

① Jannet A. Pontier, Edwige Burg, EU Principles on Jurisdiction and Recognition and Enforcement of Judgments in Civil and Commercial Matters, T. M. C. Asser press, 2004：231.

② http：//eur－lex. europa. eu/smartapi/cgi/sga_ doc？smartapi！celexplus！prod！CELEXnumd oc&lg = en&numdoc = 61985J0266. 2018－2－16.

③ See case 266/85：Hassan Shenavai v Klaus Kreischer. 19.

④ See case 420/97：Leathertex Divisione Sintetici SpA v Bodetex BVBA. 39.

就"相同当事人"而言，当事人在先后的诉讼中诉讼地位是否相同完全不影响其判定；而且尤其值得注意的是如果后诉中有部分诉讼和前诉当事人相同，则此部分诉讼也应受到前诉诉讼系属的约束，受理后诉的法院只需要处理不同于前诉的当事人之间的诉讼。而且即便后诉可以成立，如果其与前诉紧密相关，则为提高诉讼效率和避免判决矛盾风险之考虑，受理后诉的法院也可以尊重最先受理诉讼法院对此纠纷的诉讼系属。

就"相同诉因"而言，欧洲法院认为诉因应当由本案的案件事实和法律依据共同构成；如果仅仅是法律依据不同则不能认为诉因不同。

就"相同诉讼目的"而言，欧洲法院的解释实际上直指当事人诉之声明的核心内容。欧洲法院在比较两个诉讼是否具有相同的诉讼目的时，总是对原被告双方的诉讼请求进行比较。如果前后两个诉讼的诉讼请求在核心内容上是一致的，则这两个诉讼具有相同的诉讼目的。我们还可以从另外两个判例的用语中明确看到欧洲法院的这一基本态度，在 Case C – 144/86 中，欧洲法院认为前后两个诉讼的核心都是合同责任；在 Case C – 406/92 中，法院也同样强调责任问题是前后两个诉讼的诉讼请求的核心，船东提出的不同法律依据完全没有影响；而 Case C – 39/02 之所以被认为后诉构成新诉，也正是因为前诉的目的只是确定其船舶赔偿责任的限额而非承担责任，后诉则是要求对方承担责任，即两诉的诉讼目的并不相同。

（二）欧盟诉讼系属判定方法和德国二分肢说之比较

就"相同诉因"而言，欧洲法院认为诉因应当是由本案的案件事实和法律依据所共同构成；就"相同诉讼目的"而言，欧洲法院的解释实际上直指当事人诉之声明的核心内容。因此，可以将相同诉因和相同诉讼目的大致分解为案件事实、法律关系和诉之声明这三个要素。其中，诉讼目的实际上是对"实体权利保护目的"或"诉之声明"更高阶位的抽象表述。与德国民诉法中的二分肢说进行比较，"欧洲法院系依两诉的核心即请求的对象与原因为标准判断程序标的，而德国法则以诉之声明与生活事实特定诉讼标的，尽管前者的原因与后者的生活事实相当，但前者的对象并不似后者般拘泥于声明之形式"[①]。因此，就审判对象范围之界定上，欧盟诉讼系属判定方法的范围较德国二分肢说的范围来得更为广阔。具体可见图 2 – 1。

---

① 参见陈玮佑《诉讼标的概念与重复起诉禁止原则——从德国法对诉讼标的的概念的反省谈起》，《政大法学评论》2011 年第 127 期，第 20 ~ 21 页。

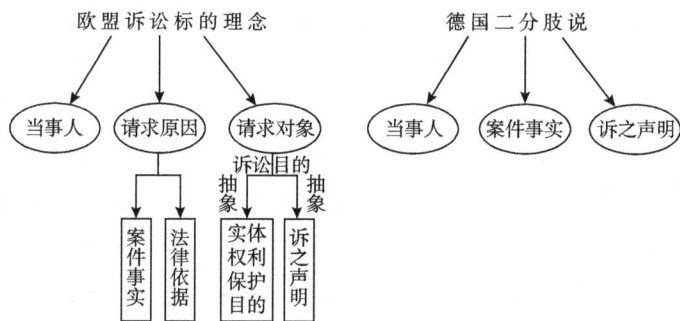

图 2 - 1 欧盟诉讼标的理论与德国二分肢说之比较

注：请求原因 = 案件事实

请求对象 > 诉之声明

欧盟并非一个主权国家，而是由诸多成员国所构成的共同体。欧盟既要维护共同体的繁荣与发展，又要充分尊重各成员国的主权。这表现在民商事判决的承认与执行上，欧盟法律既要保证各成员国的判决可以在相互之间畅通无阻地得以执行，又要保证共同体内司法的高效运作。因此，欧盟的民事司法必须很好地遵循两条基本原则：一是判决的自由流动原则（free movement of judgements）；二是正义的完美管理（sound administration of justice）原则。① 第一条原则要求尽可能精

---

① "对正义的完美管理原则包含了两个分原则：

（1）一个法院有着获取案件第一手事实的优势，有着获取该案件证据和（或者）可适用法律的便利，则该法院应当审理这个案件。

（2）一个完整的争端应当由一个法院来加以审理。这意味着相关联的案件应当由同一个法院来审理，已经向不同法院提起的相关诉讼应当由同一个的法院来审理。

这两个分原则都建立在同一个理念上，亦即，一个内国法院如果和某一个案件有着特别紧密的联系，就应当审理该案件。第一个分原则建立在这样的假定上，如果一个法院和某一案件的特定事实之间存在着直接的地域上的联系，那么这个法院就是最适合于审理该案件的法院，因为，该法院有着获取案件第一手事实的优势，有着获取该案件证据和（或者）可适用法律的便利。第二个分原则表达了这样的一种观念，如果一个法院对属于某一争端一部分的一个案件具有管辖权，那么，为了避免程序分离所带来的不利因素，这个法院就可以成为最适合于听审该争端的所有方面的法院。与第一个分原则相反的是，第二个分原则并不关注于案件事实和法院之间所存在的地域上的联系，而是关注于争端和一个已经适合审理该争端某一方面的法院之间的联系：为了达成对正义的完美管理，将一个完整的争端交由一个法院来加以审理是有效的。尽管这两个分原则都希望实现司法功能的有效运作，但第一个分原则更为关注事实的有效查明以及对于可适用法律的有效应用，而第二个分原则则更为关注正义的和谐管理，尤其是对冲突和不相容的判决的避免。"

See Jannet A. Pontier, Edwige Burg, *EU Principles on Jurisdiction and Recognition and Enforcement of Judgments in Civil and Commercial Matters*（T. M. C：Asser press，2004）：206.

确判决的覆盖范围，最大限度地避免判决相互冲突的可能，为此，欧盟在《布鲁塞尔公约》第 21 条中对诉讼系属问题作了十分严格的规定。第二条原则也要求避免判决的冲突，但其还兼顾了民商事案件的高效审理要求，为此，欧盟在《布鲁塞尔公约》第 22 条中规定了关联诉讼的合并管辖。在欧洲法院的司法实践中，总是极力避免让不同的法院对同一案件中的不同方面进行审理所带来的消极影响。欧洲法院通过"关联诉讼"等诉讼技术，使得许多本可以分开的诉讼被聚合到同一法院下进行审理，前述的许多判例可以清晰地表明欧洲法院的这一基本态度。

五　欧盟诉讼系属规定对中国的启示

（一）中国民事审判中诉讼系属阙如引发的问题

在中国民事诉讼法律体系中，由于种种原因，在 2014 年民诉法司法解释第 247 条和第 248 条出台前，诉讼系属规则一直未得到立法和理论研究的应有关注，这也造成了中国民事审判实践中一案多诉/多判、当事人诉讼负担加重以及司法权威减损等问题。

发生在福州维他龙和厦门惠尔康就惠尔康商标专用权的系列纠纷，可谓一案多诉/多判的典型。厦门惠尔康最先使用"惠尔康"作为其产品标识，却一直没有注册。待要注册时，却发现天津惠尔康科技有限公司已捷足先登，取得注册许可。此公司歇业后，其主管机关中国医学科学院放射医学研究所将商标有偿转让给了福州维他龙公司。后经厦门惠尔康申请，福州维他龙公司的商标专用权被取消，由此引发了系列诉讼。事实上，此案的争议核心很明确：即"惠尔康"商标专用权人究竟是谁。然而，因诉讼系属规则不明，此诉讼先后在福建、湖南和天津、北京提起和审理，历时 10 年，最终虽然获得了大致相同的诉讼结果，各地的判决书在细节上却有差异。此系列案，暴露出诉讼系属规则阙如带来的典型问题：多家法院审理同一案件，并对同一案件作出相异的判决；在审理同一当事人之间基于同一诉因和意欲实现同一诉讼目的的诉讼时，后受理的法院对先受理的法院管辖权未给予恰当的尊重，甚至未做任何考量；由于当事人在各地反复起诉，最终导致诉讼效率低下。此问题，在其他案件中也有体现，如福建省高级人民法院审理的福建南平金福房地产有限公司与福建南平房地产管理局房屋拆迁安置补偿合同纠纷再审案,① 海南省第一中级人民法院审理的吉林人民出版社诉廖芳婷等侵害作品复制权、发行权纠纷案等。②

诉讼系属规则阙如所引发的其他问题,还包括当事人反复遭到对方基于同一事实提出的"诉讼攻击",此问题在沈木珠、张仲春诉李世洞、杨玉圣案中最为典型,令当事人不堪其扰并开始质疑司法的公信力。③ 滚石唱片由于其音乐作品遭一听音乐网侵权,向上海市杨浦区法院起诉时,被法院告知需将其遭受侵权的音乐作品按照不同专辑予以分别处理。④ 在诉讼中,法院原本应该是纷争一次解决以及诉讼效率的践行者和维护者,由于缺少诉讼系属规则的规制,此目标反而为法院背弃。

如许问题,直击民事审判效率和公信力之漏洞:诉讼系属规则的阙如。在中国民事审判量日渐加重、相关问题一一暴露的背景下,补缺之举虽有亡羊补牢之虞,却也有为时未晚之幸。

(二) 欧盟诉讼系属规定对中国的启示

诉讼系属规则,关乎诉讼效率、诉讼当事人负担以及司法的权威和公信力。欧盟的实践和我国现实面临的问题,分别从正面和反面予以证明。这些目标和中国民事诉讼法体系所追求的目标并行不悖,完全可以纳入现行的民事诉讼法律的体系。

诉讼系属在民事诉讼法律体系中的地位很明确,即此规则系"一事不再理"原则的构成部分,和既判力规则并行。在中国民事诉讼法律体系中,"一事不再理"原则的地位尚有亟待澄清之处。意欲实现此原则的澄清,明确诉讼系属规则实乃不可或缺。

诉讼系属的根本目的,即禁止重复诉讼,其实现则有赖于受理后诉的法院对最先受理诉讼法院管辖权的尊重。所谓重复诉讼,可参考欧盟之规定,

---

① "福建省高级人民法院审理的福建南平金福房地产有限公司与福建南平房地产管理局房屋拆迁安置补偿合同纠纷再审案",《闽民申字第 915 号》,2009。北大法宝法律数据库,http://www.pkulaw.cn/。

② "海南省第一中级人民法院审理的吉林人民出版社诉廖芳婷等侵害作品复制权、发行权纠纷案",《海南一中民初字第 61 号》,2001。北大法宝法律数据库,http://www.pkulaw.cn/。

③ 李世洞:《"一事不再理"原则与沈木珠教授夫妇的"一案多诉"问题》,2017。北京文艺网,http://www.artsbj.com/Html/observe/zhpl/wypl/wenxue/095854.html。

④ 谭祖发等:《一案拆成 600 多案遭遇诉拆拆》,2017。110 网,http://www.110.com/falv/minshisusong/dongtai/2010/0709/69542.html。

为同一当事人之间基于同一法律事实或行为而提出的同一诉讼目的之诉讼。

诉讼系属应开始于一方当事人的起诉，终结于生效裁判的获得。在此期间，当事人之间，当事人和受理法院之间，受理法院和其他法院之间均应受到诉讼系属规则的约束，不得对同一诉讼重复审理。如果一方当事人重复起诉，另一方当事人有权提出诉讼系属抗辩。

从欧美的经验看，诉讼系属不仅仅限于重复诉讼，可以有条件地拓展至关联诉讼。

欧盟的诉讼系属规则之立法发展与审判实践，强有力地证实了诉讼系属规则，实乃关乎民事诉讼基本目标能否实现的重要规则。它甚至可以超越国家的主权界限，将司法管辖权在欧盟范围内予以协调和统一，而这也正是由于诉讼系属规则对诉讼效率的保障之效。基于前文论述，我们可以初步作出一个界定，所谓诉讼系属，即特定当事人将其纷争提交至有管辖权的法院之后，且获得终局裁判之前，在此特定纷争之上，当事人之间、当事人与受理法院之间和受理法院与其他法院之间形成的一种约束关系。这种约束关系应该得到当事人的尊重，也应该得到法院的尊重，由此发挥其提高诉讼效率、保护当事人免受重复的诉讼攻击和避免矛盾判决之效用。作为现代民事诉讼中的一项重要规则，中国的民事诉讼法律体系应对其给予应有的关注。

第三节　我国台湾地区诉讼标的理论的第三次勃兴

早在 1930 年国民政府颁布实施的《民事诉讼法》第 235 条中，即将诉讼标的规定为诉状的应记载事项。1945 年国民政府接收台湾地区后，该法也施行于台湾地区。此后，《民事诉讼法》在台湾先后经历了多次修正，但其关于诉讼标的之应记载规定均未被触及，保留于现行民诉法第 244 条中。六十余年来，台湾民诉法界从未中断对诉讼标的之研究，理论认识先后出现三个明显的转折点，现今已改采诉讼标的的相对论。

由于两岸的信息阻隔，甚至是大陆民诉法的一些权威学者对台湾诉讼标的理论的发展现状也都不甚了了，错误地认为台湾实行的是传统诉讼标的理论。[1] 大陆的法学在 20 世纪中期出现了长达数十年的研究断层，法学

---

[1]　在大陆通用的高等教育出版社《民事诉讼法》教材中，因信息不通畅的缘故，误以为台湾施行的依旧是旧诉讼标的理论，存在以讹传讹的嫌疑。参见江伟《民事诉讼法》，高等教育出版社，2004，第 11 页。

理论的滞后性也同样波及诉讼标的研究领域，至今该方面的研究仍存有许多力有不逮之处。海峡两岸拥有相同的法律文化背景，大陆绝不应因一水之隔而忽略对台湾诉讼标的理论的比较研究和理性借鉴。

一　台湾地区诉讼标的理论的发展

（一）台湾地区诉讼标的理论的第一次勃兴

台湾诉讼标的理论的第一次勃兴，其时间跨度为 1945～1965 年。这期间，传统诉讼标的理论在台湾有着不可动摇的地位。1930 年国民政府颁布的《民事诉讼法》1945 年后同样也施行于台湾地区。该法大量移植了德、日等国的相关规定，而实务审判中诉讼标的理论的采纳更是对大陆法系先进国家亦步亦趋，坚决奉行传统诉讼标的理论。直到 1965 年，传统诉讼标的理论一枝独秀的局面方被终结。

1945～1965 年的台湾，是以学习者的身份照搬照抄了德日等国的传统诉讼标的理论。因此，民诉法理论界对传统诉讼标的理论少有争议，实务界更是不折不扣地加以推行。[①]

（二）台湾地区诉讼标的理论的第二次勃兴

1965～1975 年，是新旧诉讼标的理论支持者的激烈论战阶段，这期间迎来了台湾诉讼标的理论的第二次勃兴。

在传统诉讼标的理论盘踞着通说位置的年代，高度的理论共识使得诉讼标的难以成为台湾民诉法学人的研究兴奋点。1965 年 11 月 5 日，台湾大学的陈荣宗副教授在《司法通讯》第 213 期撰写了一篇名为《新诉讼标的理论简介》的论文，犹如一阵春风，吹散了诉讼标的研究领域的学术乏阋。[②] 此后，相关学者逐渐分化为两个阵营，或支持传统诉讼标的理论，或支持新诉讼标的理

---

① 例如，在 1958 年台上字第 101 号中就有这样的表述："物之所有人本于所有权之效用，对于无权占有其所有物者请求返还所有物，与物之贷与人，基于使用借贷关系，对于借用其物者请求返还借用物之诉，两者之法律关系即诉讼标的并非同一，不得谓为同一之诉。"此可参见《"最高法院"判例集编（程序法编）》，台湾双榜文化事业公司，1995，第 723～724页。（作者）除此之外，在诸多的台湾法院判例和最高法院决议中，也可见对旧诉讼标的理论的明确承认，这包括 1936 年院字第 1408 号、1943 年院字第 2469 号、1944 年院字第 2775号（以上为民国时期的判例）、1953 年台上字第 1352 号、1959 年台上字第 1818 号等。

② 同年 12 月，陈荣宗先生出版了专著《民事诉讼标的新旧理论之研究》，就其观点做了进一步的阐明。

论，彼此之间的论争也愈演愈烈。在 1975 年 12 月 13 日庆祝台湾大学 30 周年校庆之际，著名法学家王泽鉴教授主持了"新旧诉讼标的理论之检讨"学术座谈会，这使得两大阵营之间的论战也达到了空前的高潮。座谈会上，由于新诉讼标的理论支持者内部存有不同的派别，有的学者支持一分肢说，有的学者支持二分肢说，观点并不统一，削弱了自身的论战力量，没能取得辩论优势。①

台湾大学 30 周年校庆座谈会上的失利，并未让新诉讼标的理论的支持者偃旗息鼓，他们一方面继续将探讨引向深入，另一方面也在一定程度上影响了审判实务。在对新诉讼标的理论的研究中，台湾学者就诉讼标的之确定共持有三种典型见解：陈荣宗先生倾向于新实体法说，其将多个请求权竞合的情形视为仅有单一实体法权利的存在。② 王甲乙先生则兼采一分肢说和二分肢说，认为就非特定物的给付诉讼而言，可以采纳以原因事实和诉之声明为共同界定标准的二分肢说；就特定物的给付之诉、确认之诉以及形成之诉而言，可以采纳以诉之声明为界定标准的一分肢说；③ 骆永家先生则主张单纯的一分肢说。④ 由于理论界对新旧诉讼标的理论的学术争鸣始终无法尘埃落定，这导致了实务界对于是否采纳新诉讼标的理论只能是举棋不定，难以痛下决心。但是，在诉之变更的问题上，实务界则悄悄地放宽了限制，出现了向新诉讼标的理论靠拢的苗头。⑤

此一时期，新旧诉讼标的理论的论战之所以会处于胶着状态，是因为这两种理论本身各有优劣，难分高下。恰如第一章所介绍的，就传统诉讼标的理论而言，它能够将不同的法律关系加以明确区分，有着简单易操作的优点。但是，其在请求权竞合的案件中，却可以允许原告就同一事件多次起诉，暴露了诉讼不经济的缺陷。如在前述房屋租赁案件中，原告为催讨 A 房屋可以本着租赁物返还请求权起诉，若败诉后还可以再燃纷争，提起所有物返还请求权之诉，这完全违背了纷争一次性解决的精神。显然，

---

① 王泽鉴：《新旧诉讼标的理论之检讨》，《台大法学论丛》1976 年第 2 期，第 1～48 页。

② 陈荣宗：《民事程序法与诉讼标的理论》，台湾大学法学丛书编辑委员会，1984，第 381～394 页。

③ 杨建华：《诉讼标的新理论概述》，载杨建华主编《民事诉讼法论文选辑》（下），台湾五南图书出版公司，1984，第 406～415 页。

④ 骆永家：《民事诉讼法Ⅰ》，自刊，1995，第 61～62 页。

⑤ 例如，在 1967 年台上字第 3064 号判决中就指出："不当得利返还请求权与损害赔偿请求权，法律上之性质虽有不同，但两者诉讼上所据之事实如属同一，则原告起诉时虽系基于侵权行为之法律关系，然在诉讼进行中于他造为时效之抗辩后，亦不妨再基于不当得利之请求权而为主张。"

传统诉讼标的理论对诉讼标的范围的界定存在着过窄的弊端。有鉴于此，新诉讼标的理论有意拓宽诉讼标的界定范围。以一分肢说为例，它以当事人的诉之声明作为诉讼标的。在前述房屋租赁案件中，原告不论是基于租赁物返还请求权抑或是所有物返还请求权而起诉，其诉之声明均是指向同一栋房屋，因此，该案件仅有一个诉讼标的，不能够因为有两个请求权依据而分为两案审理。但是，当原告仅仅依据多个请求权中的某一个而起诉，若法官没能积极阐明有多个请求权存在的可能，由此却要原告承担败诉的一切法律后果，这未免过于残酷和不公。于此，新诉讼标的理论招致了轻视原告程序选择权的嫌疑。依此继续推演，新诉讼标的理论会遭遇到强制决定起诉范围、既判力客观范围可能过大和法官阐明义务过重等新问题。

（三）台湾地区诉讼标的理论的第三次勃兴

1. 诉讼标的相对论法律地位的确立

台湾诉讼标的理论第三次勃兴的时间跨度为 1991 年至 2000 年。在新旧诉讼标的理论的学术论战中，新诉讼标的理论支持者发现自己所预想的理论优势一边倒的局面并未出现，论战带来更多的却是对新诉讼标的理论本身弱点的暴露。因此，新诉讼标的理论支持者开始了进一步反思。在相当长的一段时间内，新旧诉讼标的理论之间的交锋不再热烈。直到 1991 年，在台湾民诉法研究会第 41 次研讨会上，台湾大学的邱联恭教授提出了诉讼标的相对论，引发了学界对诉讼标的理论的再次关注。该理论既允许原告选择以案件所涉的法律关系来确定诉讼标的，又允许原告选择以案件的原因事实来确定诉讼标的。[①] 在诸理论的论战中，邱联恭教授的诉讼标的相对论脱颖而出，成为台湾诉讼标的理论第三次勃兴浪潮中的执旗者，并因立法的采纳而取得了绝对的优势。2000 年，台湾的民诉法经历了一次重大修正，诉讼标的相对论被正式写入民诉法中。由此，传统诉讼标的理论坚如磐石般的地位受到了撼动，新诉讼标的理论的部分内容则实现了从理论到立法的飞跃。新的立法大大地激发了学界的研究热情，台湾诉讼标的理论的研究迎来了第三次勃兴的高潮。

---

① 王甲乙等：《请求损害赔偿之诉讼标的》，载民事诉讼法研究基金会主编《民事诉讼法之研讨（四）》，台北，三民书局，1993，第 332～334 页。

2. 诉讼标的相对论之后的理论纷争

自 1975 年"新旧诉讼标的理论之检讨"学术座谈会后，主张新诉讼标的理论的学者日渐增多。在台湾民诉法最为权威的学术研究团体——财团法人民事诉讼法研究基金会的历次研讨会中，有许多主题和新诉讼标的理论相关。逐渐地，研究的关注点悄悄地从新旧诉讼标的理论之争转化为如何将新诉讼标的理论的内容融入现有的民诉法中。自 2000 年诉讼标的相对论法律地位确立之后的数年间，各种改进新诉讼标的理论的学术方案被逐一提出，台湾民诉法学界先后产生有着重要影响的诉讼标的理论具体包括：一是杨淑文教授提出的相对诉讼标的理论；① 二是黄国昌博士的浮动诉讼标的理论；② 三是台湾著名的民法学者黄茂荣教授也就新诉讼标的理论的改进贡献了宝贵建议；③ 四是部分学者提出对统一诉讼标的理论进行解构，引进欧洲法院的核心理论。④

3. 改进新诉讼标的理论的实际影响

由于立法上采用了诉讼标的相对论，审判实务在诉讼标的之确定上也有了明显的转向。如今，在台湾的民事诉讼中，当事人既可以借助传统诉讼标的理论所强调的讼争法律关系来确定诉讼标的，也可以借助新诉讼标的理论所看重的案件事实⑤来确定诉讼标的。

总体上，台湾诉讼标的理论的研究进程可以分为四个阶段，目前立法上采行的是诉讼标的相对论，在理论研究上则是争鸣不断，但在漫长的理论纷争中已显露出一个共同趋势：解构统一的诉讼标的概念，根据程序发展的不同阶段赋予诉讼标的以不同的内涵。台湾诉讼标的理论研究进程总体上可以简略如图 2 - 2 所示。

---

① 杨淑文：《诉讼标的理论在实务上之适用与评析》，《政大法学评论》1999 年第 61 期，第 197 ~ 251 页。

② 黄国昌：《民事诉讼理论之新开展》，台北，元照出版公司，2005，第 373 ~ 408 页。

③ 黄茂荣：《论诉讼标的》，《植根杂志》2004 年第 1 期，第 1 ~ 52 页。

④ "诉讼标的的划定固然在争点整理阶段具有提示、限定审判对象、凸显上位争点等功能。却未必适合原样移用于诉之客观合并、诉之变更追加、重复起诉禁止原则或既判力客观范围的判定。若不以诉讼标的概念的观点看待重复起诉禁止原则，可以发现其所欲排除之矛盾裁判非限于既判力相抵触者，且除此消极机能外，更有促使合并审判的积极机能。以此两点机能之认识重构重复起诉禁止原则的解释论，本文主张欧洲法院所提出的核心理论值得参考，不过，在法律效果上则应视具体情形妥适运作相关规范，以求平衡兼顾诉讼法上诸基本要求。"参见陈玮佑《诉讼标的的概念与重复起诉禁止原则——从德国法对诉讼标的的概念的反省谈起》，《政大法学评论》2011 年第 127 期，第 42 ~ 43 页。

⑤ 参见台最高法院 2002 年台上字第 1043 号判决。

| 传统诉讼标的理论 | 新旧诉讼标的的理论论战 | 诉讼标的的相对论提出和立法 | 统一诉讼标的的理论的解构与争鸣 |

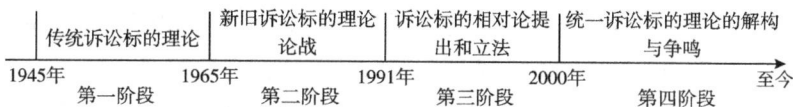

图 2 - 2　台湾诉讼标的的理论发展的四个阶段

二　第三次勃兴中的诉讼标的的相对论

(一) 诉讼标的的相对论的主要内容

1. 理论表述

邱联恭教授在其教学讲义中有着对诉讼标的的相对论的明确表述:"原告得为诉讼标的之选择性、相对性特定,不论就通常诉讼事件或简易、小额诉讼事件,原告既得选择以某法律关系为诉讼标的(选择权利单位型诉讼标的)并表明其特定所需原因事实;亦得选择以某纷争为诉讼标的而以原因事实予以特定(选择纷争单位型诉讼标的),籍以划定可资平衡追求实体利益及程序利益之本案审判对象(诉讼标的)范围,而避免蒙受因未被容许为上开诉讼标的之选择性、相对性特定时所可能招致之程序上不利益或实体上不利益。"[1] 在这段话中,明确了诉讼标的的相对论可以适用于包括普通、简易和小额程序在内的各民事诉讼程序;明确了当事人既可以采用传统诉讼标的的理论,通过法律关系来确定诉讼标的,又可以采用新诉讼标的的理论,通过原因事实来确定诉讼标的;明确了诉讼标的之确定属于原告程序选择权的范围。

2. 立法规定

诉讼标的的相对论吸纳了新诉讼标的的理论的合理要素,允许原告选择以案件的原因事实来确定诉讼标的。这在立法中体现为第 199 - 1 条前款的规定:"依原告之声明及事实上之陈述,得主张数项法律关系,而其主张不明了或不完足者,审判长应晓谕其叙明或补充之。"该规定表面上类似于新诉讼标的的理论的二分肢说,但实则大相径庭。依据二分肢说,原告可将包含在同一案件事实中的不同诉之声明分开起诉;依据该规定,原告经审判长阐明后,须将包含在同一案件事实中各法律关系下的不同诉之声明一次性起诉,这等于承认了案件事实的审判对象地位。[2] 该规定是以原因事

---

[1]　邱联恭:《口述民事诉讼法讲义(2006 年笔记版)》,台北,三民书局,2007,第 152 页。
[2]　许士宦:《民事诉讼法修正后之诉讼标的的理论》,《台大法学论丛》2005 年第 1 期,第 43 页。

实作为审判对象，实际上淡化了传统诉讼标的理论所强调的实体法请求权基础，仅将其视为法律上攻击或防御的方法，属法官可阐明的对象。[①]

诉讼标的相对论也保留了传统诉讼标的理论的合理内核，允许原告选择以案件所涉的法律关系来确定诉讼标的。这在立法中体现为第 255 条第 2 项的规定："诉状送达后，原告不得将原诉变更或追加他诉。但有下列各款情形之一者，不在此限：……二、请求之基础事实同一者。"对该条规定的反面解释，可以得出，民诉法认为法律关系的变更可以构成诉之变更。因此，对于那些已经习惯于使用传统诉讼标的理论来办案的法官和律师来说，只要其不违反第 199 - 1 条的规定，仍然可以将法律关系作为诉讼标的来展开诉讼。

3. 纷争事实

出于完善诉讼标的相对论的需要，邱联恭教授还提出了纷争事实概念。在审判实务中，原告可能会提出数个事实，而任何一个事实均可独立支持原告的同一救济请求，如一个契约可以有数个解除事由，等等。如此，存在着原告将数个事实分开起诉的可能性。邱联恭教授认为，此时可以当事人的纷争为出发点，将那些和纷争有牵连的数个事实集合为纷争事实，并将纷争事实本身视为一个诉讼标的，从而消除重复诉讼的隐患。[②] 前述美国的自然事实观在确定审判对象范围时，也不拘泥于单一的事实，和纷争事实观有着异曲同工之妙。

4. 实践运用

以前述原告欲追讨 A 房屋的案子为例，依据诉讼标的相对论，原告在起诉请求法院将 A 房屋判归自己时，有 6 个选择可以用来确定诉讼标的之范围：（1）仅陈述 A 房屋为自己所有但被乙无权占有之原因事实；（2）仅陈述其将 A 房屋出租于乙，但租期届满后乙拒不返还之原因事实；（3）同时陈述（1）和（2）两个原因事实；（4）仅以所有物返还请求权确定诉讼标的，并陈述前述的（1）或（3）之原因事实；（5）仅以租赁物返还请求权确定诉讼标的，并陈述前述的（2）或（3）之原因事实；（6）兼以所有物和租赁物返还请求权确定诉讼标的，并陈述前述的（3）之原因事实。

[①] 和《证据规定》第 35 条相比较，台湾民事诉讼法第 199 - 1 条赋予了法官以更大的阐明权。在第 35 条中，法官仅可就原告的错误法律关系主张进行阐明，而在第 199 - 1 条中，法官甚至可以通过阐明让原告补充其所遗漏的法律关系主张。

[②] 邱联恭：《诉讼上请求之表明如何兼顾实体利益及程序利益》，《台湾本土法学》2003 年第 11 期，第 65 页。

上述前三种起诉方式的优势在于其较为适合那些对法律并无深入了解的非专业人士，但是，法官应当对原告积极阐明其在实体法上的法律依据；与前三种起诉方式相对应，后三种起诉方式则更适合于专业人士或有律师代理的人士选用。上述（1）（2）（4）和（5）四种起诉方式的优势在于其能够给予原告以广泛的选择空间，由此，原告出于证明困难或者诉讼契约等实际考虑，可以将部分原因事实或实体请求权排除在审判对象范围之外。但是，在做出此等选择时，原告必须慎之又慎，不得有违诚实信用原则而滥用程序选择权，否则将自行承担不利的法律后果。上述（3）（6）两种起诉方式的优势则在于纷争的一次性解决。

（二）诉讼标的相对论的特色

1. 崇奉处分权主义

诉讼标的相对论者认为，民诉法采用了处分权主义，因此，应当承认原告有主导确定诉讼标的范围的权利。原告基于处分权主义所享有的程序处分权、程序选择权，原则上有权选择是否起诉、如何提出请求以及如何决定诉讼标的之范围。因此，在选择并确定诉讼标的范围时，原告可以通过衡量某事项列为诉讼标的之轻重利弊，把那些可能招致程序上不利益的事项排除于诉讼标的范围之外。与之相比，在新诉讼标的理论中，原告并不享有确定诉讼标的范围的程序选择权。而依新诉讼标的理论所决定的诉讼标的范围又往往过大，很容易导致原告程序利益受损的问题。

2. 当事人的诉讼促进义务

诉讼标的相对论在承认原告所享有的确定诉讼标的范围的程序选择权的同时，还特别强调当事人的诉讼促进义务，从而达到限制原告确定诉讼标的范围之自由的目的。"所谓诉讼促进义务，系基于当事人对于他造所负依诚信原则进行诉讼之义务及对于法院及国家所负促进诉讼之公法上义务。"[①] "为合理分配司法资源，兼顾诉讼经济之要求，并保障当事人之程序利益，在民事诉讼法上应肯认诉讼促进之要求。为回应此要求，并基于诉讼法上诚信原则，应肯认当事人对于他造及法院负有适时提出义务，就

---

① 参见台湾民事诉讼法法第二百六十八条之二立法理由。许士宦：《逾时提出攻击防御方法之失权》，载民事诉讼法研究基金会主编《民事诉讼法之研讨》第 11 辑，台北，三民书局，2003，第 206～207 页。

攻击防御方法之提出时期，应受相当之制约。"①

根据诉讼促进义务，当事人就其攻击和防御方法的提出，既是一项权利，也是一项义务，应当适时地提出。当事人如果不适时地提出自己的攻击或防御方法，法院可以驳回，但须具备下述要件："①逾时始行提出攻击防御方法；②当事人意图延滞诉讼或因重大过失逾时提出；③有碍诉讼之终结者。"②

2. 诉讼标的范围的选择性

为了保证实体利益和程序利益的平衡，诉讼标的相对论允许原告自主确定诉讼标的范围。原告既可以同时选择原因事实和实体法上的请求权，又可以只选择实体法上的请求权，还可以只选择原因事实，来确定诉讼标的范围。原告的这种选择权空间，在新旧诉讼标的理论中都不曾如此广泛。传统诉讼标的理论只允许原告为实体请求权的选择，新诉讼标的理论只允许原告为原因事实的选择。

3. 诉讼标的范围的相对性

和原告的选择权相对应的是诉讼标的范围的相对性。即便是同样的案件，由于原告的不同选择，完全可能导致案件的诉讼标的范围的不同。此外，法官的阐明也会影响到原告的判断，最终影响到诉讼标的范围的大小。"由于法院在每一个具体诉讼所为之阐明的范围不一定一致，所以依阐明说界定和特定诉讼标的时，其范围便不一定相同。从而即使系由同一种原因事实、纷争事实界定或特定之诉讼标的，其内容与范围也可能因案而异。是故，有因其特定之结果的相对性，称其为诉讼标的相对论"③。

4. 诉讼标的范围的明确性

诉讼标的范围的确定过程尽管可以有选择性和相对性，但是，无论当事人是采用权利单位型诉讼标的，还是纷争单位型诉讼标的，诉讼标的范围最终都必须明确划定。否则，审判将会因丧失目标而盲目地进行，导致诉讼不经济的后果。

5. 程序保障的重要性

在评价既判力的客观范围时，邱联恭教授认为，传统诉讼标的理论和新诉讼标的理论有着各自的优势和不足。一方面，新诉讼标的理论所追求

---

① 邱联恭：《程序选择权论》，台北，三民书局，2000，第66页。
② 许士宦：《逾时提出攻击防御方法之失权》，载民事诉讼法研究基金会主编《民事诉讼法之研讨》第11辑，台北，三民书局，2003，第209页。
③ 黄茂荣：《论诉讼标的》，《植根杂志》2004年第1期，第20页。

的纷争一次性解决的理想，是其鲜明的优点，但由于既判力客观范围过大的问题，要求法官具有较高的素质，法官如果不能够恰当地行使阐明权，就容易发生突袭性裁判。另一方面，传统诉讼标的理论，可以让法官就每一个实体法请求权进行确定性的审理，适合法官整体素质不高的国家，但传统诉讼标的理论存在着既判力范围过于狭窄的问题。

在诉讼标的理论的讨论中，为什么会有既判力客观范围过大或过小的争议呢？邱联恭教授认为："新旧诉讼标的理论之理论论争，最重大之缺陷，即在忽视程序保障始系决定性之要素，防止发生突袭性裁判始系基本之问题。……程序保障有优位性，没有程序保障，不应该扩大既判力之客观范围，亦即不应该扩大诉讼标的之范围。如果已受充分程序保障，已经不会发生突袭性裁判，何以又要允许提起后诉讼？可见关键之点，还系充分之审理……"[①] 实际上，在邱联恭教授眼里，既判力的客观范围并没有绝对的过大或过小的问题，只要判决的相关内容在诉讼中都经历了当事人的充分的攻防，就应当赋予其既判力。

在阐释诉讼标的相对论时，邱教授就特别注重当事人的程序保障权："倘法官未适时尽阐明义务，致当事人逾时提出攻击防御方法者，不得使其发生失权，以免将可归责于法官之程序瑕疵，责由当事人负担程序上不利益，既不符合公正程序之要求，并侵害当事人之辩论权及证明权。"[②] 如此，在诉讼标的相对论中，当事人程序保障权的充分行使与否将会直接影响到诉讼终将时既判力的客观范围。许士宦教授对此作了进一步的阐明："扩大重复起诉禁止原则及扩张判决遮断效，不能因此而侵害当事人之程序权。毋宁说，应以当事人在诉讼过程已受充分之程序保障，始足以正当化其因该二制度机能扩大所受之不利益。就前者而言，倘当事人于已系属之诉讼程序，已获诉变更、追加或反诉之机会，其竟不此之图，另外提起别诉，则其因适用重复起诉禁止原则而遭驳回所蒙受之实体及程序上不利益，应自负其责。就后者而言，倘当事人于诉讼过程已就成为争点之诉讼标的外法律关系或其他事项尽其攻击防御之能事，而受具体的程序保障，则就诉讼遂行结果法院所为终局判断不得再事争执，当事人虽未就其提起诉讼主张，却蒙受如同已将之作为诉讼标的进行攻防之结果，亦应负自己

---

① 邱联恭：《口述民事诉讼法讲义（二）》，自刊，2007，第143页。
② 许士宦：《逾时提出攻击防御方法之失权》，载民事诉讼法研究基金会主编《民事诉讼法之研讨》第11辑，台北，三民书局，2003，第232页。

行为之责任。此项程序保障之赋予，原为法院行使诉讼指挥权或阐明权所应为者，无待乎新法之明文。"[①]

（三）诉讼标的相对论和其他两种理论的比较

如前所述，在台湾诉讼标的理论的第三次勃兴中，共涌现出三种有代表性的诉讼标的理论：诉讼标的相对论、相对的诉讼标的论和浮动的诉讼标的论。此三者在理论基础、诉讼标的决定因素、诉之客观合并、诉之变更或追加、既判力客观范围和诉讼系属等问题上有着各自不同的态度。为了加深对诸理论的认识，可以通过表2-2直接比较该三种理论的异同。

表2-2　台湾三种代表性诉讼标的理论之异同比较

内容 理论	诉讼标的 决定因素	理论 基础	诉之客观合并	诉之变更或追加	既判力客 观范围	诉讼系属
诉讼标的相对论	①权利单位型诉讼标的 ②纷争单位型诉讼标的	确保当事人的程序利益和诉讼经济原则之间的平衡	①权利单位型诉讼标的，大致等同于传统诉讼标的理论。但为了体现当事人的程序处分权，不作诉之强制合并，允许当事人自主选用预备、选择或竞合等合并样态； ②纷争单位型诉讼标的，则认为当事人的多个请求权仅构成诉讼的攻击或防御方法，但其遵循辩论主义，容许当事人做方法上的预备、选择、竞合等合并。这又可称为不真正诉之合并	①若原告选择的是权利单位型诉讼标的，可以采用传统诉讼标的理论的做法； ②若原告采用的是纷争单位型诉讼标的的，不存在诉之变更或追加问题。但是，原告在攻击或防御方法方面，可以有变更和追加问题，并且，若是法官没有为适当阐明，可能影响到新诉或再审的提起	①既判力的客观范围受限于诉讼标的之范围； ②当事人在享有充分程序保障的前提下，若已极尽攻防之能事，则出于争点效的考虑，以诉讼标的为基础的既判力范围可以作适当的扩大或缩小	①在原诉讼程序中，若享有充分的程序保障，能够为诉之变更、追加或者反诉，但有意不为之，并企图提起新诉讼，将有违诉讼系属规定； ②若因法官阐明失误等其他程序保障不周的原因，使得当事人不能够为诉之合并、变更或追加，则应当允许提起新诉或再审之诉

[①]　许士宦：《重复起诉禁止原则舆既判力之客观范围》，《台大法学论丛》2002年第6期，第53页。

续表

内容 理论	诉讼标的 决定因素	理论 基础	诉之客观合并	诉之变更或追加	既判力客观范围	诉讼系属
相对的诉讼标的论	案件审理阶段，以原因事实来确定诉讼标的之范围；在既判力范围的确定阶段，以当事人主张的法律关系和原因事实来共同确定	①诉讼审理阶段，力图贯彻诉讼经济原则；②关于既判力客观范围的确定，则是力求维护当事人的实体利益	同于新诉讼标的理论的一分肢说：若诉之声明相同，不论是多个案件事实还是多个实体法请求权依据，均不存在诉之合并	同于新诉讼标的理论的一分肢说：同一诉之声明下原因事实或实体法请求权的变更或追加，不构成诉之变更或追加	既判力客观范围等同于诉讼标的范围，但二审言辞辩论终结后发生之事实，若未经当事人主张，法院也未加以审判，不为既判力所及，当事人仍得提起新诉	同于新诉讼标的理论的一分肢说。在诉讼审理阶段，若就同一诉之声明下的不同原因事实或不同法律关系主张提起诉讼，有违诉讼系属之规定
浮动的诉讼标的论	①起诉阶段：原告来划定；②诉讼中：双方当事人的诉讼行为共同确定；③审判结束后：法院的判决加以明确划定	要平衡原告和被告两造之间的实体利益、程序利益，并兼顾法院所代表的公益	同诉讼标的相对论	①基本赞同诉讼标的相对论的做法；②认为被告方也可以影响本案的诉之变更或追加；③法院出于公益的考虑，可以扩大诉讼标的之范围，实际上存在无形中的诉之变更或追加	若原被告双方在可以为诉之变更、追加或者反诉的情况下，有意不为之，法院可以出于公益的考虑，强行扩大诉讼标的之范围，从而扩大既判力的范围	若原被告双方在可以为诉之变更、追加或者反诉的情况下，有意不为之，得另行提起后诉。对此，法院应尽量将前诉和后诉合并于同一诉讼程序中加以审理，不应当将后诉裁定为不合法而驳回

（四）对诉讼标的相对论的评价

诉讼标的相对论具有高度的理论兼容性，既淡化了新旧诉讼标的理论的争执，又克服了新旧诉讼标的理论的各自缺陷，体现了一种更为务实的态度。台湾有学者非常精辟地归纳了诉讼标的相对论的理论优势："新法的修正，就诉讼标的理论之论争而言，最大之特色在于其兼具有修正、补救向来新旧诉讼标的理论所被指摘缺点之功能，而造成一方面新法究采新诉讼标的理论或传统诉讼标的理论并不十分地明确，但另一方面似乎采行任一诉讼标的理论均可以有效地加以运作，归致的结果乃显著地减低新旧诉讼标的理论争论之实益。"① 但是，诉讼标的相对论在司法实践中的应用时间至今也仅是短短几年，其在理论上的优势和缺陷还应当接受更多的实务检验后方可确定。

三 台湾地区诉讼标的理论第三次勃兴的启示

大陆和台湾学者对诉讼标的之确定问题的研究可谓各有擅长，但在本节的研究框架中，自当将注意力放在大陆学者如何取长补短，如何从台湾的诉讼标的理论研究成果上获得有益启示。

（一） 实务界定型做法的存在

在台湾，不管理论界的争论是多么激烈和莫衷一是，实务界却始终有着一个定型的做法。实务界先是采纳传统诉讼标的理论，后是坚决奉行诉讼标的相对论。因此，审判实务中积累的大量判例，能为理论界的学术探讨提供深厚的经验基础。与之相比较，大陆的民事审判在诉讼标的问题上至今并无定型的做法。大陆学者通说认为实务界采用的是传统诉讼标的理论，但是，通过对现有民事审判的观察，难以看出学者这一断论的依据所在。在大陆，一方面，我国通用的高等教育出版社的教材明确指出我国实务界实行的是传统诉讼标的理论；② 另一方面，我国实务界在办案中，多不考虑诉讼标的问题③，从而形成了诉讼标的理论与实践之间的断裂与鸿沟。④

理论界欲改进诉讼标的理论，必以实务经验为依托。若大陆的民事审

---

① 黄国昌：《民事诉讼理论之新开展》，台北，元照出版公司，2005，第377页。
② 江伟：《民事诉讼法》，高等教育出版社，2004，第11页。
③ 本文第四章将对此做出详细的论述。
④ 根据作者对福建部分法院的调研，发现实务中完全不能够确定大陆采用的是旧诉讼标的理论。也有其他专研诉讼标的理论的学者同样地发现了这个问题，参见段厚省《民事诉讼标的论》，中国人民公安大学出版社，2004，第273页。

判在诉讼标的方面不能够提出较深刻的问题，理论界的探讨便失去了基础和前进方向。长期以来，大陆学者在此方面的研究可谓议而不决，模糊了实务界的视线，弱化了实务界对于诉讼标的重要性的认识，没能够让学术争鸣起到应有的作用。因此，当务之急，是利用民诉法修订之机会，明确界定实务中应当采纳的诉讼标的确定方法。毕竟，只有实践的"头发"长出来，理论界才可以进一步考虑要梳理成哪种更为具体精致的诉讼标的理论样式。

（二）诉讼标的理论争鸣的方法论

在诉讼标的问题上的研究，台湾的理论界一直能够做大量的实务调研。因此，在台湾大学30周年校庆座谈会上，传统诉讼标的理论支持者能够成功地阻击新诉讼标的理论支持者的主张。并且，在研究如何引入新诉讼标的理论时，理论界也充分关注到实务界在诉之变更问题上先行所做的一些有益尝试。与之相比，大陆民诉法学界对于诉讼标的理论的探讨，始终和实务界处于一种若即若离的关系。大陆学者很少对实践中的审判进行诉讼标的方面的调研，这使得诉讼标的理论的研究无法找到新的生长点。现行的情况是，大陆法官在审判实践中虽然欠缺诉讼标的意识，但其对于自己所审判案件的大致审判对象仍然有着相对统一的认识。学术界应当研究法官们对审判对象的看法，在此基础上能够提出切合大陆审判实际的诉讼标的理论。

此外，大陆对于诉讼标的理论的研究，应当注重借鉴大陆法系先进国家德国的第一手资料。我国自诩为大陆法系国家，但民诉法研究者中懂德语者寥寥无几，更多的中坚力量则是凭借着英语的语言优势积极地向英美法系靠近。如此，大陆对于诉讼标的理论的研究，更多时候只能以日本和中国台湾学者翻译的二手资料为基础。德语的障碍，使得大陆学者对新诉讼标的理论的认识，存在着一定的局限。台湾的民诉法学者，在这方面则起到了一个良好的榜样作用。他们秉承大陆法系的优良传统，当中有许多人获得了德国和日本的法学博士学位。因此，台湾学者在诉讼标的理论的比较研究方面，因其语言优势而比大陆学者有着更为开阔的学术视野。

（三）扭转"重实体、轻程序"的错误倾向

台湾的实务界，尽管在一定程度上也存在着"重实体、轻程序"的问

题，但并没有如大陆法学界那般的畸轻畸重。例如，其能够就民诉法方面的问题，形成专门的判例和决议。在已经出版的《最高法院判例集编》和《最高法院决议集编》中，就有专门的程序法编内容。因此，台湾学者在研究诉讼标的理论问题时，有着可以信手拈来的判例。与之相比较，大陆的实务界，其对程序法的轻视倾向相当严重，以《人民法院案例选》为例，其中各编的分类仅仅是从实体法角度加以考虑，并无程序法可以容身的空间，这也使得民诉法理论界的研究空间显得更为局促。

（四） 对诉讼标的相对论的借鉴

对诉讼标的相对论的借鉴，不应当是模式上的照搬照抄，更需要的是价值判断方法上的参考。从价值取向来看，诉讼标的相对论推崇的是处分权主义，尊重的是原告的程序选择权，保护了当事人的程序利益。但是，诉讼标的相对论之所以可以追求这种高贵的价值取向，是因为在台湾有着可以与其相匹配的运行环境。台湾的法官，经过多年传统诉讼标的理论的运作锻炼，其自身的素质基本可以满足诉讼标的相对论的要求，既可以灵活地运用传统诉讼标的理论来办案，又可以对仅提供原因事实的原告给予较充分的法律关系阐明。并且，台湾的诉讼资源显得相对宽松，从而也更有可能为当事人提供较广阔的程序选择权行使空间。因此，于台湾而言，诉讼标的相对论基本上是一种因地制宜的理论。与之相比较，大陆诉讼标的理论的改革，则应当从诉讼经济的角度出发，并结合大陆法官业已形成的办案习惯，提出适合大陆法制土壤的切实可行的诉讼标的理论。

本章小结

在民事裁判边界之确定上，传统诉讼标的理论不利于提高审判的效率，其权威性也因此受到了新诉讼标的理论的挑战。但是，新诉讼标的理论的提出，也并不意味着诉讼标的问题争鸣的终结。与之相反，伴随着司法实践的不断深入，诉讼标的理论的改革呈现出了新的动向。

1. "只大不小"的诉讼标的理论

美国民事审判对象的确定，经历了类似于大陆法系传统诉讼标的理论、新诉讼标的理论一分肢说的发展过程。最终，在《联邦民事诉讼规则》中，将案件事实本身视为确定诉讼标的范围的决定性因素。尤为重要的是，《联邦民事诉讼规则》并没有赋予当事人以决定诉讼标的范围的选择权，而是要求当事人无条件一次性地提出本案案件事实所能包括的所有法律依据和救济方式。这种诉讼标的的确定方法，具有明显的强制性，可称为"只大不小"的诉讼标的理论。美国之所以可以实施这种诉讼标的理论，是因为其本国高度发达的法治机器可以支撑这种理论的运行。我国的法治化程度尚处于发展中国家的行列，如果全然照搬这种诉讼标的理论，难免会出现理论上的消化不良症状。

2. "锁定两边"的诉讼标的理论

欧盟对于民事诉讼标的范围的确定，依赖于相同当事人、相同诉因和相同诉讼目的这三个标准。若排除相同当事人这一主观标准，则相同诉因和相同诉讼目的是诉讼标的理论所关注的客观标准。就客观标准而言，其实际上是同时引入了案件事实、法律关系和诉之声明这三个要素。但是，法律关系要素的差异又不能影响前后诉的诉因同一性。因此，与既往大陆法系的各种诉讼标的理论相比较，欧盟确定民事诉讼标的范围的方法，显然较为宽松。欧盟之所以能够实施如此宽松的诉讼标的理论，是出自对成员国间判决既判力确定性和判决自由流动性的不懈追求。还应当注意的是，关联诉讼等诉讼技巧的使用，可以进一步扩大欧盟这种"锁定两边"的诉讼标的理论的覆盖范围。作为一个由若干个主权国家所构成的共同体，欧盟的这种诉讼标的理论，可以充分尊重各成员国的司法主权，同时兼顾了诉讼的效率。

3. "可大可小"的诉讼标的理论

我国台湾地区的民事诉讼法学界经历了长期而激烈的学术争论，最终迎来了诉讼标的理论的第三次勃兴。其中，诉讼标的相对论是第三次勃兴中的代表性理论。依据诉讼标的相对论，原告可以自主决定诉讼标的之范围，因此，该理论可以称之为"可大可小"的诉讼标的理论。台湾地区之所以可以允许原告自由决定诉讼标的之范围，是因为其还允许法官通过阐明来帮助原告有效扩大诉讼标的之范围。尤为重要的是，尽管原告有充分的决定权，但其还负有一定的诉讼促进义务。原告若有意限缩诉讼标的范围并不会导致诉讼不经济的法律后果，因为原告的这种滥权行为将会受到既判力的制裁。

第三章　民事裁判对象的构成要素

民事裁判的对象不局限于诉讼标的，但导论中已将研究对象限制于其核心部分——诉讼标的，故对其余无关本书宏旨的民事裁判对象不再作进一步讨论。在已有的各种诉讼标的理论中，对于诉讼标的的范围的划定，不外乎借助三个基本要素：法律关系、案件事实和诉之声明。

就传统诉讼标的理论而言，其特定诉讼标的之方法只有三种模式可以选择：（1）法律关系；（2）诉之声明和法律关系；（3）案件事实、诉之声明和法律关系。无论传统诉讼标的理论特定诉讼标的的方式如何变化，都不会抛弃法律关系这一最基本的要素。就新诉讼标的理论而言，其特定诉讼标的之方法只有两种模式可以选择：（1）案件事实和诉之声明；（2）诉之声明。无论新诉讼标的理论特定诉讼标的的方式如何变化，其也只是将法律关系这一要素剔除在外而已。而在英美法系诉讼标的理论的最新发展潮流中，用来特定诉讼标的的要素只剩下了案件事实这一个要素。这意味着，不但法律关系被剔除了，连诉之声明也被逐出诉讼标的的领域。

法律关系、诉之声明和案件事实究竟可以构成多少种确定诉讼标的的模式，这三个要素和诉讼标的究竟有着什么样的逻辑关系，究竟应当用此三要素中的一者、两者或者三者来特定诉讼标的？对这些问题的回答，需要我们对这三个要素进行认真的分析。

第一节　法律关系

一　法律关系的特性

（一）确定性

确定性是法律关系最为基本的特征。从小处而言，每一法律关系都有着其具体而明确的构成要件。构成要件的不同，决定了法律关系的不同。例如，作为债的四种发生根据，侵权法律关系、违约法律关系、不当得利法律关系和无因管理法律关系所生之债有着各自可以明确相互区分的构成要件。从大处而言，每一民事法律关系都被立法者精心地定位于民事法律体系中的某一个位置，从而使其能够和其他的法律关系之间具有互补性和可区分性。如是，在法律逻辑的严格安排下，每一法律关系就具有了案件事实和诉之声明所无与伦比的确定性。

（二）抽象性

尽管每一法律关系的诞生都离不开对生活的推演，但是，法律关系一旦被制定出来，其就具有了相对独立性。这是因为，为了达到让每一法律关系都能够统合某一类型案件事实的目的，就必须将法律关系从具体的生活内容中剥离开来，赋予其高度抽象性。法律人在适用法律关系时，必须让自己的目光在抽象的法律构成要件和具体的案件事实之间来回不停地穿梭，从而能够准确地将案件事实涵摄于某一法律关系之下。

（三）可竞合性

有论者认为，因为民法是对民事社会生活的应对，所以可以构建起一张对应的民事法律关系网络，[①] 但实际上民事法律关系和民事社会生活不可能做到绝对的一一对应关系。在法律关系的制定过程中，立法者不可避免地要从不同角度来观察同一案件事实，如此，同一案件事实就可能会同时满足不同法律关系的构成要件要求，出现法律关系的竞合现象。例如，在加害给付案件中，就可以同时适用违约责任法律关系和侵权责任法律关系。

二　以法律关系特定诉讼标的之分析

传统诉讼标的理论的最大特色，在于其是以法律关系来确定诉讼标的之范围。通过对一个案件所涉各种法律关系的有效区隔，能做到丁是丁卯是卯，非常便利于法官的审判。然而，正是由于对法律关系的过分重视，造就了对传统诉讼标的理论的最大诟病，可谓成也萧何败也萧何。实践

---

① 吴晓静：《民事法律关系网络论》，博士学位论文，西南政法大学，2008，第 14~19 页。

中，同一案件事实可能会涉及多个法律关系，如此，一个案件就有可能被人为地拆分成多个诉讼来审理。例如，就同一加害给付行为，可以同时适用违约和侵权两个法律关系。这两个法律关系所指向的救济内容并不完全相同，① 因此，当事人依照《合同法》第122条的责任竞合规定，可能先行提起违约之诉，再行提起侵权之诉，以期获得利益的周全保护。于此情形，法律关系覆盖范围的狭隘性直接导致了审判效率的低下。

传统诉讼标的理论支持者认为，法律关系覆盖范围过窄的弊端可以通过两种途径加以克服：其一是诉之客观合并；② 其二是放宽诉之变更的限制标准，允许原告基于同一基础事实自由作出诉之变更。③ 如此看来，传统诉讼标的理论似乎可以自圆其说。但诉之合并和诉之变更是一种中性的诉讼技巧，其若被恶意地使用，则会成为妨碍纷争一次性解决的人为关卡，我国台湾地区就有此方面的大量案例。此时，诉讼技巧就成为诉讼锁链，它阻止案件中法律关系全貌的展现，逼迫着法官和某一方当事人在诉讼中带着镣铐起舞。此外，法律关系对生活案件事实的分割，会困扰那些没有法律知识又请不起律师的弱势群体。这显然不是让法律服务于生活，而是让生活服务于法律。

三 法律关系对案件事实和诉之声明的借用

（一）法律关系对案件事实的借用

传统诉讼标的理论中所强调的法律关系也不能构成独立的诉讼标的，它必须与原告起诉所主张的案件事实相结合，才能够具有法律上的意义。杨建华先生对此有着独到而精辟的论述："按诉讼标的乃原告起诉所主张或不认之私法上权利义务关系，为法院审判之对象，法院审判之对象应为具体特定之权利义务关系，而非抽象之法律关系，如仅抽象地向法院陈明'买卖价金请求权'，而不陈明依据何项具体特定之买卖关系所生之买卖价金请求权，试问此项陈明，究竟有何法律上意义？法院审判之对象如何具

---

① 就违约之诉和侵权之诉利益指向的差异性，参见梁开斌《合同法第122条的缺陷评析及补救》，《行政与法》2004年第9期，第105～107页。

② 王泽鉴：《新旧诉讼标的理论之检讨》，《台大法学论丛》1976年第2期，第2页。

③ 参见现行台湾民事诉讼法第255条第1项第2款。

体特定？以之作为诉之要素有何价值？"①

杨建华先生进一步举例道："例如原告主张被告 77 年 12 月 5 日向其买受白米价金 4 万元，约定同月底给付，迄未清偿，乃诉请给付。另又起诉主张同一被告于 78 年 2 月 1 日向其买受白米价金亦为 4 万元，约定 3 月底清偿，迄未给付，再诉请给付。此种情形，前后两诉不仅原告起诉之原因事实不同，因诉讼标的必须与原因事实相结合，不同之原因事实，所生之私法上权利义务关系应为不同之诉讼标的，故此前后两诉乃属不同之诉讼标的，充其量仅为同种类之原因事实，所生同种类之诉讼标的而已，无从认其为相同之诉讼标的。"②

（二）法律关系对诉之声明的借用

法律关系不但需要借用案件事实来获得具体化的内容，还需要借用诉之声明来陈明其所欲达成之目的。任何一个完整的法律关系都必须包含"主体—权利义务—法律后果"这三项基本内容，否则该法律关系将会因为缺乏完整性而失去存在的意义。当事人在法院依据某一法律关系而为起诉，其主要目的不但是要辨明是非，而且要达成某种法律后果。尤为重要的是，在相同当事人之间可能发生多个同种类的法律关系纠纷，但这些同种类的法律关系纠纷所指向的却是不同的诉之声明，于此情形，若不借用诉之声明则无法对这些法律关系进行区分，从而使得诉讼标的之特定成为不可能。

第二节　诉之声明

一　诉之声明的特性

（一）多变性

诉之声明是指原告所欲获得的判决内容，多变性是诉之声明的最显著特征。在一个诉讼中，诉之声明的多变性可以有各种各样的体现。

---

① 杨建华：《民事诉讼法问题研析（一）》，台北，广益印书局，1997，第 217 页。
② 杨建华：《民事诉讼法问题研析（一）》，台北，广益印书局，1997，第 217 页。

（1）数量的多变。例如，原告在同一侵权损害赔偿诉讼中，最初可能仅要求对方当事人支付侵权损害赔偿金 1 万元，后随着双方质证的不断深入，改要求对方当事人支付 2 万元的损害赔偿金。

（2）内容的多变。例如，原告可以在同一侵权损害赔偿诉讼中，先行要求对方支付人身损害赔偿金，后追加要求对方支付精神损害赔偿金。

（3）组合方式的多变。在一个纷争中，原告可能拥有多种可以互相替代的救济形式。如果原告以其中的一种救济形式为诉之声明但没能获得胜诉，则其还可就另一救济形式提起新的诉讼。例如，就违约损害赔偿法律关系的救济形式而言，可以有实际履行和支付违约金等多种选择。这些救济形式构成了选择之债，这时，就出现了或者"实际履行"、或者"支付赔偿金"的选择性的诉之声明组合方式。原告若是希望对方当事人实际履行，则其可以预备合并的形式，将"实际履行"的要求排列于"支付赔偿金"的要求之前，这时就出现了先位的诉之声明和备位的诉之声明。

（二）多重性

在一个诉讼中，原告的诉之声明可能会包含多重内容，这些不同的内容之间又各自具有相对的独立性。例如，在人身损害赔偿侵权案件中，原告的诉之声明就可能会包含多重内容：人身上的损害赔偿请求、财产上的损害赔偿请求、精神上的损害赔偿请求和让对方承担本案诉讼费用的请求。

二　以诉之声明特定诉讼标的之分析

单纯通过诉之声明来确定诉讼标的，不可避免地会具有两面性：一方面，这种诉讼标的的确定方法可以有效扩大诉讼标的之范围；另一方面，该方法会遭遇到因诉之声明的特性所带来的诸多困难。在以下几种情形中，诉之声明的变动，是否会导致诉讼标的之必然变动，值得诉讼标的理论研究者给予特别的注意。

（一）诉之声明的单位划分

诉之声明具有多变性和多重性的特征，由此会引发出一系列的诉之声明的单位划分问题。

（1）同一案件事实中不同项目下的请求

在一个简单的交通肇事损害赔偿案中，对诉讼标的之单位划分就会出现许多问题。例如，受害人可能遭受到多方面的损害，包括随身携带财产的损失、医疗费用的损失、精神损失，等等。是否可以将这些不同种类的损害划分为不同的诉之声明从而使本案包含有多个诉讼标的？根据新诉讼标的的理论一分肢说所欲实现的纷争一次性解决的理想，似乎应该将一个交通肇事案中的所有损害赔偿请求视为一个完整不可分的诉之声明，作为一个诉讼标的来加以审理。

（2）同一案件事实中被遗漏的请求

如果受害人在前诉讼中主张了若干个损害赔偿项目，但是遗漏了部分的损害赔偿项目，是否允许受害人就这些被遗漏的损害赔偿项目再次提起后诉讼？这应当视当事人遗漏损害赔偿项目的原因而分别加以讨论，如果当事人有机会在前诉讼程序中主张该被遗漏的损害赔偿项目，经法官作适当阐明后无正当理由仍拒绝主张这些损害赔偿项目的赔偿，则不应当允许其肆意地提起后诉讼。

（3）同一案件事实中新发生的请求

其一，与后遗症相关的诉之声明。

后遗症问题与前述中当事人对诉之声明的肆意分割并不属于同一情形。诉之声明的分割对象，是当事人在言词辩论终结前所发生的损害；而后遗症的损害赔偿请求对象，则是当事人在言词辩论终结以后始发生的损害。对于因为后遗症而提出的损害赔偿请求，是否可以视为与前诉讼具有相同的诉讼标的？如果不允许受害人就后遗症的赔偿请求提起后诉讼，那么，前诉讼的判决就会构成突袭性裁判。如果允许提起后诉讼，那么，如何认定前诉讼和后诉讼的诉之声明划分依据？

其二，持续性侵权。

例如，某甲屡次将生活垃圾倒置于某乙的正当居住场所，对某乙的生活造成了严重的妨碍。如果妨害一再发生，当事人似乎可以不断地提出新的诉之声明，此时，应当如何确定诉讼标的？邱联恭教授认为："诉讼标的的经特定以后所生侵害之结果与其侵害发生源如属同一，即应该认为系同一之诉讼标的。"[1] 这种观点有利于实现纷争的一次性解决，殊值赞同。

---

① 邱联恭：《口述民事诉讼法讲义（二）》，台北，三民书局，2007，第166页。

（二）诉之声明的各种变化

1. 诉之声明的变化方式

（1）诉之声明数量上的增减

在诉讼中，原告诉之声明的数额可能会出现一定的变化。所需引起注意的是，原告所主张损害赔偿额的数量增减，是否应当构成诉之变更或诉之追加？台湾的立法例不将诉之声明视为诉讼标的之确定要素，因此，其认定诉之声明在数量上的修改仅仅构成诉之声明的补充，并非诉讼标的的变更或者追加。然而，如果以诉之声明作为确定诉讼标的之唯一要素，那么，当诉之声明发生变化时，经其所确定的诉讼标的却没有发生变化，这在逻辑上显然存有疑问。

（2）诉之声明中不同项目金额的流动

所谓诉之声明中不同项目金额的流动，是指如果原告就某一个统一的损害赔偿请求权主张了若干个损害赔偿项目，依据法庭调查的实际结果发现，其所主张的一部分损害赔偿项目金额小于实际发生的损害金额，而其所主张的另外一部分损害赔偿项目金额又大于实际发生的金额，那么，这些不同项目下的损害赔偿金额之间是否可以流动互补呢？实际上，只要受害人提出来的各种证据都是在一个统一的损害赔偿请求权之下的证据，就可以认定原告是根据辩论主义陈列出更为具体的事实和证据来进行攻击和防御，这应当属于法官审理之范围。易言之，只要不超出受害人所主张的总的损害赔偿金额范围，就应当允许不同损害赔偿项目下金额的变化和流动。

（2）诉之声明内容的扩张、减缩与改变

在一些案件中，可能出现案件事实没有发生变化，但诉之声明的内容发生改变的情形。例如，在同一侵权之诉中，原告先行提起的是给付一定金额的损害赔偿请求，之后又追加提起赔礼道歉的请求。此可谓诉之声明的扩张。若原告采用与前述相反的方式提出请求，则可称之为诉之声明的减缩。所谓诉之声明的改变，是指原告基于同一案件事实在同一诉讼中先行主张某一类救济方式，后又改主张另一类救济方式。例如，在违约责任的诉讼中，原告先是要求对方承担实际履行的违约责任，当实际履行在客观上已经成为不可能时，原告又改要求对方承担支付违约金的责任。诉之声明在内容上的扩张、减缩与改变是诉讼中的一种正常现象，所需引起注意的是，若以诉之声明特定诉讼标的，那么，于此情形是否发生诉讼标的的变更？

2. 诉之声明变化的应对

（1）大陆民事诉讼法的规定

中国大陆《民事诉讼法》第 140 条规定：原告增加诉讼请求，被告提出反诉，第三人提出与本案有关的诉讼请求，可以合并审理。对该条中"原告增加诉讼请求"的用语，全国人大常委会法制工作委员会民法室在立法理由中指出："作为民事实体权利的主张人和民事诉讼的发起人，原告对自己的实体权利和诉讼权利拥有处分权，可以根据自身情况和诉讼形势的变化调整诉讼请求，包括在已经提出的诉讼请求不足以满足自己的主张时，增加新的诉讼请求。在很多情况下，新的诉讼请求与已经被提出的诉讼请求基于同一事实，或者同一实体权利义务关系，或者同一诉讼理由，合并审理不仅有利于保护民事权利，全面解决民事纠纷，更有利于案件的处理。"[1]

从上述立法和相关立法理由中可以看出，在大陆的民诉法中，法官可以合并审理当事人新增加的诉之声明。所有遗憾的是，《民事诉讼法》第 140 条并未对诉之声明的其他变化方式的审理作出进一步的规定。

（2）台湾民事诉讼法的规定

在我国台湾民事诉讼法第 255 条第 3 款和第 4 款中，明确论及诉之声明变化的应对方式，具体如下："第 255 条（诉之变更或追加限制之例外）：诉状送达后，原告不得将原诉变更或追加他诉。但有下列各款情形之一者，不在此限：……三、扩张或减缩应受判决事项之声明者。四、因情事变更而以他项声明代最初之声明者。"就何谓诉之声明的变更，台湾民事诉讼法的立法理由中作了进一步的解释："扩张判决事项之声明，例如初求偿还损害费三百圆，后则扩张为五百圆，初不求利息，后则请求之是也。又减缩判决事项之声明，例如初求偿还损害费四百圆，后灭为百圆，初请求原本及利息，后则专求原本是也。因情事变更，将最初声明，代以他项声明，例如最初请求给付特定物及诉讼拘束后，因必不能给付，乃代以损害费之请求，或原告于诉讼拘束发生前，不知因特定物之消灭而

---

[1] 全国人大常委会法制工作委员会民法室：《中华人民共和国民事诉讼法条文说明、立法理由及相关规定》，北京大学出版社，2007，第 241 页。

能履行，故请求给付特定物，及诉讼拘束发生后，知其事由，乃代以损害费之请求是也。"①

在早期台湾的民事诉讼法立法中，将诉之声明的变更视为诉之追加和诉之变更的例外规定于第 256 条中。彼时的台湾民事诉讼法采用的是传统诉讼标的理论，因此，其认为诉之声明的扩张或者限缩并不构成诉之追加或诉之变更。现行的台湾民事诉讼法则将该条的内容移入了第 255 条。②

3. 处理方式的疑问

不论是大陆抑或是台湾的民事诉讼法，都不约而同地将"合并审理"作为处理诉之声明变化的首选方案。这说明，纷争一次性解决的思想在立法中占据了主导性地位。所有的疑问是，如果采取一分肢说，那么在诉讼标的的理论上应当如何审视此处的"合并审理"呢？例如，如果在一个交通肇事案件中，受害人所主张的损害赔偿请求金额总共为 30 万元人民币，但在实际诉讼进程中，随着对相关事实和证据审理的不断深入，受害人发现其可以主张的实际损害赔偿请求金额超过了 30 万元人民币，为 35 万元人民币，那么，对多出的 5 万元人民币是否成立一个新的诉讼标的？如果不将多出的 5 万元视为一个新的诉讼标的，那么，这意味着诉之声明的变化不导致诉讼标的之变化，但这又和一分肢说以诉之声明来确定诉讼标的之做法相悖。如果将多出的 5 万元视为一个新的诉讼标的，那么，这意味着在一个案件的审理中诉讼标的可以很轻易地发生多次变化，这种让诉讼标的处于不稳定状态的做法在理论上难以自圆其说。

（三）诉之声明的分割

（1）对诉之声明作数量的分割

实际上，这是一个关于一部请求诉讼的问题。例如，在金钱损害赔偿之债中，原告基于同一原因事实和同一法律关系，要求被告给付原告 10 万元。但是，原告将这 10 万元的纠纷分割为二次诉讼来进行，也就是一部请

---

① http://db.lawbank.com.tw/FLAW/FLAWDOC01.asp? lsid = FL001362&lno = 256. 2008 - 7 - 12.

② 令人存有疑问的是，台湾执行的是诉讼标的的相对论，其关于诉讼标的之界定方法有两种：一是纷争单位型诉讼标的，一是权利单位型诉讼标的。然而，诉之声明的变更，并不属于这二者之间的任何一者，因此，将诉之声明的变更单作为"诉之变更或追加限制之例外"，似乎有前后矛盾的嫌疑。

求诉讼。所谓一部请求诉讼，是指原告是否就金钱或者其他具有可分性质的种类物债权，在诉讼标的上作任意分割，仅仅就其中的一部分提起先诉，并将剩余部分放在后诉中提起。原告之所以为一部分请求诉讼，往往是出于己方利益上的考量，先进行小额的诉讼，以试探法院对该类问题的态度，而后再行决断是否提起下一个诉讼。如果承认原告的诉之声明在数量上的变化，并不会影响到诉讼标的的改变，则后诉的提起已经违反了"一事不再理"原则。反之，若诉之声明在数量上的变化会直接导致诉讼标的的变化，原告就可以毫无阻碍地提起后诉讼。所以有疑问的是，如果原告在前诉讼中只主张了损害赔偿请求数额的一部分，并明确表示因为证据困难等正当理由，意欲将部分损害赔偿数额挪至后诉讼中再行主张，此时，是否应当允许原告提起后诉讼？此外，为了节省原告的诉讼成本，是否允许一定条件下诉讼试探行为的存在？如果允许诉讼试探行为的存在，那么对于数量可分之债权，是否允许原告肆意地分割债权进行诉讼？

（2）对确认之诉和给付之诉的分割

如果将诉之声明视为确定诉讼标的范围的唯一因素，将会在给付之诉和确认之诉中出现如下问题。

其一，原告先行提起确认之诉，再行提起给付之诉。

例如，实务中发生过这样的案例，原告就同一合同欠款，并不直接提起给付之诉，而是先行提起确认之诉。① 从民诉法的法理上来看，此类案

---

① 重庆市中级人民法院受理的一个案件就出现了此情形：1999 年 1 月 1 日，原、被告双方订立一份《建设工程预伴砼供应合同》，该合同约定：甲方（被告）向乙方（原告）订购预伴砼，预伴砼供应时间从 1999 年 1 月 1 日起至 1999 年 12 月 31 日止。合同订立后，原告依约向被告供应了各种强度的预伴砼共计近 7000 立方米。1999 年 12 月 1 日，以 A 公司为甲方，原告为乙方，被告为丙方，B 公司为丁方签订了一份四方协议书，约定：丙方（被告）欠乙方（原告）预伴砼混凝土货款（即砼款）直接由丙方支付给甲方，欠款金额以丙方与乙方结算金额为准。丙方支付给甲方的上述款项，用于抵扣乙方欠付甲方的购房款。此四方抵款协议签订后，原告按照与被告签订的供应砼合同的计价条款计价并扣减其他费用，确认被告尚欠原告砼款 1896870 元，并以此金额多次要求被告配合确认，以履行四方抵款协议书。但被告不予确认，致使原告无法与 A 公司抵扣购房款。原告乃起诉本案被告，请求依法判决确认被告欠原告砼款 1896870 元。本案原告能否提起确认之诉在实践中发生争议，一种观点认为，原告有权只请求确认欠款，不请求给付，原告的起诉合法。另一种观点认为，欠款是给付产生的原因，欠款事实是给付之诉的原因事实，该事实系在给付之诉中应由当事人主张的事实，不能对该事实单独提起确认之诉，原告起诉不合法。参见宋勇《本案原告能否提起确认之诉?》，2018，如雪生活网，https://www.rxyj.org/html/2010/0623/1941961.php。

件的处理应当注意适当协调原告的程序选择权和法院暨被告的纷争一次性解决要求。一方面，如果原告确实具有提起单纯的确认之诉的利益，则应当允许原告先行提起确认之诉，否则假若强制性地要求原告提起给付之诉，将会损害到原告的程序选择权和程序利益；另一方面，如果原告没有提起单纯的确认之诉的利益，则应当依据纷争一次性解决的原则，由法官对原告作适当的阐明，要求其直接提起给付之诉。

关于如何判断原告是否存有独自提起确认之诉的利益，我国台湾民事诉讼法第 247 条第 2 项就有着相应的规定："确认法律关系基础事实存否之诉，以原告不能提起他诉讼者为限。"台湾民事诉讼法的该条规定，颇具实用性，应当引起大陆民诉法学界的充分关注。

其二，原告先行提起给付之诉，再行提起确认之诉。

对于"原告先行提起给付之诉，再行提起确认之诉"这种情形的合理性判断，也颇为令人困惑。台湾地区的实务界和理论界对此问题就有着截然不同的看法。台湾地区的实务界认为，判决的既判力及于判决的主文，但并不包括判决的理由。因此，"确定判决之主文，如系就给付请求权之诉讼标的之法律关系为裁判，其不及于为其前提之基本权利，虽此非属诉讼标的之基本权利，其存在与否，因为与诉讼标的之法律关系有影响，而于判决理由中予以判断，也不能认为此项判断有既判力。是以原告于其提起给付之诉受败诉判决确定，虽在理由内以否定其基本权利，当事人再行提起确认其基本权利存在之诉时，并不违反'一事不再理'原则。至其提起确认之诉，是否有即受确认判决之法律上利益，则属另一问题"[1]。但是，台湾地区理论界对此持否定说者则与日俱增，认为这种做法并不符合诉讼经济原则，也不利于有效保护当事人的程序利益。

通过前文的分析，可以得出这样的结论：在一般情形下，原告不应当就同一案件事实分别提起确认之诉和给付之诉，除非原告具有提起单独的确认之诉的利益。但是，如果以诉之声明作为确认诉讼标的之唯一要素，则基于同一案件事实而生的确认之诉和给付之诉，将会因各自拥有不同的诉讼标的而被正当化。此外，在逻辑上还可能会出现这样的问题，例如，原告先行提出的是某一契约无效的消极确认之诉，而后还可以提起依据该契约要求对方为给付的给付之诉。这两个诉讼在事理上虽不可并立，但因

---

[1] 参见台湾"最高"法院 1992 年第四次民事庭会议决议。

其各自拥有不同的诉讼标的，它们在程序上的同时行进并不存在法理上的障碍。

综上所述，若单纯以诉之声明作为确定诉讼标的的范围的因素，就会存在着因诉之声明的不同导致诉讼标的不同的困扰。

三　诉之声明对案件事实和法律关系的借用

（一）诉之声明对案件事实的借用

案件事实构成了诉之声明的理由，是诉之声明的事实基础。离开了案件事实，此诉之声明和彼诉之声明可能就无法相互区别。原被告之间如果存在数额相同的二笔价款纠纷，关于同一种类物的两个纠纷、关于要求做出同一类行为的两个纠纷，此时，要对这些在内容和数量上相同的诉之声明做出恰当的区分，就必须求助于案件事实。单单以诉之声明来确定诉讼标的，犹如在建空中楼阁，只会陷入理论的泥沼。

（二）诉之声明对法律关系的借用

诉之声明对法律关系的借用，主要体现为法律关系对诉之声明的支撑。一方面，一个完整的法律关系必然要符合"主体—权利义务—法律后果"这一基本模式；另一方面，任何一位原告的诉之声明无非是对法律后果的具体化。因此，只有在相关的法律关系能够成立的情形下，原告所希望的法律后果才会出现。

第三节　案件事实

一　案件事实的特性

（一）模糊性

任何一个案件事实的发生从不会依照事先写好的脚本进行，它总是在生活中处于前后连续和左右蔓延的状态。如果有哪一位民诉法理论家意欲仅仅以案件事实来特定诉讼标的之范围，那么，他将会发现，案件事实本身似乎很难担负起这一特定化的任务。在流动的生活过程中，要攫取某一个片断性的案件事实作为诉讼标的，实属不易。此外，以案件事实来特定诉讼标的之范围，还会遭遇到其他一系列的复杂问题。例如，在诉讼中，究竟是将原告所陈述的全部事实纳入诉讼标的的范围？还是对原告所陈述的事实进行适当的剪裁？如果要对原告所陈述的事实进行适当的剪裁，是以法院的强制为准，还是以当事人的意愿为准，抑或是以法院的阐明加上当事人的最终选择意愿为准？在当事人所陈述的基本事实之外，他还可能补充一些新的事实。对于这些新补充的事实，如果将其定性为当事人所陈述基本事实的理由，那么，对于这些事实性的理由，是否可纳入既判力的范围呢？诸如此类的问题，不但使得案件事实本身的特定化更为困难，而且会让以案件事实来特定诉讼标的之理想也显得格外遥远。

（二）变动性

民事法律关系的产生、变更和消灭，均取决于一定的法律事实。但是，司法实践中的法律事实往往会发生一定的流变。例如，就某一人身侵权损害赔偿之债的诉讼而言，原告对被告的侵权行为所造成的现有人身损害提出了赔偿请求，但在诉讼过程中原告的身体发生了新的病变，这意味着本案的案件事实发生了一定程度的变动。所需引起注意的是，若将这一新的身体病变事实纳入诉讼中去，其究竟是构成了诉之追加，抑或仅仅是构成了诉之声明的补充？

（三）客观性

案件事实本身并不会带有任何主观性的倾向，因此，就同样的案件事实，完全可以提取出不同的主张。有鉴于此，对于某一案件事实如果不作方向性的处理，就会使得审判有流于散漫化的危险。给出案件事实而不给出诉之声明，就犹如写文章没有给出标题一样，让人丈二和尚摸不着头脑。

（四）多元性

案件事实的构成，可以具有多元性，不同的事实组成可以指向于同一个法律后果。例如，就一个契约的解除事由而言，可以有根本违约或者是约定解除条件成就等诸多原因。又例如，关于离婚的事由也可以是多种多样。此时，当事人若将所有的原因全部提交给法院加以处理，则可以视为仅有一个纷争。这在逻辑上就是多因一果，但此中的每一个"因"都是成就"果"的充分非必要条件。

二　以案件事实特定诉讼标的之分析

在新诉讼标的理论二分肢说中，案件事实被视为可以特定诉讼标的的一个要素。而在英美法系中，则是径行将案件事实视为可以特定诉讼标的的唯一要素。单纯以案件事实特定诉讼标的之范围，其优劣比较可作如下的分析。

（一）以案件事实特定诉讼标的之优点

借助案件事实这个要素来特定诉讼标的之范围，可以避免用法律关系要素来特定诉讼标的时所产生的实体法上请求权竞合等纠缠不清的问题。实体法上的请求权竞合问题，实际上是人为的以法律来切割生活事实。把案件事实本身直接作为确定诉讼标的范围的因素，则避免了法律对生活的这种人为切割。如此，就传统诉讼标的理论中因诉之客观合并、诉讼系属、诉之追加以及诉之变更等诉讼技术所带来的程序不利益问题，均在不知不觉中自行消除。和法律关系、诉之声明相比较，案件事实可谓有着无与伦比的覆盖范围。案件事实既可以涵盖本案所涉多个法律关系的构成要件，又可以包含诸法律关系所指向的诉之声明。因此，和法律关系以及诉之声明相比，案件事实的覆盖范围显然最为宽广。关于案件事实覆盖范围的广泛性，将在本章第四节中详加论述。

（二）以案件事实特定诉讼标的之难题

新诉讼标的理论一分肢说的支持者认为，在一些特定情形下，两个不同的案件事实会指向同一救济内容。于此情形，诉之声明也会有着较案件事实更大的覆盖范围。例如，原被告之间先行签订了一借款合同，后被告为支付该借款又签发了一张同样款项的支票。该案中有"签订借款合同"和"签发支票"两个案件事实，并且，它们指向的均是同一笔款项的给付。新诉讼标的理论支持者的指责固有几分道理，但依据一般常理推论，原告为了达成胜诉的目的，自当将相关案件事实和盘托出，而绝无有意隐藏之理。并且，虽然从法律上来看，"签订借款合同"和"签发支票"似乎是两个不同的法律事实，但从生活的角度观之，这两个法律事实实际上已经为同一事件所包容，已经被生活的纽带紧紧地系在一起。因此，在立法上也完全可以将相关联的事实视为一个案件事实，亦即一个诉讼标的。台湾大学的邱联恭教授认为，可以将在纷争上有相互牵连的数个原因事实集合成为一个原因事实，称之为纷争事实。如此，可以将纷争事实而不是原因事实作为特定一个诉讼标的的因素。① 纷争事实概念的建立，直接服务于诉讼标的的合成和法院审理程序的高度集中，既体现了诉讼经济的理念，又保护了当事人的程序利益，实现了纷争一次性解决的目的。但是，这只是解决了诉讼标的的合成问题，而由于不同原因事实中的不同请求权的构成要件、诉讼时效、损害赔偿范围和抵销等问题的法律规定上的差别，仍然没有得到解决。亦即，请求权规范竞合说力图解决的问题，并没有在纷争事实概念中得到解决。

三 案件事实对法律关系和诉之声明的借用

案件事实是诉讼中的基础性材料，案件事实和法律关系、诉之声明的关系，仿若写文章中的论据、论证方式和论点三者之间的关系。诉之声明明确地表达了当事人的主张，相当于论点；法律关系则给出了可以支撑当事人"论点"的"论证方式"，法律关系的论证过程，实际上也就是对某案件事实中所涵盖的法律关系的抽取过程。总体上，是因为能够从某案件事实中抽取出相应的法律关系，而该法律关系又包含一定的法律后果，从而原告的诉之声明最终能够获得法院的支持。

这说明，无论是法律关系抑或是诉之声明，都会对案件事实的择取产生一定的影响。

（一） 案件事实对法律关系的借用

1. 法律关系对案件事实的剪裁作用

单纯的案件事实，也仅仅是生活事实而已。原告所提出来的案件事实，很可能是一些杂乱无章材料的堆集。如果要让案件事实能够服务于原告的主张，要让案件事实能够转化为法律事实，它就必须接受法律关系的裁剪。只有根据法律关系的各个构成要件来锁定生活中的案件事实，案件事实才能转化为法律事实。例如，A 对 B 实施了侵权行为，我们不能简单

---

① 邱联恭：《诉讼上请求之表明如何兼顾实体利益及程序利益》，《台湾本土法学》2003 年第 11 期，第 65 页。

地认定这已构成侵权，而必须检视主体、过错、行为的危害性和因果关系等构成要件是否得到满足。法律关系对案件事实的裁剪，能够起到去粗取精的作用。通过法律关系对案件事实的裁剪，可以择取出那些满足法律关系构成要件的特定案件事实，案件事实也因此转化为法律事实。这恰如黄茂荣教授所言："原因事实之范围的界定与当事人之权利的主张有互动的关系。一方面因有一定之原因事实发生，一方当事人对于他方得为一定权利之主张，另一方面也因其为该权利之主张，使一定事实的片断构成一个规范上有意义之原因事实的单位。"①

2. 法律关系对于案件事实的增补作用

法律关系对案件事实的增补作用，具体表现为原告可根据法律关系所必须满足的各个构成要件，检查自己所提出的案件事实是否存在着缺漏的部分，而后再行填充必要的事实。例如，在违约责任和侵权责任相互竞合的案件中，原告主张违约责任和主张侵权责任所要求的案件事实并不完全相同。若原告先行主张违约责任，后又欲追加主张侵权责任，则原告还需增补"被告的过错"等关键性案件事实；若原告先行主张的是侵权责任，后又欲追加主张违约责任，则原告还需增补"契约的有效性"和"契约不履行"等案件事实。

3. 法律关系对于案件事实的修改作用

在检视某一个法律关系所必须满足的各个构成要件时，原告可能发现自己所提出的案件事实中的某一部分并不妥当，甚至可能是与相关的法律关系主张背道而驰。于此情形，原告就必须对不合乎要求的部分案件事实进行撤换和修改，这就是法律关系对于案件事实的修改。

总之，"案件事实的认定必须取向于法律规范，而且法律规范的获得及其具体化必须取向于具体的案件事实，故不仅在案件事实的认定上，而且在法律规范的获得上，案件事实的认定与法律规范之获得之间存在依存的关系，而共同构成法律适用的过程"②。

（二）案件事实对诉之声明的借用

和法律关系一样，诉之声明对于案件事实也同样有着剪裁、修改和增补作用。所有不同的是，诉之声明对案件事实的影响，更多的属于方向性

---

① 黄茂荣：《论诉讼标的》，《植根杂志》2004 年第 1 期，第 21 页。
② 方金刚：《案件事实认定论》，博士学位论文，中国政法大学，2004，第 17 页。

的把握；而法律关系对于案件事实的影响，则更多的是出于论证细节方面的要求。例如，在一个加害给付案件中，原告在诉之声明上，可以有或主张违约责任赔偿金或主张侵权损害赔偿金两种选择。这两个诉之声明决定了案件事实的不同择取方向。关于违约责任赔偿金，重在双方协议以及被告方违约行为的证明；关于侵权损害赔偿金，则重在被告方主观过错和危害行为的证明。实际上，诉之声明对案件事实的影响，更多的是通过其对法律关系的选择来间接影响案件事实的择取。在诉讼标的范围的确定上，案件事实和诉之声明两者相辅相成，缺一不可。

第四节　诉讼标的范围的最大化

为了达到纷争一次性解决的目的，就必须尽可能地最大化诉讼标的范围。在诉讼标的范围的确定上，现今的所有诉讼标的理论，并没有哪一个能彻底放弃诉讼标的三要素中的任何一个。因此，有必要对此三要素的覆盖范围进行深入地比较分析。

一　从逻辑角度考察诉讼标的三要素的覆盖范围

（一）诉讼标的多要素确定方式的放弃

对诉讼标的范围的确定，可以用单要素确定法，也可以用多要素确定法。因此，首先必须探讨确定诉讼标的要素个数多少与诉讼标的覆盖范围大小的关系。

从逻辑的角度出发，决定诉讼标的之要素越多，其所划定的诉讼标的范围就越窄；而要素越少，则其所划定的诉讼标的范围就越宽。例如，新诉讼标的理论二分肢说是以案件事实和诉之声明来共同划定诉讼标的范围，而一分肢说仅是以诉之声明来划定诉讼标的范围，自然前者所确定的范围要比后者来得要窄。因此，欲尽可能地扩大诉讼标的之范围，则需尽可能减少用来确定诉讼标的范围之要素的数量。如此，采用单一的要素来确定诉讼标的范围的方法，自当成为首选的方案。

（二）诉讼标的三要素确定方式的逻辑考察

采用单一的要素来确定诉讼标的范围的方法，可以最大化诉讼标的之范围。但是，在法律关系、案件事实和诉之声明此三要素中，应当以哪一个要素来确定诉讼标的范围方才会是最佳的选择呢？

如果不考虑生活的经验法则，那么，案件事实、法律关系和诉之声明此三者之间的覆盖范围并无绝对的大小关系，三者中每一者的覆盖范围都有可能被其他任何一者所包含。从逻辑的角度进行推演，此三者的相互关系可以具体分为三种情形加以讨论：一个案件事实多个法律关系和多个诉之声明的情形；一个诉之声明多个案件事实和多个法律关系的情形；一个法律关系多个案件事实和多个诉之声明的情形。下面试举例加以逐一分析。

1. 一个案件事实多个法律关系和多个诉之声明的情形

实践中，同一案件事实可能会涉及多个法律关系和多个诉之声明。例如，在租赁合同中，出租人于租赁期届满之时，要求承租人返还租赁物。此案中，案件事实仅有一个，即承租人对租赁物的不法占有。在法律关系主张方面，出租人既可以基于租赁物返还请求权，又可以基于所有物返还请求权，要求承租人返还租赁物。在诉之声明方面，出租人既可以要求承租人返还租赁物，又可以要求承租人支付其逾期使用租赁物的非法所得，还可以要求承租人承担违反租赁合同的违约金责任。因此，本案的案件事实仅有一个，却可以同时涉及多个法律关系主张和多个诉之声明。

2. 一个诉之声明多个案件事实和多个法律关系的情形

实践中，也会存在多个案件事实共同指向同一诉之声明的案例。我们在第一章论述新诉讼标的理论二分肢说的弊端时就提及过这方面的案例：例如，甲乙双方签订了关于某一批货物的买卖契约，乙因此必须支付给甲货款1万元，之后，作为买受人的乙承诺支付1万元的货款，并出具支票给甲。本案中，具有两个案件事实：一是买卖行为；一是票据行为。与这两个案件事实相对应的，分别是两个不同的法律关系：一是买卖合同的法律关系；一是票据支付的法律关系。但是，这两个不同的案件事实和两个不同的法律关系，都指向与同样的诉之声明，也就是1万元的给付请求。

3. 一个法律关系多个案件事实和多个诉之声明的情形

例如，某男长期在外与某女同居，二人的同居事实前后可以分为两个时期，一是2006年6月至9月，一是2007年全年。某男的妻子无法忍受其丈夫与他人的同居事实，向法院提出离婚的诉讼请求。该案中，某女向法院所陈述的符合变更婚姻法律关系的同居事实，可以大致分为两个。并且，在该离婚案件中，某女既可以要求解除婚姻关系，又可以要求作为过错方的男方承担一定的赔偿责任，此为两个不同的诉之声明。如此，本案就出现了一个法律关系多个案件事实和多个诉之声明的情形。

（三） 诉讼标的各要素的单复数变化

事实上，在案件事实、法律关系和诉之声明三者之间，当某一要素为单一时，其余的另外两个要素并不恒定为多数个，还会存在着其他的变化。实际上，三要素组合后的总变化数，就是对这三个要素进行排列组合的最大数。表 3-1 穷尽了诉讼标的各要素的单复数变化，共有 8 种。

表 3-1 诉讼标的各要素的单复数变化

种类 ＼ 要素	案件事实	法律关系主张	诉之声明
1	单个	单个	单个
2	单个	多个	单个
3	单个	多个	多个
4	单个	单个	多个
5	多个	单个	单个
6	多个	多个	单个
7	多个	多个	多个
8	多个	单个	多个

理想状态下最大化的诉讼标的范围，应该是某一要素的覆盖范围可以涵盖其他两要素的覆盖范围。例如，如果所有案件都逸不出表 3-1 中的前三种情形，那么，案件事实自然可以成为最大化诉讼标的范围的决定性要素。因为，在前三种情形中，无论是法律关系抑或是诉之声明这两个要素是出现单数或者复数的变化，这些变化都会被案件事实要素的单一性所吸收。凭借案件事实的单一性，能够完全地覆盖所有案件中其他两个要素的所有变化，从而能够最大限度地扩张诉讼标的之范围。令人沮丧的是，通过对以上诉讼标的各要素单复数变化表的研究，可以发现，在前三种情形中，案件事实要素固然有优势，但是，在随后的 5 种情形中，似乎案件事实要素根本无法起到最大化诉讼标的之作用。同样的，通过对表 3-1 的考察，也可以发现，无论是以法律关系抑或是以诉之声明来最大化诉讼标的

范围的企图，在逻辑上均存在着巨大的困难。

二　从生活角度对诉讼标的三要素可分性的考察

应当注意的是，对于案件事实、法律关系和诉之声明此三要素覆盖范围大小的考量，既是个逻辑问题，更是个经验问题。从逻辑的角度加以考虑，法律关系、案件事实和诉之声明三者之间的内涵和外延并没有绝对的大小关系。但是，法律的生命不在于逻辑，更在于经验。[①] 从生活经验和司法经验的角度加以考量，情况则并非如此。在一个案件中，案件事实、法律关系和诉之声明的可分性并不相同，这就影响到了对它们的单复数判断。

（一）案件事实的不可分性

1. "一事观"下案件事实的不可分性

为了充分有力地支持自身的主张，当事人起诉时一般会将与本案有关联的所有案件事实和盘托出，不作任何保留。尤为重要的是，当事人是为了解决生活中所发生的纠纷而为起诉，因此，其提交给法院的案件事实，是其依据日常生活理念认为同属于"一事"的那些案件事实。在当事人眼中，所谓一个案件事实，就是指那些可以隶属于同一个案件的所有事实，而那些在同一案件不同时间段和不同空间段中所发生的各种事实，其本身并不具有独立性，并不足以构成一个案件事实。以这种生活中的"一事观"为指导，前述第二个案例中的买卖行为和票据行为不能够算是两个截然无关的案件事实，而是隶属同一个案件下的关联性事实。从生活的角度出发，这两个行为不应当被分开对待，否则就成为两个碎片化的事实；这两个行为应当被视为一个具有整体性的案件事实，亦即同属于一个案件所辖下的两个事实片段。同理，在前述的第三个离婚案件中，从生活的角度出发，也不应当将男方在不同时间段和第三者同居的事实进行区隔，而应当将它们视为整体上的"一事"，是同一个离婚案件下的不同事实片段，其在整体上仅仅构成一个案件事实。一个完整案件事实的确定，不应是对生活事实的任意单位划分，而应是以案件为核心的生活事实的组合。

[①] O. W. Holmes, Jr, *The Common Law* (Boston: Little Brown, 1963): 5.

2. 一个生活上案件事实的划分标准

由上可知，"一个逻辑上的案件事实"不应当等同于"一个生活上的案件事实"，"一个逻辑上的案件事实"的划分是以时空的延续性为标准，而"一个生活上的案件事实"的划分则是从生活事件的内在联系性为标准，是一般理性人依据生活经验对日常事件所做的划分。更有学者认为，可以从纷争一次性解决的目的出发来划分出"一个生活上的案件事实"，"从实体法的角度观察，最可能构成一个纷争事实单位者虽依不同原因事实所发生，却因争执之关联，使其如不一体解决，不能回复当事人间之法律和平。这是按规范功能，从法律和平导向说界定的事务范围。因之而被划入一个纷争事实单位中之原因事实间不一定有发生上的或方法与结果上的牵连。"① 该学者的观点，实质上就是从生活的"一事观"出发来划分案件事实的单位构成。

3. 划分案件事实的特殊情形

如前所述，"一事观"下的案件事实之所以不可分离，是因为构成案件事实的各个片段性事实具有紧密的内在关联性。当然，依据经验法则，这些事实性片段之间不应当存在矛盾，否则，当事人可能会丧失提起诉讼的实际意义。但是，在实践中，由于某些事实已经无法查证和重现，原告可能会同时主张两个相互矛盾的案件事实，并且要求法院在调查之后择一而为判决。

例如，在某一承揽合同中，承揽人和定作人就承揽工作是否完成的案件事实发生纠纷。承揽人认为自己无论如何都应该得到相应的赔偿或者补偿。一方面，承揽人认为，如果定作人认可自己完成了承揽工作，那么依据承揽契约他可以对定作人取得承揽报酬请求权；另一方面，承揽人认为，如果定作人认为自己没有完成承揽工作，但由于定作人于承揽工作完成前单方面任意终止承揽契约的事实，承揽人可以取得因契约终止而生之损害赔偿请求权。② 在此案中，承揽人为了让自己立于不败之地，同时主张工作已完成之事实和工作未完成之事实。依据事理之性质，这两项事实是不可以同时并存的。

一般来说，这样两种不能并存的事实，之所以会同时在一个案件中出

---

① 黄茂荣：《论诉讼标的》，《植根杂志》2004年第1期，第31页。

② 参见2003年台上字第471号判决。

现，是因为原告自身也无法确证案件事实，只能提出两可的诉讼选择。这样的两项事实显然不能够视为一个案件事实，它们应当是两个相对立的案件事实。这似乎使得前述"一事观"下案件事实具有不可分离性的命题发生了动摇，但实则不然。原因有二：一方面，在当事人主义的审判模式下，当事人负有还原事件本来面貌的责任，而不应当向法庭提交这种模棱两可的案件事实；另一方面，在司法实践中，发生此类情形的概率极小，因此，不足以从中得出一个案件下的案件事实具有可分性的论断。

（二）法律关系的可分性

与案件事实的不可分性相比较，法律关系具有明确的可分性。出于维护法律确定性的需要，不同的法律关系之间必须加以明确区分。应当注意的是，在法律人所组成的知识共同体中，所谓"一个法律关系"的单位划分，只能够以法律为标准来加以划分，和生活本身没有直接的关联。易言之，由于法律关系的认定需要专业性的知识，因此，生活中的法律人也是从法律逻辑的角度，来判断现有法律关系体系中"此法律关系"和"彼法律关系"的不同。例如，对于民事法律关系，法律人多从主体、客体和内容这三个逻辑构成要件上加以判断；对于刑事法律关系，则多是从主体、客体、主观方面和客观方面四个逻辑构成要件上加以判断。以前述第一个案件所涉及的两个法律关系为例，只要人们可以从法律逻辑的角度上区分租赁物返还法律关系和所有物返还法律关系，那么，这两个法律关系就具有可分性。在生活中，法律人总是根据法律自身的逻辑来判定法律关系的异同，因此，可以说，"一个逻辑上的法律关系"等同于"一个生活上的法律关系"。

不同法律关系之间的泾渭分明，既加强了法律的确定性，也带来了许多的不便。最大的问题就是，不同法律关系之间的覆盖范围经常会出现交叉，例如不当得利法律关系和侵权法律关系的竞合。法律关系覆盖范围的交叉，是因为"现代法律均为抽象规定，并从各种不同角度规律社会生活，故常发生同一事实符合数个规范之要件，致该数个规范皆得适用的现象，学说上称为规范竞合"。[①] 法律关系覆盖范围的交叉是人们在追求法律确定性的过程中所不可避免的一种副产品。虽然法律关系覆盖范围的交叉

---

① 王泽鉴：《民法学说与判例研究第 1 册》，北京大学出版社，2009，第 205 页。

不可避免，但这并不意味着在诉讼的操作上，人们无从降低法律关系覆盖范围的交叉乃至重叠所带来的负效应。这体现在诉讼标的之确定上，就是极力避免以法律关系来作为确定诉讼标的的决定性因素。

（三）诉之声明的可分性

与案件事实的不可分性不同的是，诉之声明具有很大的可分性。以生活的角度观之，当事人在一个案件中能够提起的所有各种请求应当构成一个完整而不可分割的诉之声明。但是，司法实践中，本应是某一个案件的诉之声明也经常会出现必须分离的情形，这既有法律上的原因，又有生活上的原因。

1. 同一案件中法律关系对诉之声明可分性的影响

（1）同一法律关系下诉之声明可以视为一个的情形

例如，在租赁合同中，出租人于租赁期限届满之时，要求承租人返还租赁物，同时要求承租人支付在租赁期届满之前所欠之租金。除此之外，出租人还要求承租人支付自租赁期届满后到其实际返还租赁物之前，其使用租赁物所造成的相当于租金之损失。在这个案件中，案件事实只有一个，法律关系主张也只有一个，但是，出租人却提出了三项不同的诉之声明。由于这三项不同的诉之声明，可以被一并提出，在传统诉讼标的理论中，将之称为诉之单纯合并。① 此外，由于出租人的这三项诉之声明，和同一租赁契约有着直接的关系，因此，此处的诉之合并，还属于有牵连之合并。② 传统诉讼标的的理论所确定诉讼标的的范围虽然过于狭窄，但其从事理之性质出发，将上述各项诉之声明视为一个整体的做法，颇值推崇。

（2）不同法律关系下诉之声明可以视为一个的情形

实践中，也存在不同法律关系主张下诉之声明可以视为一个的情形。例如，一个专门从事租赁物经营的出租人，隐瞒了租赁物不合格的事实，并将该租赁物出租给承租人。此案中，案件事实只有一个，但是，承租人

---

① "单纯合并系指同一原告对于同一被告，合并提起可并存之复数请求，要求法院就各请求均为裁判之合并。"参见陈荣宗、林庆苗《民事诉讼法（上）》，台北，三民书局，2001，第422页。

② "原则上有牵连之合并，系以单一之诉讼程序，合并辩论及合并裁判为原则。惟法院为防止诉讼之混杂，除有特别规定外，得基于诉讼指挥权，命分别辩论。然而，若各诉间其诉讼标的有为一致判决之必要者，法院即不得命分别辩论或为一部判决。"参见王甲乙、杨建华、郑健才《民事诉讼法新论》，台北，三民书局，2001，第266页。

可以主张的法律关系可以有两个，一是依据《合同法》第 233 条请求解除租赁协议；① 一是依据《消费者权益保护法》第 55 条第 1 款要求三倍赔偿租金。② 在本案中，承租人虽然有两项不同的诉之声明，但因其均起源于租赁物不合格的事实，因此，可以将该两项诉之声明视为一个予以合并审理。

（3）同一法律关系下诉之声明必须分离的情形

《合同法》第 116 条规定：当事人既约定违约金，又约定定金的，一方违约时，对方可以选择适用违约金或者定金条款。如此，基于同一个违约的案件事实，当事人可以有"要求双倍返还定金"或者"要求支付违约金"这两个不能并存的诉之声明。应当注意的是，这些不能够并存具有可分性的诉之声明，既可以是因一个案件事实下多个不能兼容的请求权基础而产生，也可以是因一个案件事实下一个实体法请求权中规定了多个不能够相容的法律后果而产生。例如，《合同法》第 111 条的规定：质量不符合约定的，应当按照当事人的约定承担违约责任。对违约责任没有约定或者约定不明确，依照本法第 61 条的规定仍不能确定的，受损害方根据标的的性质以及损失的大小，可以合理选择要求对方承担修理、更换、重作、退货、减少价款或者报酬等违约责任。该条所规定的违约责任承担方式，大多不能够并存，因此，这些诉之声明即具有可分性。一般来说，凡有诉之声明不能够并存的情形，均应当允许原告以诉之预备合并的方式来灵活主张自身的请求。

（4）不同法律关系下诉之声明必须分离的情形

例如，对于司机因违反交通规则而发生的交通事故造成的乘客人身损害，依据我国《合同法》第 122 条的规定，此处涉及违约和侵权两个不同的法律关系，存有两个不同的实体法请求权，因此会产生两个不同的诉之声明。这两个诉之声明所指向的赔偿范围不同，所涉及的诉讼时效不同，所要求的归责原则也不同，因此，对这两个诉之声明必须作区别对待。

2. 同一案件中生活原因对诉之声明可分离性的影响

（1）诉之预备合并

---

① 第 233 条：租赁物危及承租人的安全或者健康的，即使承租人订立合同时明知该租赁物质量不合格，承租人仍然可以随时解除合同。

② 第 55 条第 1 款：经营者提供商品或者服务有欺诈行为的，应当按照消费者的要求增加赔偿其受到的损失，增加赔偿的金额为消费者购买商品的价款或者接受服务的费用的三倍；增加赔偿的金额不足五百元的，为五百元。法律另有规定的，依照其规定。

例如，在租赁合同中，出租人于租赁合同生效之后，拒绝将租赁物交付给承租人使用。于此情形，承租人可以有两个选择：一是请求解除租赁合同；二是请求出租人将租赁物交付给承租人使用。这显然是两个不可以并存的诉之声明。但是，若出于自身的实际需要，对租赁物的使用有着更大利益的承租人，往往可以要求将租赁物的交付作为先位的诉之声明，将解除租赁合同作为备位的诉之声明。如此，可以避免在出租人已将租赁物交付给第三人使用，或者租赁物已经遭到毁损的情形下，承租人的诉求落空，也可以避免二次诉讼的周折。

（2）不真正诉之选择合并

例如，同样是在前边的诉之预备合并案例中，承租人如果对自己的两个诉之声明，不做先位和备位的排列，而是提出或者解除租赁合同或者将租赁物交付给承租人使用的选择性要求，则会构成诉之选择合并。但是，在传统诉讼标的理论框架下，也有学者认为，这种情况并不能够构成诉之选择合并，因为，此处的法律关系单一，原告并不是对诉讼标的进行选择，而是在行使选择之债中的选择权。因此，这种情形可称之为不真正的诉之选择合并。①

（3）诉之声明的分割

生活中可能会存在着一些特殊的情形，让当事人有分割本案诉之声明的必要。这些可能存在的特殊情形，既可以是诉讼的试探，又可以是双方当事人的诉讼契约，也可以是法院管辖权的限制，还可以是出于证明困难等特殊情事的考虑。② 以离婚案件为例，司法实践中并非每一个离婚案件都是同时作出分割夫妻财产和准予离婚的判决，也有在前诉讼中先行判决离婚，在后诉讼中再行判决财产分割的做法，这自是对诉之声明的分割。尽管在一些特定的情形下，诉之声明的分割会具有一定的正当性，但在民事司法实践中绝不应当允许让诉之声明的分割成为一种常态，否则无疑会造成诉讼不经济的不可收拾局面。

总之，从逻辑的角度来观察诉之声明，可以认定每一个案件中会存在众多的诉之声明。例如，在交通肇事损害赔偿案件中，原告的财产损害赔偿请求，人身损害赔偿请求、精神损害赔偿请求和诉讼费用的承担请求可

---

① 杨建华：《民事诉讼法问题研析（一）》，台北，广益印书局，1997，第 250 页。
② 梁开斌、陈辉庭：《论诉讼请求的分割》，《中共福建省委党校学报》2008 年第 9 期，第 85～89 页。

以构成四个不同的诉之声明。但是，从生活经验的角度加以考量，这些请求应当是隶属于同一案件中不可分割的同一诉之声明下的不同项目请求而已。因此，一般情形下，"一个逻辑上的诉之声明"总是要小于"一个生活上的诉之声明"。通过前文的分析，我们还可以发现，无论是从生活的角度观之抑或是从法律的角度观之，一个案件下还经常会出现两个甚至是两个以上不能并存必须相互分离独立存在的"生活上的诉之声明"。如此，以当事人所主张的"一个生活上的诉之声明"来覆盖当事人所欲争讼的"一个案件"的企图经常难以获得令人满意的结果。两相比较，在诉讼标的范围的确定上，更为优先考虑的应当是具有不可分性的案件事实，而不是具有可分性的诉之声明。

三　案件事实要素是扩大诉讼标的范围的最优选择

通过对案件事实、法律关系和诉之声明三要素的比较，可以发现，以案件事实来特定诉讼标的，可以有效地实现诉讼标的范围的最大化。就案件事实的单位构成而言，司法实践中所要审理的每一个案件均来源于生活，因此，可以用生活的"一事观"来看待案件事实的单位构成，将那些本应隶属于同一案件的碎片化的事实在整体上视为一个不可分的案件事实。就法律关系的单位构成而言，由于法律关系的设定和划分更多的是从法律逻辑的角度来加以进行的，如此，一个纷争所涉的案件事实往往会包含多个法律关系，这也使得那种以一个法律关系来涵盖一个纷争的企图，经常会出现力有不逮的无奈。就诉之声明的单位构成而言，出于法律上的原因或生活上的原因，当事人在一个案件中往往会主张一些不能并存必须相互分离独立存在的诉之声明，因此，以诉之声明来涵盖一个案件的做法显然也不能够经得起实践的考验。从生活经验的角度加以判断，案件事实显然比法律关系和诉之声明有着更大的覆盖范围。总之，从逻辑的角度出发，案件事实、法律关系和诉之声明三者间的覆盖范围并无绝对的大小关系，但从生活的角度出发，三者间的关系则如图3-1所示，案件事实具有最大的覆盖范围。以一般理性人的"一事观"为指导，在绝大多数情形下，当事人所认定的"一个案件事实"能够和当事人所欲争讼的"一个案件"有着相当的覆盖范围，从而可以实现诉讼标的范围最大化和纷争一次性解决的理想。

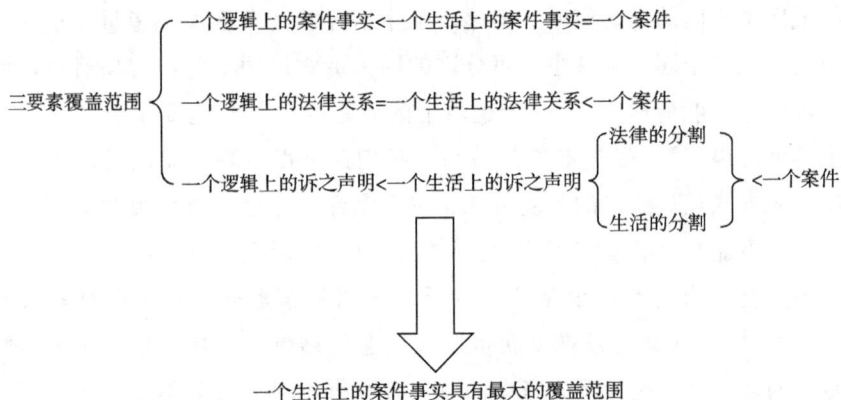

图 3-1　案件事实、法律关系和诉之声明三者间的关系

本章小结

案件事实、法律关系和诉之声明，是影响诉讼标的范围大小的三个最基本要素。纵观各国的各种诉讼标的理论，尚无一者可以跳出对上述三种因素的抉择与组合。因此，要探究某一诉讼标的理论的合理性，必然要对此三个最基本要素进行深入的分析。通过本章的分析，可以得出如下几个结论。

1. 任何一种诉讼标的理论都无法完全摒弃诉讼标的三要素中的任何一者

离开了法律关系的诉之声明，将丧失该声明在法律上的正当性；离开了法律关系的案件事实，将使得相关案情无法翻译成法律上的语言从而获得适当的诉之声明。离开了案件事实的法律关系，将会因丧失生活的内容而失去实践的意义；离开了案件事实的诉之声明，将会使得该诉之声明丧失了最基本的证明材料。离开了诉之声明的案件事实，将会使得当事人丧失最基本的起诉方向；离开了诉之声明的法律关系，将使得该法律关系在诉讼中失去存在的必要性。因此，诉讼标的之三要素相辅相成，缺一不可。任何一种诉讼标的理论可以凸显此三要素中某一者的重要性，但决不可完全摒弃或者忽视其他两者的作用。

2. 以法律关系和诉之声明来特定诉讼标的存在诸多的困难

传统诉讼标的理论是以法律关系来特定诉讼标的之范围，但由于法律关系覆盖范围过窄的弊端，其不得不引入诉之合并、诉之追加和诉之变更等各种诉讼技术。但令人遗憾的是，这种做法使得诉讼变得更为复杂而且有可能付出昂贵的程序成本。新诉讼标的理论的一分肢说以诉之声明来特定诉讼标的，但是，其在诉之声明的单位划定、诉之声明的变化以及诉之声明的分割等问题上存在着许多令人困惑的地方。

3. 案件事实要素可以最大化诉讼标的之范围

将关涉同一个纷争的不同案件事实视为一个诉讼标的，符合人们的生活观念。同时，从生活的角度来看待诉讼标的之三要素，可以发现，相对于法律关系和诉之声明而言，案件事实更加具有不可分性。因此，在诉讼标的三要素中，案件事实可以最大化诉讼标的之范围，从而最大限度地节约程序成本，实现诉讼经济之目的。

第四章　中国民事裁判边界之经验实证分析

在我国的民事审判实践中，很少能够看到法官在判决书中直接提起诉讼标的这一概念的定义。相较于诉讼标的这一抽象概念而言，"民事裁判边界"以其直白或许更容易被法官所接受。也许有的法官直言不讳道："在实践中，我们对于'诉讼标的'这一概念虽然已经'耳熟能详'，但具体何指？又似乎给我们特别是司法实务工作者'只能意会，不可言传之感'。"[①] 迄今为止，似乎我国的最高司法机关也并不准备给诉讼标的下一个统一的定义。最高司法机关的模糊态度，直接影响到了各级人民法院对诉讼标的的问题的整体性研究，从而使得司法实践没能对许多和诉讼标的的紧密相关的问题给出明确而统一的回答。因此，民诉法学者们也难以从诉之合并、诉之追加、诉之变更以及既判力范围等问题上明确地看出法官对诉讼标的的理解。有鉴于此，本章希望通过大量的案例来探讨我国民事审判实践中究竟采行的是哪一种诉讼标的的理论。文中所承载的连篇累牍的案件也许会让读者感到阅读的负担，但它们的确颇具实证研究的价值。

第一节　中国民事审判实践中诉讼标的的范围的划定

一　相关规定

（一）《民事诉讼法》第 52 条的规定

《民事诉讼法》第 52 条规定：当事人一方或双方为二人以上，其诉讼标的是共同的，或者诉讼标的是同一种类、人民法院认为可以合并审理并

---

① 谭松平：《从本案谈"一事不再理"原则的适用》，2015，http：//www.chinacourt.org/public/detail.php？id＝218898.2015－12－12。

经当事人同意的，为共同诉讼。该条实际上是关于必要的共同诉讼的规定。当事人一方或者双方为二人以上，其诉讼标的是共同的，为必要的共同诉讼。依据我国立法机关的解释，"必要的共同诉讼的特点在于共同诉讼的一方当事人对诉讼标的有不可分的共同的权利义务。它基于以下两种情况产生：①基于同一物权或者连带债权债务产生。②基于同一事实和法律上的原因产生"。① 由上可知，立法机关认为，所谓共同诉讼中的诉讼标的，实际上主要是指同一法律关系，亦即，其所认可的是传统诉讼标的理论。

（二）《诉讼费用交纳办法》第 29 条的规定

国务院颁行的《诉讼费用交纳办法》第 29 条第 3 项规定："共同诉讼当事人败诉的，人民法院根据其对诉讼标的的利害关系，决定当事人各自负担的诉讼费用数额。"依据该规定，"对诉讼标的的利害关系"也因此成为共同诉讼当事人各自负担的诉讼费用数额的划分根据。在司法实践当中，人民法院对该根据的执行，一般是根据各当事人所提的诉讼请求数额之间的数值比例来进行划分。因此，"对诉讼标的的利害关系"也就被转化成为"对诉讼请求的利害关系"，诉讼标的在此被作为诉讼请求的同义语来加以使用。

（三）《民事诉讼法》第 51 条的规定

《民事诉讼法》第 51 条规定："原告可以放弃或者变更诉讼请求，被告可以承认或者反驳诉讼请求，有权提起反诉。"立法机关解释道："诉讼请求，是指原告通过人民法院对于被告人提出的实体权利请求。诉的种类不同，诉讼请求也不同。给付之诉的诉讼请求是交付某项财物或者为一定的行为；确认之诉的诉讼请求是对某一法律关系的确定；变更之诉的诉讼请求是改变或者消灭某种法律关系。在诉讼中，被告反诉提出的请求，诉讼中的第三人向原诉的原、被告提出的请求，也是诉讼请求。"② 从上述解释可以看出，至少在给付之诉中，诉讼请求并非是传统诉讼标的理论中所

---

① 全国人大常委会法制工作委员会民法室编《中华人民共和国民事诉讼法条文说明、立法理由及相关规定》，北京大学出版社，2007，第 86~87 页。

② 全国人大常委会法制工作委员会民法室编《中华人民共和国民事诉讼法条文说明、立法理由及相关规定》，北京大学出版社，2007，第 52 页。

主张的法律关系。因此，诉讼请求和诉讼标的并不等同。

（四）《民事诉讼法》第119条的规定

《民事诉讼法》第119条第3款规定："起诉必须有具体的诉讼请求和事实、理由。"在司法实践中，法律职业人一般认为，所谓的诉讼请求，是指当事人所欲获得的具体法律救济形式，如一定数额金钱的给付、某具体行为的实施、某婚姻关系的解除，等等，这实际上就是新诉讼标的理论一分肢说中的诉之声明；所谓的事实，则是既包括生活事实又包括法律事实；所谓的理由，则是当事人可以用来支持其诉之声明的具体的实体法请求权依据。

（五）《民事案件案由规定》

民事案件案由是民事案件名称的重要组成部分，反映案件所涉及的民事法律关系的性质，是将诉讼争议所包含的法律关系进行的概括。我国法院所实行的民事案件案由，一般是依据当事人主张的民事法律关系的性质来确定。虽然，不能够将民事案件案由简单地等同于诉讼标的，但在《民事案件案由规定》的实际执行过程中，各级人民法院的立案庭多是依据法律关系的性质来确定案由，尤其是"在请求权竞合的情形下，人民法院应当按照当事人自主选择行使的请求权，根据当事人诉争的法律关系的性质，确定相应的案由"①。如此，一个当事人若对同一诉之声明拥有多个法律关系主张，但他在立案时只能提出其中的某一个，否则会被拒绝立案。这意味着，《民事案件案由规定》的执行，已经导致了人民法院将法律关系视为诉讼标的之实际效果。

通过上面的分析，可以得出两个结论：一方面，现有立法对诉讼标的问题的基本态度是，认为实践中所持的应当是传统诉讼标的理论。《民事案件案由规定》的执行，更是有助于加深这一认识。另一方面，现有立法对于诉讼标的和诉讼请求的关系，并没有给出清晰的答案，存在着一定的裂痕。在《诉讼费用交纳办法》第29条中，两者似乎是同义语，但在《民事诉讼法》第51条和第119条中，两者似乎又有着各自不同的指代。

---

① 最高人民法院：《民事案件案由规定》。

二　审判实践

尽管我国在立法上似乎是承认了传统诉讼标的理论，但是，我国司法实践中究竟采行的是什么样的诉讼标的理论，却是个令人挠头的问题。

（一）诉讼标的与诉讼标的额混用

案例一：在"北京慈文影视制作有限公司诉中国电信集团西藏自治区电信公司著作权纠纷案"中，法院于判决书中写道："本案的诉讼标的是30 万元，按照西藏的收费标准最高应为15000 元，按照上海的收费标准最高应为4500 元，因此，原告与其代理人之间约定的代理费 3 万元已超出两地最高收费标准，应酌情认定律师费 1 万元……"①

案例二：在"林家禄诉陈宁等侵犯专利权纠纷案"中，法院于调解协议中写道："在本案审理过程中，原告林家禄申请撤回对被告鼎瑞公司的起诉，并将诉讼标的变更为人民币 5 万元，本院照准。"②

案例三：在"苏文仙与云南平安中西医结合医院医疗服务合同纠纷上诉案"中，法院于判决书中写道："因苏文仙起诉时的诉讼标的为医疗费人民币 80000 元，在此基础上，本院确定由云南平安中西医结合医院承担人民币 32000 元为妥。一审法院对此处理有误，本院予以纠正。"③

案例四：在"原告秦××与被告金××相邻关系纠纷案中"，法院于判决书中写道："对具体赔偿数额，本院考虑到诉讼标的较小，如委托有关部门审价，将使双方损失扩大，故由本院结合原告房屋的实际受损状况

---

① 《西藏自治区拉萨市中级人民法院民事判决书（2007）拉民三初字第 10 号》。北大法宝，http：//www.pkulaw.cn/。类似案件可参见《新疆生产建设兵团第三师中级人民法院民事判决书（2017）兵 03 民终 116 号》。北大法宝，http：//www.pkulaw.cn/。法院在判决书中写道："经查，在一审庭审过程中，被上诉人天山农信喀什分公司在核实上诉人袁住祥已付货款后，仅对诉讼标的进行了相应减少……"

② 《江苏省南通市中级人民法院民事调解书（2007）通中民三初字第 0295 号》。北大法宝，http：//www.pkulaw.cn/。类似案件可参见《广西壮族自治区柳州市中级人民法院民事判决书（2018）桂 02 民终 185 号》。北大法宝，http：//www.pkulaw.cn/。法院在判决书中写道："……支付工程款1831791.76 元……在2017 年 1 月 10 日的一审质证笔录中，严铁民将诉讼标的变更为1326791.76 元。"

③ 《云南省昆明市中级人民法院民事判决书（2007）昆民三终字第1301 号》。北大法宝，http：//www.pkulaw.cn/。类似案件可参见：浙江省长兴县人民法院民事判决书（2015）浙长民初字第 1670 号。北大法宝，http：//www.pkulaw.cn/。法院在判决书中写道："庭审中原告变更诉讼标的为 79298 元（医疗费 45688.67 元、住院伙食补助费 960 元、误工费 44000 元、营养费 2700 元、护理费 10650 元、交通费 1500 元、鉴定费 800 元）。"

及房屋装潢的折旧率，酌情予以判处。"①

案例五：在"师宗县丹凤镇新安村民委员会方七村民小组与周学才等农业承包合同纠纷上诉案"中，法院于判决书中写道："关于诉讼费问题，一审中，二被上诉人的诉讼请求为继续履行合同，无具体诉讼标的，本案为非财产类案件，一审按财产类案件收取诉讼费不当。"②

案例六：在"中国平安财产保险股份有限公司广东分公司与广州市怡康物业管理有限公司保险代位求偿权纠纷上诉案"中，在法院确认的调解协议上有如下字眼："一、甲方同意向乙方一次性支付乙方诉讼标的（乙方已赔付的保险赔款）人民币135330元的50%，计人民币67665元作为补偿，于法院制作调解书生效之日起七日内付清。"③

案例七：在"上海英雄（集团）有限公司与重庆时和文化用品有限公司商标侵权纠纷案"中，法院在判决中提及："原告要求被告赔偿经济损失和合理支出费用10万多元的诉讼标的明显过高，应该适当承担部分诉讼费用。遂判决：一、被告重庆时和文化用品有限公司立即停止销售侵犯原告上海英雄（集团）有限公司第248272号和第568960号注册商标专用权的涉案商品；二、被告重庆时和文化用品有限公司赔偿原告上海英雄（集团）有限公司经济损失（含合理支出费用）8000元。"④

---

① 《上海市徐汇区人民法院民事判决书（2008）徐民三（民）初字第1801号》。北大法宝，http：//www.pkulaw.cn/。类似案件可参见"王辕荣等与徐赛花等相邻关系纠纷上诉案"，《上海市第一中级人民法院民事判决书（2018）沪01民终926号》。北大法宝，http://www.pkulaw.cn/。法院在判决书中写道："关于装潢修复费，考虑到诉讼标的较小，如由相关部门司法审计，必然导致诉讼成本的增加。"

② 《云南省曲靖市中级人民法院民事判决书（2008）曲中民终字第449号》，2008。北大法宝，http：//www.pkulaw.cn/。类似案件可参见"卢惠春诉金小芽等财产损害赔偿纠纷案"，《浙江省富阳市人民法院民事判决书（2012）杭富新民初字第166号》，2012。北大法宝，http：//www.pkulaw.cn/。法院在判决书中写道："原告要求赔偿树木停止生长的损失的诉请，因未提供相应的证据，也无具体的诉讼标的，本院不予支持。"

③ 《广东省广州市中级人民法院民事调解书（2008）穗中法民二终字第514号》。北大法宝，http：//www.pkulaw.cn/。类似案件可参见"深圳市丰收研磨材料有限公司与临安普力电子材料有限公司买卖合同上诉案"，《浙江省杭州市中级人民法院民事判决书（2017）浙01民终4277号》。北大法宝，http：//www.pkulaw.cn/。法院在判决书中写道："丰收公司未及时支付货款，构成违约，应承担相应的违约责任，案涉销售合同约定，买卖未及时支付货款，应支付按日息1‰计算的违约金，或支付诉讼标的10%不少于人民币50000元的违约金……"

④ 《重庆市第五中级人民法院民事判决书（2007）渝五中民初字第355号》。北大法宝，http://www.pkulaw.cn/。类似案件可参见："中国银行股份有限公司南昌市南湖支行诉方金华信用卡纠纷案"，《南昌市青云谱区人民法院民事判决书（2015）青城民初字第228号》。北大法宝，http：//www.pkulaw.cn/。被告方金华在使用原告核发的信用卡透支消费后违约，法院对原告共计人民币83028.16元的诉讼请求予以支持。但法院认为："……但原告举证产生的律师费用3000元相对于本案的诉讼标的明显过高。"

　　除了前面提及的这些案例外，类似的法官将诉讼标的等同于诉讼标的额的问题还存在于其他大量的判决书中，这种情况一定会让相当一部分的民诉法学者深感意外。① 除了法官将诉讼标的等同于诉讼标的额之外，当

---

　　① 具体有

　　① "中国农业银行股份有限公司会昌县支行诉刘为红等金融借款合同纠纷案"，《江西省会昌县人民法院民事判决书（2018）赣 0733 民初 11 号》。北大法宝，http：//www. pkulaw. cn/。法院在判决书中写道："本诉讼标的为 2017 年 1 月 19 日被告刘为红夫妇用信 5 万元……"。

　　② "李武与李已连民间借贷纠纷上诉案"，《湖南省郴州市中级人民法院民事判决书（2017）湘 10 民终 2673 号》。北大法宝，http：//www. pkulaw. cn/。法院在判决书中写道："本案诉讼标的为 38 万余元……"

　　③ "刘伟与陈茂华等民间借贷纠纷上诉案"，《安徽省阜阳市中级人民法院民事判决书（2017）皖 12 民终 3969 号》。北大法宝，http：//www. pkulaw. cn/。法院在判决书中写道："陈茂华于 2015 年 8 月 8 日向原审法院提起民间借贷纠纷诉讼，要求刘伟、李建准、阜阳市石丰建材有限公司偿还借款本金 99.43 万元，该诉讼标的中含有本案争讼金额 36 万元。"

　　④ "上海营泰时装有限公司诉夏美金股权转让纠纷案"，《上海市松江区人民法院执行裁定书（2017）沪 0117 执 4553 号》。北大法宝，http：//www. pkulaw. cn/。法院将股权转让诉争标的金额认定为诉讼标的，并在裁定书中写道："诉讼标的为 6944600 元。"

　　⑤ "安某诉隋某甲等民间借贷纠纷案"，《辽宁省调兵山市人民法院民事判决书（2018）辽 1281 民初 22 号》。北大法宝，http：//www. pkulaw. cn/。法院在判决书中写道："庭审中，原告安将诉讼标的变更为 72000 元，并要求被告隋某甲、孙某某共同偿还欠款，被告隋某乙承担连带责任。"

　　⑥ "李静诉新疆昊天运输集团有限公司等公司机动车交通事故责任纠纷案"，《新疆维吾尔自治区乌鲁木齐市新市区人民法院民事裁定书（2017）新 0104 民初 9467 号》。北大法宝，http：//www. pkulaw. cn/。法院在判决书中写道："……现原告李静变更诉讼标的为 9000 元。"

　　⑦ "袁宁诉高振华不当得利纠纷案"，《新疆维吾尔自治区乌鲁木齐市新市区人民法院民事判决书（2017）新 0104 民初 9589 号》。北大法宝，http：//www. pkulaw. cn/。法院在判决书中写道："本案诉讼标的为 89200 元，给付标的为 80000 元，给付标的占诉讼标的的 89%……"

　　⑧ "汤晓芹诉曹海军等民间借贷纠纷管辖权异议案"，《江苏省无锡市中级人民法院民事裁定书（2018）苏 02 民辖终 17 号》。北大法宝，http：//www. pkulaw. cn/。法院在判决书中写道："原审法院审查认为，本案诉讼标的为 3966981 元……"

　　⑨ "臧庆双诉王玉珍等身体权纠纷案"，《山东省招远市人民法院民事判决书（2017）鲁 0685 民初 2957 号》。北大法宝，http：//www. pkulaw. cn/。法院在判决书中写道："后经公安调解未果，要求依法判令被告赔偿原告损失。后原告将诉讼标的变更为 13948 元。"

　　⑩ "王聪聪诉中国人寿保险股份有限公司睢县支公司保险合同纠纷案"，《河南省睢县人民法院民事判决书（2017）豫 1422 民初 3662 号》。北大法宝，http：//www. pkulaw. cn/。法院在判决书中写道："由于原告诉讼标的为 30000 元，视为原告对自己权利的处分，被告应在保险范围内赔付原告保险金数额为 30000 元。"

事人和律师存在更多这方面的问题，相关的例子不再赘述。① 可喜的是近两年来，随着新民事诉讼法及其司法解释的颁布，民事诉讼理论的不断完善。这种将诉讼标的等同于诉讼标的额的做法已经逐渐得到改善。不少法院已经在裁判文书中标明"诉讼标的额"，使诉讼标的额与诉讼标的相区分。②

（二）诉讼标的与诉讼标的物混用

案例一：在"赵紫萍与李文峰房屋搬迁纠纷上诉案"中，法院于判决书中写道："本院认为，赵紫萍另案起诉李文峰登记离婚后财产纠纷一案，赵紫萍诉请分割的是西安市莲湖区西北二路 28 号 9 幢 1 单元 803 房房产，与本案所涉房产属不同诉讼标的，且赵紫萍在该案已申请财产保全，因此，该案的审理结果并不影响本案的处理。"③

---

① 在（2008）沪二中民四（商）终字第 906 号判决书中，提及作为上诉人的上海泰鑫经贸有限公司将诉讼标的额 430 多万元等同于诉讼标的。同样的问题还出现在（2008）崇民一（民）初字第 1718 号判决书，（2008）虹民二（商）初字第 579 号判决书。此外，以下三个判决书中也存在类似问题。
　①"平安银行股份有限公司青岛福州南路支行诉江珍峰等金融借款合同纠纷案"，《山东省青岛市市南区人民法院民事判决书（2017）鲁 0202 民初 3401 号》。北大法宝，http：//www. pkulaw. cn/。原告要求被告偿还贷款本金、利息等，并且原告在起诉状中写明"……总计诉讼标的为 114306. 44 元。"
　②"北京中金顺天磁性材料有限公司与中铝广西有色金源稀土有限公司买卖合同纠纷上诉案"，《广西壮族自治区贺州市中级人民法院民事裁定书（2018）桂 11 民辖终 1 号》。北大法宝，http：//www. pkulaw. cn/。被上诉人（一审原告）答辩称："上述三份合同的买卖标的已达 6861600 元，本案的诉讼标的为 2126320. 55 元……"
　③"赵兰英诉曹金莲民间借贷纠纷案"，《内蒙古自治区鄂温克族自治旗人民法院民事判决书（2017）内 0724 民初 1301 号》。北大法宝，http：//www. pkulaw. cn/。原告为证明其主张向法庭提交证据"电话录音 1 份，以证实被告与原告及其女儿通话中承认在原告处借款 48 万元，且在另一案件中已判决 18 万元，本案诉讼标的为 30 万元，相加总数为 48 万……"
② 在新疆维吾尔自治区的人民法院，将诉讼标的等同于诉讼标的额的现象尤为明显。参考《新疆维吾尔自治区高级人民法院伊犁哈萨克自治州分院（2017）新 40 民终 1859 号》。北大法宝，http：//www. pkulaw. cn/。《新疆维吾尔自治区乌鲁木齐市沙依巴克区人民法院（2017）新 0103 民初 6309 号》。北大法宝，http：//www. pkulaw. cn/。《新疆维吾尔自治区乌鲁木齐市新市区人民法院（2017）新 0104 民初 2165 号》。北大法宝，http：//www. pkulaw. cn/。《新疆维吾尔自治区乌鲁木齐市头屯河区人民法院（2017）新 0106 民初 991 号》。北大法宝，http：//www. pkulaw. cn/。《新疆维吾尔自治区乌鲁木齐市头屯河区人民法院（2017）新 0106 民初 972 号》。北大法宝，http：//www. pkulaw. cn/。
③ 《广东省广州市中级人民法院民事判决书（2006）穗中法民五终字第 3070 号》。北大法宝，http：//www. pkulaw. cn/。类似案件可参见《北京市高级人民法院民事裁定书（2018）京民申 70 号》。北大法宝，http：//www. pkulaw. cn/。法院将讼争房屋认定为是诉讼标的。其判决书中写道："薛景华及其亲属就 103 号房屋的确权、赠与及继承等诉讼，历经数年，经过一审、二审、再审及审判监督等程序，最终认定 103 号房屋为赵宝玉、闻士霞的夫妻共同财产，薛景华基于赵宝玉的赠与，取得了 103 号房屋中属于赵宝玉的财产份额，即 103 号房屋中一半的所有权。而本案的诉讼标的与前案的诉讼标的是一致的。"

案例二：在"袁洪与殷小管相邻权纠纷再审案"中，云南省红河哈尼族彝族自治州中级人民法院在二审时认为："袁洪称殷小管建盖楼梯的原厕所地基属其所有未举证证实，称殷小管建楼梯侵犯其相邻权的理由不成立。殷小管建盖楼梯未超过其原来的厕所位置，未侵占袁洪的使用范围。袁洪上诉中提到其锯椽子之事与本案的诉讼标的不相同，不应一并处理。"①

无独有偶，当事人也存在诉讼标的与诉讼标的物混用的问题。例如，在《（2005）沪一中民二（民）终字第1630号判决书》中，作为上诉人的宜申公司就将房屋的具体面积直接表述为诉讼标的。

（三）将诉讼标的等同于法律关系

案例一：在"苏州净化设备有限公司与苏州安泰空气技术有限公司损害商业信誉、商品声誉纠纷上诉案"中，法院在民事裁定书中写道："诉讼标的是指当事人之间争议的请求法院审判的民事实体法律关系或者民事实体权利。"②

案例二：在"中财国企投资有限公司与中国农业银行海口市龙华支行借款合同纠纷上诉案"中，法院在判决书中写道："关于本案三份借款合同能否合并审理的问题，本案三份借款合同的主体均为龙华支行与欧巴艾赫公司，双方在合同中的权利义务关系是一致的，争议的诉讼标的也为同一类型，因此，龙华支行将三份借款合同合并起诉，本院将三份借款合同关系合并审理，并无不当。"③

案例三：在"张卫与中国工商银行郑州市解放路支行等储蓄合同再审

---

① 《云南省高级人民法院民事判决书（2008）云高民一再终字第3号》。北大法宝，http：//www.pkulaw.cn/。类似案件可参见《湖北省武汉市中级人民法院民事裁定书（2018）鄂01民终2028号》。北大法宝，http：//www.pkulaw.cn/。法院认为诉讼标的是指当事人之间因发生争议而请求法院作出裁判的法律关系。

② 《江苏省苏州市中级人民法院（2006）苏中民三初字第0011号民事裁定》。北大法宝，http-tp：//www.pkulaw.cn/。类似案件可参见《广东省广州市中级人民法院民事判决书（2015）穗中法民五终字第6026号》。北大法宝，http：//www.pkulaw.cn/。法院判决书中写道："双方当事人争议的诉讼标的为《商铺买卖合同书》中的一号商铺。"

③ 《海南省高级人民法院民事判决书（2006）琼民二终字第30号》。北大法宝，http：//www.pkulaw.cn/。类似案件可参见《四川省自贡市自流井区人民法院民事判决书（2017）川0302民初1254号》。北大法宝，http：//www.pkulaw.cn/。该案为两个借款法律关系，法院认为它们属于同一类型诉讼标的。

案"中，河南省高级人民法院认为："解放路支行与张卫之间是合同法律关系，南昌京西支行与张卫之间是侵权法律关系，因此张卫与两工行之间的诉讼标的并非是共同的……"①

案例四：在"姚元兵等与彭仲森等道路交通事故损害赔偿纠纷上诉案"中，审理法院认为，按照"一事不再理"原则之含义，当事人不得就已经起诉的事件，在诉讼进行中另行起诉；诉讼标的在生效裁判中已经作出处理，除法律另有规定外，当事人不得就该法律关系另行起诉。在本案所涉及的侵权损害赔偿法律关系中，姚元兵、姚元福在原审法院（2007）顺法民一初字第02332号案件中，已对苏有斌、彭仲森、阳光保险公司提起诉讼，要求其承担侵权损害赔偿责任。虽然后来姚元兵、姚元福与苏有斌达成调解协议而撤回对彭仲森、阳光保险公司的起诉，但讼争的侵权损害赔偿法律关系已因原审法院出具的民事调解书而得以处理完毕。按照"一事不再理"原则，姚元兵、姚元福不得就该侵权法律关系另行起诉。②

案例五：在"周立云诉李敏股权转让侵权纠纷案"中，原告针对同一被告请求法院判令："一、确认《股权转让合同》中涉及转让中进公司50%股份的内容无效；二、确认原告在诚田公司拥有20%的股权、在诚达公司拥有20%的股权；三、解除《股权转让合同》中涉及转让浩伟公司12%的股权、诚田公司20%的股权、诚达公司20%的股权的约定，并由被告将已经转让的股权返还原告；四、被告承担因不能履行合同的违约金30万元；五、被告返还自2005年11月1日至股权返还原告之日止的经营期间股东权益；六、被告承担本案律师费。"

受理法院认为，原告所提诉讼请求分别涉及多个不同的法律关系：①其诉讼请求的第一、三、四、五项均是围绕与被告之间所签订的《股权转让合同》这一法律关系进行的。②其诉讼请求第二项中又包含了确认其在

---

① 河南省高级人民法院民事判决书（2007）豫法民再字第00109号。北大法宝，http：//www.pkulaw.cn/。类似案件可参见"中国工商银行股份有限公司广州北京路支行等诉黄秋生等金融借款合同纠纷案"，《广东省广州市中级人民法院民事判决书（2017）粤01民终21224号》。北大法宝，http：//www.pkulaw.cn/。法院在判决书中写道："案件争议的诉讼标的为抵押权"。

② 《广东省佛山市中级人民法院民事裁定书（2008）佛中法民一终字第647号》。北大法宝，http：//www.pkulaw.cn/。类似案件可参见"李南南诉韩亚南等撤销之诉案"，《山东省威海经济技术开发区人民法院民事裁定书（2017）鲁1092民撤5号》。北大法宝，http：//www.pkulaw.cn/。（2013）威经济区民初字第266号案件的诉讼标的为被告张善青与天亿公司之间的借款合同和由此产生的债权转让合同。

诚田公司股东身份以及确认其在诚达公司股东身份两个法律关系。③诉讼请求第三项要待诉讼请求第二项股东身份确认后方可审理。因此，首先这几项诉讼请求的诉讼标的既不是共同的也不是同一种类的；其次作为诉讼标的的这三个法律关系并不是由多数主体共同实施的民事行为而形成的，换言之，因这三个不同的法律关系所形成的被告是分别不同的主体。这几项诉讼请求分别属于不同的法院管辖。综上，原告所提出的诉讼请求不属于共同诉讼，不能在一个案件当中加以解决，不属于人民法院可以合并审理的范围，违背了民事审判"一事一审"的法理原则。因此原告的起诉不符合法定的起诉条件，应驳回其起诉。①

案例六：在"陈进春与昆明市五华区黑林铺镇陈家营村股份合作社等财产权属纠纷上诉案"中，法院在裁定书中认为："就本案而言，上诉人陈进春提起诉讼标的是土地征收补偿款及上诉人是否享有该笔款项分配的权利，该诉争属于人民法院应当受理的范围，因此一审法院作出驳回上诉人陈进春起诉的裁定有误，本院依法予以纠正。"② 在本案中，法院坚持的是传统诉讼标的理论，但又不是单纯地视法律关系为诉讼标的，而是通过法律关系和诉之声明这两个要素的结合来确定诉讼标的之范围。

（四）将诉讼标的等同于诉之声明

在"拿铁（北京）餐饮娱乐有限公司与王飞买卖合同纠纷上诉案"中，法院认为"诉讼标的为给付货款"。此处，法院将诉之声明等同于诉讼标的。③ 我国学者张卫平教授发现了这样的判决："在某些请求权竞合的情况下，又实际上采取了国外是视为新诉讼标的理论的做法。例如，在涉及请求返还物的诉讼中，审判人员往往并不考虑是基于所有权关系还是基

---

① 《云南省昆明市中级人民法院民事裁定书（2007）昆民四初字第228号》。北大法宝，http：//www.pkulaw.cn/。类似案件可参见《福建省厦门市中级人民法院民事判决书（2017）闽02民终3866号》。北大法宝，http：//www.pkulaw.cn/。该案法律关系为新增资本认购法律关系和股东资格确认法律关系，法院认为这是两项诉讼标的。

② 《云南省昆明市中级人民法院民事裁定书（2008）昆民三终字第680号》。北大法宝，http：//www.pkulaw.cn/。类似案件可参见《四川省成都市武侯区人民法院民事判决书（2017）川0107民初498号》。北大法宝，http：//www.pkulaw.cn/。原告诉被告收取小区共有部分产生的收益构成不当得利，法院在判决书中写道："诉讼标的为共有收益的归属权。"在该案中，法院同样通过法律关系和诉之声明的结合来确定诉讼标的之范围。

③ 《北京市第二中级人民法院民事裁定书（2018）京02民辖终81号》。北大法宝，http：//www.pkulaw.cn/。

于借贷关系，就是说没有把这两种不同性质的法律关系看作是不同的诉讼标的，只是把要求返还物作为审判的对象，所有权关系的存在和借贷关系的终了不过是诉讼请求的原因而已。这种做法当然符合新诉讼标的理论的要求。在实务中审判人员也不可能意识到此种情形属于实体请求权的竞合，其具体操作只是跟着感觉走。"[1]

（五）将诉讼标的等同于案件事实和诉之声明

在"刘崇梅与潘以南房屋买卖合同纠纷上诉案"中，法院认为：民事诉讼的"一事不再理"原则，是指人民法院正在审理或审结的案件，同一当事人又基于同一法律关系（同一事实）而提出的同一诉讼请求，人民法院不再受理。一审裁定驳回刘崇梅的起诉，其理由是刘崇梅的起诉违反"一事不再理"的原则。而其一，本案刘崇梅的诉求是，判令潘以南向其支付其代付的土地增值税 236754 元，其他税费 1 万元，共计 246754 元；而（2006）城民一初字第 580 号的房屋买卖合同纠纷一案，潘以南诉求刘崇梅向其交付房屋并办理产权过户手续。显然，本案刘崇梅的诉求与前案潘以南的诉求不同。其二，本案刘崇梅诉潘以南，其事实根据是双方在交易过程中，曾口头约定由潘以南承担争议房屋过户的全部税费，其不承担任何税费，而提起诉讼；前案潘以南基于其已向刘崇梅支付购房款，刘崇梅不愿意继续履行合同，未履行交房和办证义务之事实提起诉讼。其三，（2006）城民一初字第 580 号的民事判决并未对本案双方争议的 236754 万元土地增值税及 1 万元其他税费应由谁承担的问题作出处理。综上，虽然两次诉讼都涉及同一份房屋买卖合同书，但当事人的诉求不同，争议也并非基于同一事实，故一审法院以违反"一事不再理"原则为由驳回刘崇梅的起诉不当，应予纠正。[2]

---

[1] 张卫平：《论诉讼标的及识别标准》，《法学研究》1997 年第 4 期，第 66 页。

[2] 《海南省三亚市中级人民法院民事裁定书（2008）三亚民一终字第 38 号》。北大法宝，http://www.pkulaw.cn/。类似案件可参见，在"李凤英诉铜川市文化广播新闻出版局、中国人民银行铜川中心支行等排除妨害纠纷案"中，法院认为"当事人对自己提供的主张有责任提供证据，原告李凤英请求被告立即疏通、施工重建共用破裂管道，停止污水乱流，彻底恢复对原告住宅环境卫生，赔偿原告几年来互推责任污染环境及精神损失费。对其房屋漏水形成的原因是否因管道破裂所致未提供证据证明，对其提出赔偿损失无具体诉讼标的。"法院将诉讼标的等同于案件事实和诉之声明。《陕西省铜川市王益人民法院民事判决书（2016）陕 0202 民初第 301 号》，北大法宝，http://www.pkulaw.cn/。

本案中，法院将诉讼标的等同于案件事实和诉之声明这两个构成要素，不自觉地使用了新诉讼标的理论的二分肢说。

三　评析

从前述的立法规定和相关案例中可以看出，我国大陆对诉讼标的之确定目前尚处于一种相对混乱的状态。在我国的民事审判实践中，实际上并无统一的诉讼标的之确定方法。

尽管我国的立法机关明确倾向于民事审判实践中应当贯彻传统诉讼标的理论，但实践中的诉讼标的之确定却存在着各种各样的标准。有的法官将诉讼标的等同于诉讼标的额或者诉讼标的物，这并不意味着这些法官所推行的是新诉讼标的理论的一分肢说，因为，在相关的判决中，根本无法发现承审法官将案件事实和法律关系都统合到诉之声明中的明显思路。最大的一种可能是，这些法官"对待诉讼标的的态度是模糊的"，[1] 在以讹传讹中，以至于发生了这种大面积的误用。当然，也有些法官将诉讼标的等同于诉之声明，但这也并不意味着这些法官在头脑中已经树立起了根深蒂固的新诉讼标的理论一分肢说的观念，法官的这种做法更有可能仅仅是出于"一案一诉"的直觉。也有一部分法官将诉讼标的等同于法律关系，这是典型的传统诉讼标的理论。但是，在笔者所查阅的判决书中，贯彻传统诉讼标的理论的法官在数量上是极少数，[2] 而且，即便是坚持传统诉讼标的理论的法官，他们对于是否应当将案件事实和诉之声明作为确定诉讼标的的范围的要素也存在着一定的分歧。

第二节　中国民事审判实践中诉之变更的处理

一　相关规定

(一) 诉之变更的规定

1. 《民事诉讼法》第51条

《民事诉讼法》第51条规定：原告可以放弃或者变更诉讼请求，被告可以承认或者反驳诉讼请求，有权提起反诉。在我国的民事审判实践中，

---

[1]　张卫平：《论诉讼标的及识别标准》，《法学研究》1997年第4期，第65页。

[2]　在判决书中可以发现，级别越高的人民法院，越是能够贯彻传统诉讼标的理论，这可能与不同级别人民法院法官专业理论素质的差异有关。

法官在处理诉之变更问题时，多会在判决书中援引该条作为法律依据。

2. 《证据规定》第 35 条

《证据规定》第 35 条规定："诉讼过程中，当事人主张的法律关系的性质或者民事行为的效力与人民法院根据案件事实作出的认定不一致的，不受本规定第三十四条规定的限制，人民法院应当告知当事人可以变更诉讼请求。"① 相对于《民事诉讼法》第 51 条的规定而言，第 35 条在实践中似乎有着更为广泛的适用范围。实际上，第 51 条是授予当事人以变更诉讼请求的权利，第 35 条则是授予法官以指导当事人变更诉讼请求的权利。

（二）诉之追加的规定

《民事诉讼法》第 140 条规定：原告增加诉讼请求，被告提出反诉，第三人提出与本案有关的诉讼请求，可以合并审理。对于该条，全国人大常委会法制工作委员会民法室在立法理由中提及道："作为民事实体权利的主张人和民事诉讼的发起人，原告对自己的实体权利和诉讼权利拥有处分权，可以根据自身情况和诉讼形势的变化调整诉讼请求，包括在已经提出的诉讼请求不足以满足自己的主张时，增加新的诉讼请求。在很多情况下，新的诉讼请求与已经被提出的诉讼请求基于同一事实，或者同一实体权利义务关系，或者同一诉讼理由，合并审理不仅有利于保护民事权利，全面解决民事纠纷，更有利于案件的处理。"② 但是，全国人大常委会法制工作委员会民法室就当事人增加诉讼请求所举的案例，其所指向的诉讼请求的增加，实际上是诉之声明的增加，而不是法律关系的增加。③ 这也进一步论证，如果学术界

---

① 关于法官向当事人阐明让其变更诉讼请求的做法，受到一些其他规定的限制："当事人在诉讼过程中增加或者变更诉讼请求导致当事人诉争的法律关系发生变更的，人民法院应当相应变更案件的案由。"参见最高人民法院《民事案件案由规定》，法〔2011〕42 号。其二，在《证据规定》第 34 条第 3 款规定："当事人增加、变更诉讼请求或者提出反诉的，应当在举证期限届满前提出。"

② 全国人大常委会法制工作委员会民法室：《中华人民共和国民事诉讼法条文说明、立法理由及相关规定》，北京大学出版社，2007，第 241 页。

③ 同上，全国人大常委会法制工作委员会民法室所举的案例是，在某合同纠纷案件中，原告甲向被告乙购买 10 万双运动鞋，乙交付后，甲发现其中 3 万双鞋属于劣质产品。原告甲到人民法院起诉，根据合同法第 111 条的规定，要求被告乙更换不符合质量要求的产品。通过法庭调查，原告甲发现，根据有关证据，被告乙交付的 10 万双运动鞋中，除了明显劣质的 3 万双鞋外，还有 5 万双鞋也存在质量问题，不符合合同约定。于是原告甲在原来更换 3 万双鞋的诉讼请求之外，要求被告乙另就 5 万双质量达不到合同约定的鞋，承担减少价款的违约责任。

要认定我国司法实践贯彻的是传统诉讼标的理论，那么也必须承认现行立法并没有将诉讼请求等同于诉讼标的。

二　审判实践

（一）诉之变更

案例一：当事人主动作出的诉之变更

在"马建文与孙杏芬不当得利纠纷案"① 中，原告就相同的案件事实先提起民间借贷之诉，后变更为不当得利之诉。

一审法院认为："现原告既主张本案款项系借贷之债，又以不当得利支付主张权利，试图以不当得利避开举证责任，是对举证责任的不当理解，亦是权利的不当运用。"一审法院以民间借贷作为判案依据。

被告在二审时认为："原告在一审及上诉状中，均确认双方系民间借贷关系，并不是不当得利，因一审中，无法证明双方间存在借贷合同关系时，才变更为不当得利。"

二审法院认为："当事人有权在法律规定的范围内处分自己的民事权利和诉讼权利，可以根据相关法律法规和案件事实变更其所主张的法律关系性质，并提出与该法律关系相适应的诉讼请求，但其变更是否与案件事实相符，其提出的请求是否在法律效果范围之内，最终能否得到支持则需待司法审查之后才能确定。结合本案审理过程，原告在一审起诉时认为该讼争款项系当初借给被告的借款，认为双方之间成立借贷合同关系，故以民间借贷起诉要求被告返还借款，后考虑到其无法举证证明双方之间存在借贷合同关系的情况下，变更案由为不当得利之诉，要求被告返还不当得利，该变更符合我国法律保护当事人诉讼选择权利、尊重当事人意思自愿的立法本意，故本案应以不当得利返还请求权的法律构成要件为基础来审查原告与被告之间的法律关系以及判断原告之诉讼请求能否成立。"

案例二：经法院阐明后的诉之变更②

---

① "马建文与孙杏芬不当得利纠纷案"，《浙江省高级人民法院民事判决书（2010）浙民提字第87号》。北大法宝，http：//www.pkulaw.cn/。

② 《广东省佛山市中级人民法院民事判决书（2006）佛中法民五终字第470号》。北大法宝，http：//www.pkulaw.cn/。

在"陈文广与任晶民间借贷纠纷上诉案"① 中，原告起诉的案由为民间借贷，原告以涉案款项转账支付给被告后，被告应当返还（偿还）该款项为由主张权利。一审、二审，原告诉讼的案由均为"民间借贷"。在再审过程中，经法院释明后，原告变更诉讼请求为"返还不当得利"。

后原告又以民间借贷再起诉被告。一审法院认为后诉与前诉构成重复诉讼。二审法院认为："在原一审、二审及再审诉讼认定不属不当得利而驳回其诉讼请求后，原告提起本诉请求被告偿还借贷及利息，案由为民间借贷纠纷。尽管前后两次诉讼中案件事实均系原告给付了被告35万元这一行为，但是两次诉讼中请求权的基础即案由发生了变化。法律关系的变更导致了可以适用法律规定的不同。因此，原告基于同一争议事实以不同的法律关系起诉，两者系不同的诉，并不违反一事不再理的原则，原告本案的起诉并不符合《最高人民法院关于适用的解释》第二百四十七条构成重复起诉的规定，本案不属于重复起诉。"

（二） 对诉之合并的拒绝

案例一：在"爱尚（山东）有限公司诉中国银行股份有限公司泉州分行等金融借款合同纠纷案"② 中，上诉人爱尚（山东）有限公司仅为讼争六份借款合同中两份合同项下的借款纠纷，因此不同意与其余四份借款合同纠纷合并审理。

一审法院认为："本案系金融借款合同纠纷，中行泉州分行作为债权人向债务人中国爱尚公司及包括被告山东爱尚公司在内的保证人一并主张权利……山东爱尚公司作为被告参加本案诉讼并无不妥。"

二审法院认为："原审原告起诉依据的六份借款合同，虽然出借人和借款人同一，但保证人并不完全相同，且借款时间、借款金额、保证方式亦不相同，系对同一种类的不同诉讼标的合并起诉之情形，并非诉讼标的为共同之必要共同诉讼，为可分之诉。原告就六份讼争借款合同项下债务向债务人及担保人一并主张清偿，属诉之客体合并，不违反法律强制性规定，可以合并审理；但其仅就其中两份讼争借款合同项下债务主张被告二

---

① 《广东省江门市中级人民法院民事裁定书（2017）粤07民终2158号》。北大法宝，http://www.pkulaw.cn/。
② 《福建省高级人民法院民事裁定书（2016）闽民辖终297号》。北大法宝，http://www.pkulaw.cn/。

承担担保责任，故当原告将被告二列为全案六份讼争合同纠纷之被告，将涉及被告二的合同纠纷与非涉及被告二的合同纠纷合并起诉时，则为诉之主体合并，构成普通共同诉讼之情形。普通共同诉讼合并审理，应经当事人同意。本案中，原审被告二对共同诉讼明确表示反对，故合并审理的条件不成就。"

案例二：在"兴城市四家建筑工程有限公司与葫芦岛天顺房地产开发有限公司建设工程施工合同纠纷上诉案"[①] 中，原告（发包方）与被告（承包方）签订两份建设施工合同，建设施工楼房两座，据此引发支付工程款纠纷。涉案法律关系为两个建设工程施工合同法律关系。

被告认可合并审理并认为："2份建设工程施工合同所涉2座楼房是一建设、组织施工、甲供材、验收结算，且原告支付工程款是未区分2座楼房。两楼起诉标的额超过一审法院的管辖范围，一审法院将案件拆解为2个案件，系恶意规避级别管辖。"

二审法院认为："原告与被告就涉案的两座楼分别签订了合同，原告依据不同的合同起诉其诉讼标的不同，故分别起诉并无不当。"

案例三：在"银江股份有限公司中山分公司与中国电信股份有限公司中山分公司公司建设工程施工合同纠纷上诉案"[②] 中，原告与被告签订四份建设协议，约定原告为被告提供系统建设的产品及服务。涉案法律关系为四份建设协议法律关系。

一审法院不同意合并审理，经法院释明后，原告仍然坚持一并起诉，一审法院驳回原告的起诉。一审法院认为："本案中，原、被告虽主体一致，但双方分别签订四份建设协议，先后成立四个独立的合同关系。就施工地点为同一地点的三份建设协议的权利义务是否重复、交叉，是否具有关联而应作为必要的共同诉讼予以合并审理，尚待审查确定。而施工地点为另一地点的建设协议，协议的签订时间、施工地点、具体施工内容及建设单位均与上述三份协议不一致，显然不属于必要共同诉讼引起必须进行合并审理的案件。诉讼中，被告不但不同意对不同合同关系的诉作合并审理，其还申请追加两家不同的建设单位参加诉讼，而案件的审查必然涉及

---

① 辽宁省葫芦岛市中级人民法院民事判决书（2015）葫民终字第01201号。北大法宝，http：//www.pkulaw.cn/。

② 《广东省中山市中级人民法院民事裁定书（2016）粤20民终4584号》。北大法宝，http：//www.pkulaw.cn/。

工程交付、工程质量及验收等事项，案情复杂，合并审理显然有违诉讼经济原则，不利于解决纠纷。"

二审法院认为："诉的客体合并是指相同原被告间基于不同法律关系所提出的诉讼请求，人民法院均有管辖权，将各个独立又彼此联系的诉合并在同一个诉讼程序中审理。无论诉的客体是否合并，其本质上仍然是各个彼此独立的诉。诉的客体合并应当符合法律规定并基于诉讼经济原则，利于解决纠纷。……虽然原告基于该四个法律关系起诉被告违约，诉讼标的系同一种类，人民法院可以基于诉的客体合并选择合并审理，但此种情形并非人民法院必须合并审理的情形。"

三　评析

根据对前文立法规定和相关案例的分析，可以看出，我国在诉之变更、诉之追加和诉之合并问题上，呈现出与传统诉讼标的理论相矛盾的一派景象。

（一）诉之变更对传统诉讼标的理论的背离

在诉之变更问题上，我国对传统诉讼标的理论的贯彻并不彻底。一方面，在司法实践中承认当事人所主张的法律关系的变更构成了诉之变更；另一方面，在一审程序中，无论是当事人自主作出的诉之变更抑或是人民法院阐明后当事人进行的诉之变更，都不需要征得对方当事人的同意。这种做法和传统诉讼标的理论的思路是大相径庭的，它虽然有利于实现诉讼公正和诉讼效率，[①] 但在实践中也引发了许多困惑。[②]

其一，依据第35条的规定，若出现了当事人和法官的法律关系主张不一致的情形，当事人要么采用自己的法律关系主张，要么采用法官的法律关系主张，而不能够两者并采。如此，如果出现法官阐明错误的问题，[③]

---

① 参见朱永德、杨介寿《试论法律关系释明和诉请变更告知》，《政治与法律》2006年第3期，第94页。

② 有实务工作者认为，第35条的规定存在着诸多问题，如法官就诉请变更所要告知的主体、对象、时间、方式、程度以及不当告知的法律救济等都没有较为明确的规定。参见刘峰、阴悦《法官的诉请变更告知义务在实践中的问题及其完善》，《山东审判》2005年第5期，第93~94页。

③ 例如，存在法官所阐明的法律关系主张和审判委员会的认识并不一致的情形，或者，一审法官所阐明的法律关系主张和二审法官的认识并不一致的情形。

当事人将难以接受败诉的结果。因此，较为妥适的做法是，允许当事人就此两种不同的法律关系主张作一次性的诉讼。

其二，依据第 35 条的规定，法官仅有权提出变更诉讼请求的建议，但最终决定权仍然掌握在当事人手中。但是，出于诉讼经济的考虑，在尊重当事人程序选择权的同时，也应当赋予法官的诉讼请求建议以一定的强制性效果。亦即，当事人有拒绝法官建议的选择权，但当事人若坚持以自己所主张的法律关系进行诉讼而败诉后，法律上是否可以不允许当事人再次就法官所建议的法律关系提起后诉讼呢？这是一个值得进一步深究的问题。

其三，依据第 35 条的规定，法官是否可以提出追加诉讼请求的建议，尚处于一种模糊状态。例如，就某一案件事实，若当事人提出了部分的诉讼请求，遗漏了其他的诉讼请求，法官是否应当提出追加诉讼请求的建议？在理论上，诉之变更和诉之追加是两个不同的概念，但在实践中，有的法官认同这种区别，有的法官则认为诉之追加是诉之变更的另一种表现。这种认识上的差异，导致了法官之间在第 35 条上执行尺度的不一致。从阐明的角度来看，追加诉讼请求的阐明和变更诉讼请求的阐明并没有实质性的差别，应当允许法官的阐明权迈入追加诉讼请求的领域。

（二）诉之合并对传统诉讼标的理论的背离

在诉之合并问题上，我国对传统诉讼标的理论的贯彻并不彻底。从前文的案例可以看出，对于当事人支持同一诉之声明的不同法律关系主张，有的法院会拒绝同时受理，而仅是选择其中的某一法律关系进行审理。实际上，依照传统诉讼标的理论的思路，当事人完全可以就同一诉之声明提出多个法律关系主张，并且以诉之客观合并的方式要求法院进行一次性的审理。这是传统诉讼标的理论克服自身诉讼标的范围过窄弊端的有力武器，但在我国的司法实践中，有相当一部分法院的做法背离了传统诉讼标的理论。法院之所以会采行这种不合常理的做法，是因为《民事案件案由规定》直接限制了当事人为诉之客观合并的权利。

（三）诉之追加对传统诉讼标的理论的背离

在诉之追加问题上，无论是我国的立法意图抑或是实践中的做法，都没有将法律关系主张的追加视为诉之追加，而是将诉之声明的追加视为诉之追加。这种认识已经完全和传统诉讼标的理论的观点背道而驰，令人难以置信。

第三节　中国民事审判实践中"一事不再理"原则的运用

在实务中，如何判断前后两个案件是否构成了重复诉讼是一个不可回避的问题。我国民诉法理论界普遍认为，判断一诉是否和另一诉相重复，其基本依据就是看两诉的诉讼标的是否相同。诉讼标的相同的，构成重复起诉，反之则否。① 因此，民诉法研究者可以从"一事不再理"原则的实际应用来间接判断实务界对诉讼标的的认识。

一　相关规定

（一）《民事诉讼法》第 111 条的规定

我国民诉法没有将"一事不再理"作为诉讼原则加以明确化。学界一般认为，我国《民事诉讼法》第 111 条第 5 项的规定，就是体现了"一事不再理"原则。该项规定："对判决、裁定已经发生法律效力的案件，当事人又起诉的，告知原告按申诉处理，但人民法院准许撤诉的裁定除外。"该规定不论在立法技术上还是在内容上都存在问题。一方面，该法条只规定对生效判决、裁定不得再诉，但未包括调解书、支付令等正式的法律文书。另一方面，该法条的但书条款内容单一，没有包括其他可以重新起诉的情形。实际上，该条规定的是既判力的范围问题，而既判力的范围仅仅是"一事不再理"原则的一部分内容。除此之外，"一事不再理"原则还包括诉讼系属等内容，但这没有被纳入《民事诉讼法》第 111 条第 5 项中。因此，《民事诉讼法》所规定的"一事不再理"原则，在内容上存有欠缺。

---

① 段厚省：《请求权竞合与诉讼标的研究》，吉林人民出版社，2004，第 83 页。张卫平：《诉讼构架与程式—民事诉讼的法理分析》，清华大学出版社，2000，第 205 页。邓辉：《既判力理论研究》，中国政法大学出版社，2005，第 220 页。由江伟主持的"《民事诉讼法》典的修改与完善"课题组起草的《中华人民共和国〈民事诉讼法〉（修改建议稿第三稿）》也作了相似的规定，该稿第 270 条规定："起诉后当事人不得就同一诉讼标的再行提起诉讼。"

（二）最高司法机关的态度

在"一事不再理"问题上，最高人民法院民事审判第一庭对于法律关系的变更可否提起新的诉讼前后持有着截然不同的态度。

1. 否定的态度

法（经）发（1989）12 号《全国沿海地区涉外涉港澳经济审判工作座谈会纪要》认为："当事人不得就同一法律事实或法律行为，分别以不同的诉因提起两个诉讼。"根据这个规定，当事人不得就同一案件事实先后以二个不同的法律关系分别起诉。

2. 默许的态度

《最高人民法院关于在经济审判工作中严格执行〈中华人民共和国民事诉讼法〉的若干规定》（法发〔1994〕29 号）第 2 条规定："当事人基于同一法律关系或者同一法律事实而发生纠纷，以不同诉讼请求分别向有管辖权的不同法院起诉的，后立案的法院在得知有关法院先立案的情况后，应当在七日内裁定将案件移送先立案的法院合并审理。"由此可知，法院对当事人因同一法律事实引发的不同法律关系下的不同诉讼请求均可立案受理，只是须将后诉移送而使两诉合并审理。

3. 肯定的态度

在 2001 年出台《证据规定》之后，最高人民法院民事审判第一庭在相关解释中指出，如果在一个企业经营案件中，甲将借贷法律关系错误地认定为合伙投资法律关系，并据此提起诉讼，则其自然无法赢得诉讼。但是，甲可以通过法院的指导，改变诉讼请求，不要求自己可以享有合伙人的权益，而是要求收回自己的贷款，则可以获得法院的支持。于此案中，"通过法院的指导，避免了甲要打两个官司，才能要回投资款的诉累，提高了诉讼效率。"① 最高人民法院民事审判第一庭的态度，实际上默认了甲如果坚持以合伙投资法律关系起诉败诉后，仍然可以就同一案件事实以借款法律关系提起新的诉讼。

此外，最高人民法院民事审判第一庭编著的《最高人民法院〈关于人身损害赔偿案件适用法律若干问题的解释〉的理解与适用》一书中则解释

---

① 最高人民法院民事审判第一庭：《民事诉讼证据司法解释的理解与适用》，中国法制出版社，2002，第 203 页。

道："一事不再理"中的"一事"，是指前后两个诉讼必须为同一事件，才受"一事不再理"的限制。所谓同一事件，是指同一当事人，基于同一法律（同一事实）而提出的同一诉讼请求。同一当事人并不限于在前后两个诉讼中同处于原告或者被告的诉讼地位，原告不得另行起诉，被告同样不得另行起诉；同一法律关系，指产生当事人争议的诉讼标的的法律关系（法律事实）；同一请求是指当事人要求法院作的判决内容相同。以上三个条件必须同时具备才能称之为同一事件，若三个条件有一个不同，就不是同一事件。

2015 年 2 月 4 日开始施行的最高人民法院关于《中华人民共和国民事诉讼法》的解释，在第 247 条中对重复起诉做了专门性的规定。依据该解释第 247 条，当事人就已经提起诉讼的事项在诉讼过程中或者裁判生效后再次起诉，同时符合下列条件的，构成重复起诉：（一）后诉与前诉的当事人相同；（二）后诉与前诉的诉讼标的相同；（三）后诉与前诉的诉讼请求相同，或者后诉的诉讼请求实质上否定前诉裁判结果。依据该条规定前诉和后诉是否构成重复起诉的关键在于"三相同"和"一否定"的标准。相对以前的民事诉讼规定而言，之前立法中的一事不再理原则模糊性程度较高，新司法解释中关于重复起诉的定义，在清晰度方面有了较大的进步。但是在实践中，对于这"三相同"和"一否定"的标准的操作仍然存在着诸多模糊之处，并且还有第 247 条之外的其他因素也在影响着法官对重复起诉的判定心理，有必要对作为司法解释的该条款作进一步地实践性解释。①

以 2015 年民诉法解释前后为界限，对一事不再理的实际运行情况作实际考察，可获得该原则在实际中的运行概貌。

二　2015 年之前的民事审判实践

（一）"一事不再理"与当事人的变化

1. 当事人的变化不导致"一事不再理"的情形

案型一②：上海华虹公司与港富公司签订一份买卖合同，约定由华虹

---

① 张卫平：《重复诉讼规制研究：兼论"一事不再理"》，《中国法学》2015 年第 2 期，第 43～65 页。

② 钟明：《货损索赔未获足额赔偿的部分能否继续追偿》，2018。中国法院网，http：//www.chinacourt.org/article/detail/2004/04/id/114200.shtml。

公司向港富公司购买一套冷冻机组。原告中国某保险公司就该批货物向港富公司签发了保险单。2001 年 5 月 14 日，被告上海集装箱运输公司的驾驶员许某驾驶集装箱卡车将承载该货物的一只集装箱撞坏，箱内价值为 300150 美元的冷冻机严重受损。经鉴定该货物可推定为全损。原告向华虹公司赔付 289375 美元后取得代位求偿权。

2002 年 4 月 1 日，船务公司依据提单背面的责任限制条款向原告协商赔付 39662.64 美元，并取得原告出具的责任解除书。原告虽然依据运输合同向承运人（船务公司）主张了权利，但因承运人的责任限制，实际上只取得了部分赔偿。因此，原告就其未受完全赔偿的一部分损失，向承运人之外的造成货损的侵权人（本案被告）再行索赔，提起新的诉讼。但本案被告认为原告的起诉构成了重复诉讼。

上海海事法院经审理认为，因为本案中违约责任与侵权责任的承担者不是同一主体，我国审判实践又不采纳事实竞合的观点，[①] 且承运人（违约人）和事故责任人（侵权行为人）所赔偿的损失也没有重叠。所以，原告的诉请并不构成重复诉讼。被告引用《合同法》第 122 条的规定，辩称原告在行使违约赔偿请求权后无权再以侵权赔偿请求权提起诉讼。但《合同法》第 122 条有关责任竞合的规定仅适用于义务人为同一人的情形。本案中义务方分属两人，并不符合责任竞合的构成条件。

2. 当事人的变化仍然适用"一事不再理"的情形

在《最高人民法院关于适用〈中华人民共和国公司法〉若干问题的规定（二）》中，第 6 条规定：人民法院关于解散公司诉讼作出的判决，对公司全体股东具有法律约束力。人民法院判决驳回解散公司诉讼请求后，提起该诉讼的股东或者其他股东又以同一事实和理由提起解散公司诉讼的，人民法院不予受理。根据该条规定，在解散公司的诉讼中，当事人的变化仍然会构成重复诉讼，可以适用"一事不再理"原则。本条的规定，实际上是对既判力主观范围的扩大。

最高人民法院民二庭负责人，就该条在答记者问时作出了进一步的解释："人民法院就是否解散公司作出的生效判决对参加诉讼的当事人和未参加诉讼的公司其他股东具有当然的既判力，其基础还是源于解散公司之

---

① 事实竞合论认为，只要是基于同一具体事件引发的诉讼，即便被告不同，也构成重复诉讼。

诉系有关公司组织的诉讼本质。判决驳回原告股东（解散公司）的诉讼请求的，因人民法院对原告据以提起解散公司的具体事实和理由已经作出了生效判决，在其据以主张解散公司的事实和理由不能得到法院支持的情况下，根据'一事不再理'的原则，提起该诉讼的股东和公司的其他股东不能再以相同的事实和理由向人民法院提起诉讼请求解散公司。"①

3. "一事不再理"与当事人变化的关系解析

就前述两种情形而言，第一种情形下的判决是司法实践中的常态现象，第二种情形，则可以视为一种特殊性规定。最高人民法院关于公司法司法解释第六条的规定，完全是出于诉讼经济角度的考虑。严格来说，即便是在某一股东提出解散公司的诉讼请求被驳回的情形下，法院对于其他股东的诉讼请求，也应遵照《民事诉讼法》第53条关于共同诉讼的规定来加以处理。第53条规定：当事人一方或者双方为二人以上，其诉讼标的是共同的，或者诉讼标的是同一种类、人民法院认为可以合并审理并经当事人同意的，为共同诉讼。共同诉讼的一方当事人对诉讼标的有共同权利义务的，其中一人的诉讼行为经其他共同诉讼人承认，对其他共同诉讼人发生效力；对诉讼标的没有共同权利义务的，其中一人的诉讼行为对其他共同诉讼人不发生效力。根据该条的规定，法院应当受理其他股东提出的解散公司之诉讼，但可以驳回其诉讼请求。总体而言，在中国大陆的司法实践中，当事人的变化一般不会导致"一事不再理"原则的适用。

（二）"一事不再理"与案件事实的变化

1. 判决后出现的持续性违约事实成为新诉的基础

案型二②：原告宁波新欣鸿润工贸有限公司与被告浙江大经建设股份有限公司订立有建设工程施工合同一份。双方因工程逾期的责任承担发生争议，原告于2004年4月11日向宁波市中级人民法院提起诉讼，经宁波市中级人民法院一审和浙江省高级人民法院二审，终审判决判令被告继续履行施工义务并支付违约金19.2万元。但判决后被告未按期竣工，经法院强制执行，被告仍拒不履行。原告无奈遂委托其他施工单位施工。竣工

---

① 刘岚：《规范审理公司解散和清算案件——最高人民法院民二庭负责人答本报记者问》，《人民法院报》2008年5月20日。

② 周兴宥、郭敬波：《对不同阶段分诉不违反"一事不再理"原则》，《人民法院报》2008年3月21日。

后，原告就被告的工程逾期所造成的重大的经济损失再次提起诉讼。被告抗辩认为本案违反了"一事不再理"原则。

宁波市中级人民法院经审理认为，在原告与被告的两起诉讼中，第一案的事实是被告在原告起诉前迟延履行约定义务，第二案的事实是被告在原告起诉以及法院判决后仍迟延履行相关义务。被告的迟延履行虽然一直在持续状态之中，但由于原告的第一次诉讼而将这种持续状态分割开来，形成两个不同的阶段。建设工程施工合同中发包人就已经履行部分争议起诉追究承包人违约责任后，不影响其就继续履行合同过程中发生的争议主张违约责任并赔偿经济损失。法院受理也不违反"一事不再理"原则。

2. 判决前后案件事实的变化成为提起新诉的基础

案型三①：某对外贸易开发中心与某经济实业公司签订了一份租房协议书。协议书约定：开发中心将自己所有的厂房 14 间租给实业公司使用，期限四年。协议同时约定，实业公司在租赁期间，若开发中心因业务扩大，需自用出租房时，开发中心有权终止合同。该协议履行两年后，开发中心欲成立一食品加工厂，便以此为由要求提前终止双方的租赁关系。经协商未果，开发中心诉至法院，法院以开发中心仅有可行性研究报告，没有有关部门同意设厂的批文为由，驳回了开发中心的诉讼请求。不久，开发中心的可行性报告得到有关部门的同意批复，并申领了营业执照，购进了设备。为尽快解决厂房问题，开发中心又以有了新的事实和证据为由，向法院提起诉讼，要求终止与实业公司的租房协议，收回出租的房屋。实业公司辩称，开发中心的诉讼请求被依法驳回后，既未上诉，又未要求再审，现又以同一理由向原审法院起诉，构成了重复诉讼。

法官认为，此案原告两次起诉的根据都是同一个附解除条件的租房协议。但是，原告第一次起诉时的事实基础是办厂的可行性研究报告。而所谓的可行性研究报告，仅是一种单方意见表示，其前景是两可的，显然和租房协议所附的解除条件缺乏必然联系，并未达到所需解除租房协议的程度。但是，双方约定的解除条件本身就是一个动态的过程，在第二次起诉时，原告的事实基础发生了变化。在事实基础已经变化的情况下，法院就不能以原判决已发生法律效力为理由，不受理原告的再次起诉。

---

① 郑秋红：《此案法院是否应予立案受理》，2008，中国法院网，http://www.chinacourt.org。

3. 判决后发现的新的证据不能成为提起新诉的事实基础

案型四①：2002 年 11 月 16 日，原告向法院提起诉讼，请求判令被告赔偿原告的工程款、违约金等经济损失。宁陕县人民法院经审理做出了 (2003) 宁民初字第 87 号民事判决，认为，双方签订的施工合同有效，被告应按照协议返还原告承包费、赔偿经济损失，原告所做的工程决算虽为被告所确认，但协议给付主体不明，原告要求被告给付工程款的请求不予支持。2006 年 11 月 15 日，原告以有新的证据为由，向法院提起诉讼，请求判令被告给付工程款。一审法院认为，在本次诉讼中，原告又提供了新的证据，证明了被告已与工程建设方就涉案工程进行了验收结算。据此判决支持了原告的诉讼请求。宣判后，被告不服原审判决，上诉提出原审判决违反了"一事不再理"原则。

作为二审的安康市中级人民法院认为，本案所涉纠纷已经宁陕县人民法院作出 (2003) 宁民初字第 87 号民事判决，该判决业已生效。因此，原告不得基于同一法律关系，就同一事实和理由向法院再次起诉。即使当事人有新的证据足以推翻原判决，也应依据《民事诉讼法》第 179 条的规定申请再审，而不应重新立案。一审法院的受理与判决违背了"一事不再理"原则，应予纠正。

4. 双方就判决书内容所自行达成的和解协议不构成新的案件事实

案型五②：张锦修于 2001 年 10 月 13 日借张大中现金 47000 元，并约定月利息 469.53 元。2003 年 2 月 15 日，张大中向人民法院起诉要求张锦修归还借款。在 (2003) 泗法民初字第 411 号民事判决中，法院判令被告张锦修偿还原告张大中借款 47000 元及利息。判决生效后，张大中与张锦修达成还款协议，约定张锦修于协议之日先行偿还 33216 元（含诉讼费用）；余款 20000 元于 2003 年 12 月 31 日前付清。但事后张锦修未如期归还余款 20000 元，张大中亦未在法定期限内申请法院强制执行。2004 年 7 月 20 日张大中以张锦修未归还借款 20000 元为由向泗阳县人民法院起诉。

法院认为，原告张大中与被告张锦修之间的借款纠纷业经审理并作出判决。判决生效后双方自愿达成的还款协议，应自觉履行，在被告不履行

---

① 周红梅：《本案是否违反"一事不再理"原则》，2008，http：//www.akfy.org.cn/Article/Class6/Class39/200808/641.html。

② 刘向远：《本案是重复起诉还是新的诉讼》，2015，中国法院网，http：//www.chinacourt.org。

时，原告应在申请执行期限内申请人民法院强制执行原判决。原、被告达成的和解协议是双方当事人在履行数额、履行方式上达成的合意，是当事人行使处分权的体现。本案中张大中同意张锦修宽限于判决所确定的履行期限而分期履行，是对自己期限利益、履行利益的处分，属于部分权利的放弃。原、被告间还款协议没有超出判决所确认的双方当事人的权利义务范围，故还款协议与原始的权利义务关系仍属一事。张大中就原来债权债务的事项提起诉讼，属于重复起诉。据此泗阳县人民法院于 2004 年 8 月 9 日作出裁定，驳回原告张大中的起诉。

5. "一事不再理"与案件事实关系的解析

通过上述四个案件的法院判决，可以看出，在中国的司法实践中，案件事实的变化一般会导致诉讼标的的不统一，不能够适用"一事不再理"原则。如果出现了持续性的违约或者持续性的侵权事实，当事人可以就判决之后所发生的违约或者侵权事实提起新的诉讼；如果是同一个案件，但判决前后的案件事实发生了显著的变化，当事人也可以就新出现的案件事实提起新的诉讼。作为特殊情况应当加以考虑的是：其一，如果当事人在前诉讼中由于证据的不足败诉，则其在判决生效后所发现的新的证据，不能够视为新的案件事实，仅构成提起再审的事由；其二，如果当事人双方就判决书的内容自行达成了和解协议，则该和解协议也不能够视为新的案件事实，当事人也不能就该和解协议的执行与否提起新的诉讼。

（三）"一事不再理"与诉之声明的变化

实务中，当事人若基于相同的案件事实和法律关系，提起不同的诉之声明，法院的态度并不一致。

1. 诉之声明的不同不构成新诉基础的情形

案型六①：2002 年 8 月，甲供给乙石灰 190 吨，价款 49550 元。后乙陆续给付甲部分价款。同年 10 月 22 日，甲起诉要求乙给付尚欠的价款 34500 元，乙对其已给付甲价款 15000 元，尚欠 34500 元无异议。双方经法院主持调解，自愿达成还款协议。但是，2003 年 8 月 6 日，乙以其实际还款 19500 元，调解时遗漏 4500 元为由，起诉要求甲返还 4500 元。

---

① 李克才、黄永玲：《调解时遗漏款项能否起诉返还》，2016，中国法院网，http://www.chinacourt.org。

对于此案，有法官认为，根据"一事不再理"原则，应当驳回乙的起诉。理由是：甲、乙之间的石灰买卖关系已经法院处理，双方自愿达成调解协议，并按协议履行了义务，对已经处理过的同一事件人民法院不能重复受理。

2. 诉之声明的不同构成新诉基础的情形

案型七①：2005 年 5 月 25 日，鲲鹏公司在山东省威海市中级人民法院起诉西港公司，请求确认双方签订的《房地产开发合作合同》有效，并要求西港公司办理合作项目的开工手续及缴纳相应费用。山东省高级人民法院就此案作出了（2005）鲁民一初字第 5 号民事判决。2005 年 7 月 25 日，鲲鹏公司向一审法院提起另一诉讼，请求西港公司按照双方的《房地产开发合作合同》交付土地使用权。鲲鹏公司于 2005 年 8 月 24 日举证期限届满前向一审法院提出《追加被告、变更诉讼请求申请书》，申请将第三人重点建设公司变更为被告，并请求判令西港公司与重点建设公司之间的《合作协议书》无效，由西港公司与重点建设公司承担连带赔偿责任。山东省高级人民法院（2005）鲁民一初字第 8 号民事裁定，认为鲲鹏公司构成重复起诉，驳回鲲鹏公司对西港公司、重点建设公司的起诉。鲲鹏公司就此裁定上诉至最高人民法院。

最高人民法院认为，本案是否构成重复起诉，应当结合当事人诉讼请求的依据及行使处分权的具体情况进行综合判断。鲲鹏公司在 2005 年 8 月 24 日《追加被告、变更诉讼请求申请书》中，已将重点建设公司变更为被告，故本案与第 5 号民事案件的当事人并不相同。鲲鹏公司在第 5 号民事案件中的诉讼请求为确认之诉与给付之诉的合并之诉，但该案诉讼请求中的给付内容与本案鲲鹏公司于 2005 年 7 月 25 日提起的给付之诉的内容并不相同，鲲鹏公司在第 5 号民事案件中的诉讼请求不能涵盖本案中鲲鹏公司的诉讼请求。且鲲鹏公司在《追加被告、变更诉讼请求申请书》中，已将本案诉讼请求变更为"请求判令西港公司与重点建设公司之间的《合作协议书》无效，并由西港公司与重点建设公司承担连带赔偿责任"，故本案与第 5 号民事案件诉讼请求亦不相同。一审裁定认为鲲鹏公司的起诉违反了"一事不再理"的原则，属适用法律错误，应予纠正。

① "威海鲲鹏投资有限公司与威海西港房地产开发有限公司、山东省重点建设实业有限公司土地使用权纠纷管辖权异议案"，《最高人民法院民事裁定书（2005）民一终字第 86 号》。北大法宝，http://www.pkulaw.cn/。

3. "一事不再理"原则与诉之声明关系的解析

通过前述两个案例可以看出，在诉之声明的不同是否会导致诉讼标的不同的问题上，法院并没有一个统一的做法。实际上，是否允许当事人就同一案件事实的不同诉之声明提出不同的诉讼，必须注意两个不同价值判断的衡量，即在处分权主义和诉讼经济原则之间作出一定的取舍。若允许当事人奉行无限制的处分权主义，则其可能出于一些非法目的，有违诚信地肆意分割诉之声明，将一个诉拆分为多个诉，使得处分权主义价值尽失、一文不值。若是出于诉讼经济原则的考量，则应当尽可能地防止当事人对诉之声明的分割，从而实现纷争的一次性解决。

（四）"一事不再理"与法律关系的变化

1. 就同一案件事实不得先主张违约后主张侵权法律关系

案型八[①]：浙江大学女学生吴晶晶乘坐车主倪德华经营的出租车，途中和车主所雇佣司机勾海峰（已执行死刑）发生争执，不幸被勾海峰杀害。后吴晶晶的父母于 2005 年 2 月 22 日向杭州市中级人民法院提起侵权之诉，要求倪德华赔偿各项损失共计 66 万余元，该案经二级法院审理被依法判决驳回诉讼请求，且已生效。一审法院在判决里明确提及，合同违约不属侵权之诉的审理范畴。此后，吴的父母于同年 8 月 15 日，以客运服务合同纠纷为由，再次向车主倪德华提出 43 万余元的民事索赔。杭州下城区法院的民事裁定认为，起诉人又依同一事实再次起诉，属于重复起诉，不符合法院受理民事案件的条件，依法应当不予受理。

2. 就同一案件事实不得先主张违约后主张不当得利法律关系

案型九[②]：中国人民解放军 95418 部队因与曲靖市神农商贸有限公司租赁合同纠纷一案，请求法院判令神农公司偿付 2003 年 1 月以后继续占用该部队出租房所得房租收益 49 万元。经曲靖市中级人民法院审理认为，95418 部队与神农公司于 2003 年 4 月解除合同，因此，只支持 2003 年 1～3 月租金共计 12.3 万元。对 2003 年 4 月后的争议金额，曲靖中院没有给予支持，95418 部队也未就此提出上诉。但是，事后 95418 部队又就该未

---

① 闫斌：《浙大漂亮女生乘出租遇害续：家属向车主索赔败诉》，2008，http：//news. luan-info. com/2006 - 08 - 24/21515. html，2008 - 10 - 09。

② 《云南省高级人民法院民事裁定书（2008）云高民一终字第 179 号》。北大法宝，http：//www. pkulaw. cn/。

受保护的部分以神农公司不当得利 368482 元为由提起诉讼。云南省高级人民法院终审裁定该诉讼属于重复诉讼，驳回上诉。

从前文的介绍中可知，就同一案件事实下的不同法律关系能否分别起诉的问题，最高司法机关的态度前后发生了巨大的变化，但从前述两个案件的法院裁定来看，地方的各级人民法院并没有严格按照最高人民法院所解释的"一事不再理"原则来受理案件。

（五）评析

1. 没有统一适用的"一事不再理"原则

在前文中，通过对当事人、案件事实、诉之声明和法律关系的四个要素变化的考察，可以发现，就当事人的变化和案件事实的变化这二个要素而言，各级人民法院的处理方法甚是一致，均认为可以适用"一事不再理"原则。但是，就诉之声明的变化和法律关系的变化是否会影响到前诉与后诉诉讼标的的同一性问题，各级人民法院的认识不统一，甚至会出现完全相左的判决或裁定。因此，从总体上来看，我国大陆的法院至今尚未就"一事不再理"原则的适用达成统一的认识。

2. 最高人民法院关于"一事不再理"原则的解释没能得到彻底贯彻

在审判实务中，我国有相当一部分地方各级人民法院并不拘泥于以法律关系来确定民事案件的审判对象范围。尽管最高人民法院认为法律关系的变更会导致诉讼标的的变更，可以适用"一事不再理"原则，但最高人民法院的这一观点既没有形成司法解释，又没有被各级地方人民法院所完全接受。与之相比较，至少有相当一部分地方各级人民法院更加认同的是，只有那些可以同时包含若干个法律关系的案件事实的变化，才会导致前后两诉诉讼标的的不统一，才可以适用"一事不再理"原则。

3. "一事"概念的生活化

在我国民事诉讼法的理论研究和实践探讨中，对于"一事不再理"原则中"一事"的解释可谓众说纷纭。在审判实践中，一个普遍的共识是，当事人的变化和案件事实的变化方能构成此事和彼事的区别。所谓当事人的变化会导致诉讼标的的不同一，这早已是大陆法系和英美法系民诉法学界所广为接受的观点。严格来说，当事人的变化本身就属于案件事实变化的一种情形。而关于案件事实的变化会引起诉讼标的不同一的观点，在我国实务界中并无太大的分歧。总体而言，我国有相当大部分法官所理解的

"一事"，是一个更为生活化的概念，其通常将"一事"理解为同一纠纷，而不是同一法律关系。唯有如此，方能合理地解释为何各级人民法院会一致认为案件事实的变动会引起诉讼标的的不同一。

三　2015 年之后的民事审判实践

（一）"一事"中后诉与前诉当事人相同之界定

关于前诉与后诉当事人相同的问题，在实践当中比较没有争议的是两种情况：前诉与后诉的当事人完全相同；前诉与后诉的当事人相同，但是身份发生了置换，比如前诉的原告变成了后诉的被告。较有疑问的是在前诉发生之后，一些当事人的权利义务部分或者全部的转移给了第三方，该第三方又提起了新的诉讼。此时是否能够认定，该第三方作为权利义务的继承（受）方也符合当事人相同规定的标准。

案型一：名称的差异不能推导出当事人的不同。

有判决中①，二审法院认为，前诉"长江生态科学院"与后诉"武汉长江生态科学院"是否为同一主体原审并未查清，这影响了对两案是否属于同一诉讼即"一案两审"的判断，故原审裁定错误。此类案件中，核对两个名词有细微差异的企业是否具有同一性，实属当然。但在 2015 年之前的其他判决中，如前诉离婚纠纷中已就夫妻关系存续期间对外债务已经明确判决，后诉借贷纠纷中债权人对夫妻中某一方提起的清偿诉讼应当视为当事人形式上不同，但实质上具有同一性。看起来的确是不同当事人，但事实上后诉的诉讼目的已经完全为前诉所覆盖。② 该案中法院先后就同一事项作出了两份不同的判决书，实在难谓妥当。实务中应当警惕当事人不同但诉讼目的相同案件的高度重复性。

案型二：权利义务的继受主体被视为相同的当事人。

有判决中③，法院认为，上诉人就更名前和更名后的同一公司分别提

① "武汉无为投资管理有限公司与吴祖发借款合同纠纷案"，《湖北省武汉市中级人民法院民事裁定书（2016）鄂 01 民终 4397 号》。北大法宝，http://www.pkulaw.cn/。

② 梁开斌：《案件事实说与中国民事审判实践》，《厦门大学法律评论》2008 年第 12 期，第 277 页。

③ "黄牛仔与梁社荣农业承包合同纠纷案"，《广东省珠海市中级人民法院民事裁定书（2016）粤 04 民终 1622 号》。北大法宝，http://www.pkulaw.cn/。

起诉讼，构成了当事人相同。此类案件中，法院所持有的态度可不局限于公司的更名，还可扩展至公司的分立合并、自然人死亡后的财产继承人。

案型三：普通使用许可合同的被许可人被视为相同当事人。

有判决中①，法院认为，前诉案件双方当事人为农资公司与玉努司·阿吉，后诉双方当事人为农资公司与农洋洋公司。虽然两个案件的原告并不相同，但后诉原告因得到前诉原告的授权，作为5093007号注册商标的普通被许可人以利害关系人的身份提起本案诉讼。亦即，后诉原告通过授权的方式产生了诉讼担当，实际是前诉原告的任意诉讼担当人，两者间是具有"同一性"的当事人，故前诉与本案之诉的当事人实质相同，均需承受作为诉讼结果的判决的既判力约束。此类案件中，人民法院将诉讼担当作为判定当事人是否相同的一个桥梁性工具，殊值注意。

案型四：代位权诉讼中代位权人不被视为相同当事人。

有系列案件中②，前诉是债权人和债务人的诉讼，后诉是代位权人对同一债务人的诉讼，法院认为，两案的当事人不相同，不构成重复诉讼。与前述案型三有所区别的是，同样是诉讼担当，人民法院认为作为代位权人参与的后诉和前诉的当事人并不相同。

从上述四个类型的案件中可以看出，案型一彰显的是法人名称必须完全相同的基本道理。案型二、三和四则要求我们对诉讼担当中当事人之间的关系做进一步的理解。所谓诉讼担当，可以分为法定的诉讼担当和任意的诉讼担当。学界一般认为，案型四中的债权人代位诉讼属于法定诉讼担当，案型三中的普通使用许可合同的被许可人诉讼则属于任意诉讼担当情形。从该两个案型中可以发现，法院对于代位权诉讼中的代位权人和普通使用许可合同中的被许可人诉讼，持有不同的当事人判断标准。究其因，在债权人代位诉讼中，债权人、债务人、次债务人之间形成了利益对立之

---

① 最高人民法院发布2015年中国法院50件典型知识产权案例之二十四："新疆农洋洋国际贸易有限公司与新疆农资（集团）有限责任公司侵害商标权纠纷上诉案"，《新疆维吾尔自治区高级人民法院民事裁定书（2015）新民三终字第16号》。北大法宝，http://www.pkulaw.cn/。

② "西安市鑫鸿泰物资有限公司与北京林河兴业房地产开发有限公司、被上诉人北京林河兴业房地产开发有限公司西安分公司、被上诉人浙江驰成建设有限公司、浙江驰成建设有限公司西安分公司债权人代位权纠纷案"，《陕西省高级人民法院民事判决书（2016）陕民终357号》。北大法宝，http://www.pkulaw.cn/。

三角关系。这种特殊的利害关系使债务人在诉讼中的地位具有一定的特殊性。[1] 例如，诉讼担当人进行诉讼所获判决对被担当人生效，而代位债权人对次债务人提起诉讼请求败诉，如果债务人也受其判决效力的作用，显为不公平。事实上，该债务人不应当受债权人败诉判决的约束，仍然能够对次债务人提出权利存在的主张。代位权人与被代位人在诉讼上的利害关系，是不能吸收或被代替的，而是存在着抵抗和对立。[2]

（二）"一事"中后诉与前诉的诉讼标的相同之界定

关于诉讼标的之概念，学界通说认为是指原告在诉的声明中所表明的具体的权利主张，或者是当事人之间发生争议并要求法院以裁判的形式予以解决的法律关系。[3] 根据笔者的调研，实务界对于诉讼标的之概念，有相当一部分法官处于模糊不清的状态，但在高级以上的人民法院，均有共识，持法律关系说。因此，理论与实务界对于诉讼标的之共识，是认为当事人之间所争议的法律关系即诉讼标的。

虽然法律关系说的位置是如此的牢固，但在具体使用中，仍是不无争议，焦点集中于对法律关系究竟应该是持抽象的法律关系观抑或是具体的法律关系观，以及如果是具体的法律关系观，那么应该具体到什么样的程度？

案型五：同一事实同一诉讼目的下不同法律关系主张的困惑。

当事人就同一法律事实或行为，基于同一诉讼目的提请法院裁决的系争法律关系发生变化时，是否会形成新诉？对此问题的回答，审判实践不尽统一。

有不当得利纠纷判决中[4]，法院认为，原告向被告的银行账户分两次转账共计 40000 元，原告曾以民间借贷纠纷诉至法院要求返还借款，被生效判决以证据不足为由驳回，案涉的 4 万元并未作出实体处理，现原告以不当得利纠纷起诉，与民间借贷纠纷不属于同一法律关系，且后诉判决不

---

① 张晓茹：《再论诉讼担当——以担当人和被担当人在实体法和程序法上的关系为视角》，《法学杂志》2012 年第 2 期，第 90 页。

② 肖建华：《诉权与实体权利主体相分离的类型化分析》，《法学评论》2002 年第 1 期，第 145 页。

③ 齐树洁：《民事诉讼法》，中国人民大学出版社，2015，第 6 页。

④ "郭四清、朱华明因与被上诉人李晓云、谢卫民不当得利纠纷案"，《湖南省邵阳市中级人民法院民事判决书（2017）湘 05 民终 135 号》。北大法宝，http：//www.pkulaw.cn/。

会对争议标的物作出重复的实体处理，不属于重复诉讼，不违反"一事不再理"的原则。

与上述案例相比，2015 年之前的判决有的持相同态度，有的持相反态度。有判决中①，法院认为先以合伙协议纠纷诉诸法院，获得生效判决之后，又以不当得利再度起诉，法律关系前后并不一致。但事实上，两次诉讼当事人相同，诉讼目的相同，唯有所依据法律关系不同，这种不同并不能构成新诉。法院最终也以后诉违反"一事不再理"裁定驳回起诉。法院的这种做法在其他案件中也可得见，但也存在不少反例，即法院仅以当事人所依据的法律关系不同而认为是新诉讼之情形。譬如河南省郑州市中级人民法院审理的郑州市配套建设股份有限公司诉河南隆基建设有限公司建设工程施工合同纠纷案，广东省广州市中级人民法院审理的卢彩云与李湛溪财产权属纠纷上诉案。这种做法显然是以法律关系分割生活案件事实，不是让法律服务于生活，而是让生活服务于法律的形而上主义。

案型六：对同一法律关系下不同请求权保护要求的困惑。

有著作权纠纷中②，法院认为，前诉中原告指控的是抄袭，涉及侵害作品署名权、修改权、作品完整权等权能，后诉指控的是"擅自发表"，涉及侵害作品发表权。因此，"系针对同一法律事实分别以不同的诉因提起两个诉讼，构成重复起诉"。

前后诉事实上涉及不同的著作权权能，在最高人民法院颁发的《民事案件案由规定》中，也将这些权能分别归类，列属于不同的案由。在现有的民诉体系中，两案涉及不同的权能和不同的案由，法院将其认定为重复诉讼似有不妥。

最高人民法院 2013 年修订的《民事案件案由规定》，将所有的案由分为 43 类 424 个案由。从抽象的角度出发，将所有的案由全部分为 43 类也并无不可，这就是抽象的法律关系观，但这会在实践中造成大多数的案件出现诉讼标的相同的问题。最高人民法院因此进行了案由的细化，从相对

---

① 参见"陈永光与陈凤华系列纠纷案"（2011）海南一中民三终字第 38 号，北大法宝，http：//www. pkulaw. cn/。（2012）海南一中民三终字第 25 号，北大法宝，http：//www. pkulaw. cn/。

② 最高人民法院公布 2010 年中国法院知识产权司法保护 50 件典型案例之二十五："丁运长诉常照荣侵犯著作权纠纷上诉案"，《河南省高级人民法院民事判决书（2010）豫法民三终字第 46 号》。北大法宝，http：//www. pkulaw. cn/。

具体的角度来进行划分，分为 424 个案由，避免了大多数案件的诉讼标的混同。但是从 43 类到 424 个的细化努力，并不能完全避免，部分案件中诉讼标的之混同问题。

本案型涉及的两个不同案由，就被承审法院刻意回避，解释为"系针对同一法律事实分别以不同的诉因提起两个诉讼"。从避免重复诉讼的角度而言，承审法院的做法，在价值判断上没有任何问题。但是在逻辑推理方面，承审法院存在明显的问题，将两个完全不同的法律关系"迫不得已"视为同一个法律关系，显属削足适履。究其根本原因，将诉讼标的界定为法律关系，有着范围过窄的先天毛病。这种先天不足，并不能通过将 43 类细化到 424 个的后天努力来补足。要解决法院的这种逻辑困境，民诉法必须对诉讼标的中的案件事实要素作重新的认识，为其在重复起诉中寻找一个妥适的地位。案件事实是认定重复起诉中绕不过的一道坎，本书第五章将做详细论述。

案型七：给付之诉与确认之诉并不构成法律关系不同的理由。

有商标权侵权纠纷判决中[①]，法院认为，在前诉原告的确认不侵权之诉案件中，诉讼标的为双方当事人之间争议的商标权侵权法律关系；基于相同的事实，后诉中原告虽然提出给付之诉，但后诉争讼的法律关系仍为商标权侵权法律关系，与前诉案件的诉讼标的是相同的。应该指出的是，给付之诉与确认之诉中当事人的诉讼请求，可能有所不同，但其在本质上涉及的是同一法律关系，这点毋庸置疑。

（三）"一事"中后诉与前诉诉讼请求相同之界定

所谓后诉与前诉的诉讼请求相同，不可拘泥于形式，可从内容上相同或者实质上相同来加以判断，这正是最高人民法院不允许"后诉的诉讼请求实质上否定前诉裁判"的来由。

案型八：以案件事实判断诉讼请求额的异同。

---

① 最高人民法院发布 2015 年中国法院 50 件典型知识产权案例之二十四："新疆农洋洋国际贸易有限公司与新疆农资（集团）有限责任公司侵害商标权纠纷上诉案"，《新疆维吾尔自治区高级人民法院民事裁定书（2015）新民三终字第 16 号》。北大法宝，http：//www.pkulaw.cn/。

有买卖合同纠纷判决中①，原告认为诉讼标的额不同因此不构成重复诉讼，人民法院则认为，纠纷在前诉中已作出处理，该判决已生效并已实际履行，且当事人之间仅有一笔业务往来，后诉属于重复起诉。此案件，实质上是借助于案件事实判断前后诉的诉讼请求的同一性。这种做法在另一类似案件中②得到运用，法院认为，本诉与前诉的诉讼请求基本相同，都是刘影请求梧泰房地产公司停止侵害，排除妨碍，恢复原状及赔偿损失，刘影请求增加赔偿损失的数额实质上是否定前诉的裁判结果。案件事实可以告诉我们，同一种类诉讼请求的额度在前后诉中的变化往往是无关宏旨，但对于不同种类诉讼请求额度的变化则无甄别功能。例如，在一劳动争议案中③，法院认为，前诉诉讼请求为给付停工留薪期工资、一次性伤残就业补助。后诉中，同一原告就同一案件事实诉求赔偿一次性伤残补助金、鉴定费、一次性医疗补助金、伙食补助费等费用。两诉的诉讼请求并不重复。

上述案件中，法院对诉讼请求异同的判断无疑正确，相关案件的一大旨趣是，法院经常能借助于案件事实作为判断前后诉之间诉讼请求是否相同的依据。

案型九：以法律关系判断诉讼请求额的异同。

有财产损害赔偿纠纷案中④，法院认为，同一当事人之间前诉的相关金额之诉讼请求是建立于合伙关系纠纷之上，后诉的相关金额之诉讼请求是建立于不当得利纠纷之上，前后两诉的诉讼请求并不相同。又如，在一劳动争议纠纷申请案中⑤，法院认为，2004年1月1日以后，根据《工伤保险条例》第35条第1款第2项的规定，原向工伤职工发放的"伤残抚恤金"，名称变更为"伤残津贴"，两者名称不同，但属同一性质待遇，故认定后诉主张的"伤残津贴"与前诉所主张的"伤残抚恤金"，系同一工

---

① 《宁夏回族自治区中卫市中级人民法院民事裁定书（2016）宁05民终587号》。北大法宝，http://www.pkulaw.cn/。

② "刘影不动产登记纠纷裁定书案"，《吉林省吉林市中级人民法院民事裁定书（2016）吉02民终1640号》。北大法宝，http://www.pkulaw.cn/。

③ "杨占君与文安县鹏达板厂劳动争议案"，《河北省廊坊市中级人民法院民事裁定书（2016）冀10民终2871号》。北大法宝，http://www.pkulaw.cn/。

④ "郭永兵与李大鹏财产损害赔偿纠纷案"，《湖南省郴州市中级人民法院民事裁定书（2016）湘10民终1068号》。北大法宝，http://www.pkulaw.cn/。

⑤ "南士亮与新疆专用汽车有限责任公司劳动争议纠纷申请案"，《新疆维吾尔自治区高级人民法院民事裁定书（2016）新民申770号》。北大法宝，http://www.pkulaw.cn/。

伤保险待遇，两诉的诉讼请求相同。

在这两个案件中，法院借助了法律关系来判断不同诉讼请求额的真实异同情况。

案型十：诉讼标的物自身有明显判断标准。

有承包经营权纠纷案中①，法院认为，本案阮永和请求返还 3.34 亩土地中的 2.56 亩土地的起诉构成了重复诉讼，对该部分的起诉，应依法予以驳回。对于阮永和请求返还的余下 0.78 亩土地问题，因本案属土地承包经营权取得纠纷，人民法院应告知其向有关行政主管部门申请解决。

诉讼标的物和诉讼标的额有着不同的特征，诉讼标的额能够通过人为的计算方式进行随意操弄，而诉讼标的物是一种客观实在的物体，因此其自身的增减有着明显的判断，前诉与后诉是否相同也多可依据其自身而加以判定。

案型十一：同一争议标的之分割起诉被视为前后诉讼请求相同。

在一诉讼请求分割案中②，人民法院认为，信达湖北分公司滥用诉权拆分起诉的问题，因原债权人交行武汉分行及债权受让人信达湖北分公司均未表示自愿放弃对（2004）岸经初字第 477 号案件及（2004）武民商终字第 00273 号案件所确定债权之外涉案剩余债权的主张，且（2004）武民商终字第 00273 号民事判决已经判决中南公司与有色集团向信达湖北分公司偿还借款利息 1000 元，信达湖北分公司在本案中的诉求并不包括上述 1000 元的借款利息，故本案不属于重复起诉，而系信达湖北分公司合法行使诉权。

在 2015 年之前的案件中，人民法院对此类案件则有持不同态度者。有合同纠纷案中③，法院认为：尽管原告辩称本诉中之 98 万元标的额乃其整个诉讼标的额之另一部分，而非指前诉之 180 万元的诉讼标的额，故后诉

---

① "阮永和与阳江市江城区甲街乙村丙经济合作社、阮永祥土地承包经营权纠纷案"，《广东省阳江市中级人民法院民事裁定书（2016）粤 17 民终 641 号》。北大法宝，http://www.pkulaw.cn/。

② "中国有色金属工业贸易集团公司、中国信达资产管理股份有限公司湖北省分公司金融借款合同纠纷"，《湖北省高级人民法院民事判决书（2016）鄂民终 927 号》。北大法宝，http://www.pkulaw.cn/。

③ "杨善兵将合同标的切分再诉连云港金瑞房地产开发有限公司合同纠纷违反一事不再理原则被驳回起诉案"，《（2012）苏商申字第 256 号民事裁定》。北大法宝，http://www.pkulaw.cn/。

与前诉并不属于"一事",但一事不再理中之"一事",系指同一合同标的争议之整体,其对此不能分割开来提起若干次乃至无数次的诉讼,或者说其即使将同一争议标的分割起诉,法院只能认为其所争议之"事"已经诉讼处理,其也不能就所谓被切分之其他部分再行诉讼。

(四)"一事"中后诉与前诉案件事实相同之界定

在最高人民法院关于重复起诉的司法解释规定中,并未强调案件事实要素的重要性。但是,在大陆法系关于诉讼标的之学理或者实务认识上,普遍认为案件事实、诉之声明和法律关系是判定诉讼标的是否同一的三个关键点之一,无可回避。在我国的司法实践中,对于认定是否构成重复起诉,同样可以看到案件事实的重要性。

案型十二:对事实做形式上的修改不影响重复起诉的认定。

对案件事实的形式修改在重复起诉案件中极易发生,因此"案件事实一致"① 是排除前诉干扰的重要依据。在2015年之前的案件中,人民法院对此类案件基本持相同态度。有著作权纠纷案中②,法院认为,前诉判决涉及的《钴添加剂的掺杂方式对镍电极性能的影响》文与后诉的《钴的掺杂方式对镍电极性能的影响》均发表于同一期刊的相同页面,二者的差异仅仅表现为标题的不同,应当认定为同一作品。这些案件中反映出一种浅显易懂的道理,当事人无论是对事实做形式上的修改或者对诉讼标的额做人为的修改,以此来规避重复起诉的行为,均应得到规制。

案型十三:前诉讼争事实和因履行生效判决调解书而生的新事实不能等同。

有侵权责任纠纷案中③,法院认为,前诉的诉讼请求为在库产品的市场价值;前诉发生效力后,被告一直没搬走在库产品,因此,在后诉中,

---

① "韩金洪与长江师范学院、重庆市浩岳建筑工程有限公司建设工程施工合同纠纷案",《中华人民共和国最高人民法院民事裁定书(2015)民一终字第362号》。北大法宝,http://www.pkulaw.cn/。

② 最高人民法院公布2010年中国法院知识产权司法保护50件典型案例之二十五:"丁运长诉常照荣侵犯著作权纠纷上诉案",《河南省高级人民法院民事判决书(2010)豫法民三终字第46号》。北大法宝,http://www.pkulaw.cn/。

③ "深圳市而立创新五金有限公司与安防智能(中国)有限公司侵权责任纠纷案",《广东省深圳市中级人民法院民事裁定书(2016)粤03民终8252号》。北大法宝,http://www.pkulaw.cn/。

原告的诉讼请求为在库产品未搬走造成的场地占用费等经济损失。两案中的诉讼请求并不一致，后诉的诉讼请求亦未否定前诉判决结果。实务中，这种"案结事不了"的诉讼颇多①。人民法院对该两类事实是否构成重复起诉的判断，无疑正确，但是这种因诉生诉的新案件，是否有可以进一步压缩或者杜绝的空间，值得考虑。

案型十四：原有事实和因时间经过的新生事实不能等同。

有抚养纠纷案中②，法院认为，前诉是就安某乙 18 周岁以前的抚养费和 2014 年 4 月之前的医疗费承担事项达成协议；后诉是就安某乙 18 周岁以后的抚养费和 2014 年 4 月至 2016 年 1 月的医疗费起诉，两次诉讼不是同一事项和诉讼标的，不属于重复起诉。类似因时间经过而生的新诉讼请求，常见的还有专利许可使用费案件③。司法实践的处理方法和民诉法解释第 248 条的规定相一致。

案型十五：前诉身体治疗事实和后续治疗事实的判断。

有医疗服务合同纠纷案中④，法院认为，后诉的诉讼标的为后续治疗费用及护理费、交通费等费用，后诉所涉费用并未在前案中处理，不构成重复起诉，但是，在后诉处理的医疗服务合同纠纷的后续费用问题中，双方当事人对前诉中已经确定下来的责任比例提出上诉，违反民事诉讼既判力原则。法院类似的处理方法还可常见于交通事故责任纠纷案中⑤。

案型十六：前诉中的抗辩事实视为案件的基本事实。

---

① 具体可参见"裴向阳与长春水务集团城市排水有限责任公司诉房屋拆迁安置补偿合同纠纷案"，《吉林省长春市中级人民法院民事判决书 (2016) 吉 01 民终 1429 号》。北大法宝，http：//www. pkulaw. cn/。

"南京江宁科学园蓝天房地产开发有限公司与费玉林商品房预售合同纠纷案"，《江苏省南京市中级人民法院民事裁定书 (2016) 苏 01 民终 4937 号》。北大法宝，http：//www. pkulaw. cn/。

② "上诉人安某甲与被上诉人安某乙抚养纠纷案"，《河南省郑州市中级人民法院民事判决书 (2016) 豫 01 民终 6140 号》。北大法宝，http：//www. pkulaw. cn/。

③ "孟庆云与香河县气管炎哮喘医院专利合同纠纷案"，《河北省高级人民法院民事判决书 (2016) 冀民终 333 号》。北大法宝，http：//www. pkulaw. cn/。

④ "周某与南通大学附属医院医疗服务合同纠纷案"，《江苏省南通市中级人民法院民事判决书 (2016) 苏 06 民终 1120 号》。北大法宝，http：//www. pkulaw. cn/。

⑤ "叶改菊与田旭美、陶伟民机动车交通事故责任纠纷复查与审判监督案"，《河南省漯河市中级人民法院民事裁定书 (2016) 豫 11 民申 48 号》。北大法宝，http：//www. pkulaw. cn/。

有承揽合同纠纷案中①，法院认为，在前诉中，被告主张瓜菜大棚质量不符合同约定，相对方应当重作并赔偿其造成的经济损失，虽然该主张没有作为反诉提出，但是已经作为答辩和抗辩理由提出，最终被前诉承审法院认为抗辩理由不能成立。在后诉中该同一当事人就相同的抗辩理由作为依据提起诉讼，违反了"一事不再理"的民事诉讼原则，系重复起诉。

案型十七：同一法律关系系属下的不同事实视为一个整体。

有房屋租赁合同纠纷案中②，法院认为，前诉中原告是以"阻扰使用租赁房屋并要求其腾房的行为"构成违约并要求赔偿损失，后诉中原告是以"解除合同行为"构成违约并要求赔偿损失。前后诉中原告追究的行为内容，实际上是同一违约行为下的不同部分的事实。实际上，就同一被告解除合同行为是否构成违约的问题，已经前诉判决，法院据此认定本案系"一事不再理"。

案型十八：后诉使用的新证据与"一事"之判断。

基于诉讼对证据的倚赖，现实中由于起诉时证据不足而未能完全实现其诉讼目的的当事人，往往会在获得新证据之后重新诉诸法院。此时，由于后诉出现的新证据，法院就必须判断后诉是否和前诉重复。

在一医疗损害责任纠纷案中③，前诉为原告因被告违规医疗行为导致双腿严重受损而起诉要求被告赔偿各项损失，但因司法鉴定所出具暂无评残依据的错误鉴定致使原告合法权益在前诉中未得到充分的保护。后诉中原告经司法鉴定所重新鉴定为伤残等级十级而再次起诉被告。后诉二审法院认为原告虽提供了构成十级伤残的新证据，但其诉讼请求实质上否定了前诉的裁判结果，且此次诉讼的当事人和诉讼标的亦与前诉相同，构成重复起诉。

与该案件相比较，2015 年民诉法司法解释第 247 条出台前的同类案件处理方式则颇为不同。在一合同纠纷案中④，前诉原告基于承揽合同要求

---

① "昌江昌缘生态农业专业合作社与赵大伟承揽合同纠纷复查与审判监督案"，《海南省高级人民法院民事裁定书（2016）琼民申 245 号》。北大法宝，http：//www. pkulaw. cn/。

② "叶建平与杨汉英房屋租赁合同纠纷案"，《湖北省武汉市中级人民法院民事判决书（2016）鄂 01 民终 2059 号》。北大法宝，http：//www. pkulaw. cn/。

③ "陈海兵医疗损害责任纠纷案"，《湖北省高级人民法院（2017）鄂 07 民终 495 号》。北大法宝，http：//www. pkulaw. cn/。

④ 《北京市第二中级人民法院审理的北京中建二局装饰工程有限公司与北京凌飞空间钢结构工程有限公司承揽合同纠纷上诉案（2012）二中民终字第 02539 号》。北大法宝，ht-tp：//www. pkulaw. cn/。

被告支付工程款，但无法证明承揽合同的存在，后诉中原告提供了新证据，证明存在承揽合同。法院以此新证据为由，重新审理了此案并做出判决。显然，法院认为新出现的证据使得后诉有别于前诉而构成新诉。

法院这种以新证据出现而认为构成新诉的做法，事实上违反了"一事不再理"原则。毕竟，法院已经就此当事人之间基于同一事实，依据同一法律关系提出的诉讼做出了生效判决。此生效判决的既判力应得到如同真理一般的尊重。如果当事人一方重新获得证据且足以推翻原审裁判，则应该依据《民事诉讼法》第 200 条申请再审。但应注意的是，此处所谓的新证据，仅限于前诉时由于当事人证据收集能力不足而未能收集到，但事实上已经存在的证据，不包括前诉时根本不存在而后诉时由于客观情形变化出现的新证据。后者应该归为案件事实发生了变化，而非出现了新证据。案件事实一旦发生变化，基本上可以认为产生新诉。

（五）评析

自 2015 年的民诉法司法解释第 247 条在实践中的运行观察而言，可发现该条款貌似明确，但实务中常存有捉襟见肘之形，主要原因仍然是在于"一事"判断中对案件事实要素重要性的忽略。

实践中，无论是求诸当事人、法律关系或者诉讼请求中的哪个要素，都无法杜绝实质上的"一事"的重复诉讼，案结事不了。作为"一事不再理"原则的半壁江山，诉讼系属原本应该是民事诉讼理论中的一块重要基石，却由于种种原因而为中国的民事诉讼理论和立法所轻慢。虽然司法解释中的具体条款①于一定程度上规范了诉讼系属，但理论和立法的轻慢仍直接致使民事审判实践中诉讼系属含糊不明。无论是 2015 年前后民诉法司法解释发生了何种变化，目前均无法妥善处理诸如惠尔康商标专用权纠纷系列案之类的关联诉讼。

惠尔康商标专用权纠纷，这是一场规模宏大的关联诉讼。厦门惠尔康公司成立在先，使用"惠尔康"作为产品标识在先，却未及时注册。待其声名鹊起而意欲注册时，却发觉此商标已为他人所注册。先注册此商标（701244 号"惠尔康 HEK"）的是天津惠尔康科技有限公司，其后有偿转

---

① 最高人民法院关于适用《中华人民共和国民事诉讼法》若干问题的意见第 33 条规范了管辖权竞合的处理，第 34 条、35 条规范了管辖恒定。

让商标给福州维他龙营养食品有限公司。福州维他龙公司还进一步申请拓展了商标范围（1267138 "惠尔康"注册商标专用权），所覆盖范围几乎是厦门惠尔康公司生产的所有产品。2001 年，厦门惠尔康公司向国家商标局申请撤销 1267138 号商标，获得支持。

由于对撤销 1267138 号商标不服，福州维他龙公司向北京市第一中级人民法院提起行政诉讼。自此，惠尔康商标系列案拉开帷幕，先后经历了北京市第一中级人民法院和北京市高级人民法院审理的福州维他龙诉国家工商行政管理总局商标评审委员的行政诉讼案，① 厦门市中级人民法院和福建省高级人民法院审理的厦门惠尔康公司诉福州维他龙公司不正当竞争纠纷案，② 长沙市中级人民法院和湖南省高级人民法院审理的福州维他龙公司诉罗茂贤、厦门惠尔康公司商标侵权及不正当竞争纠纷案，③ 天津市第一中级人民法院和天津市高级人民法院审理的厦门惠尔康公司诉福州维他龙公司和中国医学科学院放射医学研究所商标侵权纠纷案。④ 案件涉及当事方主要是厦门惠尔康食品有限公司和福州维他龙营养食品有限公司，另外还涉及中国医学科学院放射医学研究所、国家工商行政管理总局商标评审委员会、罗茂贤，以及案外人天津市惠尔康科技有限公司。

虽然四地八家法院最终的审理结果大致趋同，即不支持福州维他龙营养食品有限公司的诉讼请求。但由于对此同一案件和纷争事实的审理法院不同，各个法院在具体细节上也就存在不同认定。其不同之处主要有三处：其一是对福州维他龙与天津惠尔康科技有限公司之间的 701244 号商标转让行为是否有效认定不同：审理福州维他龙与国家工商行政管理总局商标评审委员会行政诉讼的北京市高级人民法院认为，此商标转让行为虽然

---

① "厦门市中级人民法院和福建省高级人民法院审理的厦门惠尔康公司诉福州维他龙公司不正当竞争纠纷案"，《北京市高级人民法院行政判决书（2005）高行终字第 31 号》。北大法宝，http：//www. pkulaw. cn/。

② "长沙市中级人民法院和湖南省高级人民法院审理的福州维他龙公司诉罗茂贤、厦门惠尔康公司商标侵权及不正当竞争纠纷案"，《福建省高级人民法院民事判决书（2005）闽民终字第 64 号》。北大法宝，http：//www. pkulaw. cn/。

③ "天津市第一中级人民法院和天津市高级人民法院审理的厦门惠尔康公司诉福州维他龙公司和中国医学科学院放射医学研究所商标侵权纠纷案"，《湖南省高级人民法院民事判决书（2005）湘高法民三终字第 49 号》。北大法宝，http：//www. pkulaw. cn/。

④ "福州维他龙营养食品有限公司与厦门惠尔康食品有限公司商标侵权纠纷上诉案"，《天津市高级人民法院民事判决书（2005）津高民三终字第 51 号》。北大法宝，http：//www. pkulaw. cn/。

存在瑕疵，但"并未违反当时的相关法律规定"；而长沙中院和天津中院都径直认为此转让行为无效。其二是对厦门惠尔康是否会对福州维他龙形成侵权的认定上也不同：在福州维他龙所持有的"惠尔康"商标被商标局取消之前，北京的法院认为此期间可能存在厦门惠尔康对福州维他龙的侵权；而长沙和天津中院均认为由于厦门惠尔康存在在先权利，所以其使用"惠尔康"的行为完全不会构成侵权。其三是对其他法院对相关案件的审理结果是否会影响本院对此案的审理观点不同：福建省高级人民法院认为其他法院的诉讼为"平行诉讼"，其审理结果和本案的审理也"没有必然联系"。湖南省高级人民法院则认为，天津市第一中级人民法院和高级人民法院确认的 701244 号商标转让行为无效可径直在本院的判决中使用。但另一方面，湖南省高级人民法院对北京市高级人民法院所确认的商标转让行为"并未违反当时的相关法律规定"视若无睹。

此系列案看似复杂，既有行政诉讼，又有民事诉讼；既有不正当竞争，又有商标侵权。事实上，争议焦点只有一个，即在厦门惠尔康公司和福州维他龙公司之间，究竟谁才是惠尔康商标的专用权人。此案历时之久，牵涉法院之多，以及各法院在具体事实认定上的差异，直击当前民事审判实践的一个软肋：如何处理一个案件的诉讼系属问题。简言之，当相同当事人对同一请求权实施相同目的的多个诉讼时，法院之间如何解决彼此的管辖权问题。而民事诉讼理论和立法对此问题的含混，导致民事审判实践者在此问题上也有云山雾罩之惑。这种迷惑在另外的案件中也多有呈现，如福建省高级人民法院审理的福建南平金福房地产有限公司与福建南平房地产管理局房屋拆迁安置补偿合同纠纷再审案，① 海南省第一中级人民法院审理的吉林人民出版社诉廖芳婷等侵害作品复制权、发行权纠纷案等。②

对于该类型的系列关联性案件，无论侧重于当事人、法律关系或者诉讼请求三个要素中的任何一个，均无法杜绝"一事再理"。唯有溯本求源，回归到诸案件的共同案件事实上，方能化繁为简，彻底实现"一事不再

---

① "福建省高级人民法院审理的福建南平金福房地产有限公司与福建南平房地产管理局房屋拆迁安置补偿合同纠纷再审案"，《福建省高级人民法院民事裁定书（2009）闽民申字第915 号》。北大法宝，http：//www. pkulaw. cn/。

② "海南省第一中级人民法院审理的吉林人民出版社诉廖芳婷等侵害作品复制权、发行权纠纷案"，《海南省第一中级人民法院民事判决书（2011）海南一中民初字第 61 号》。北大法宝，http：//www. pkulaw. cn/。

理"。将案件事实（transaction）作为诉讼单元的立法实践，在英美法中已是一种常规性做法，殊值借鉴。

本章小结

在我国大陆，民事裁判边界的确定是一个有必要但无共识的问题。人民法院究竟采行的是哪一种诉讼标的理论，这无法想当然地轻易做出结论。本章通过对一系列案例的分析，可以发现，我国民事审判实践中既存在着令人忧心忡忡的问题，又孕育着一些颇有价值的自发性尝试。

1. 没有统一的诉讼标的确定方法

在民事审判实践中，民事法官确定诉讼标的的方法可谓多种多样，既有坚持传统诉讼标的理论者，又有无意识地使用新诉讼标的理论一分肢说者或二分肢说者，更有相当一部分法官在审判中根本没有树立起诉讼标的意识，将诉讼标的简单地等同于诉讼标的额或者诉讼标的物。总体而言，统一诉讼标的确定方法的缺乏，显然不利于维护审判的权威和实现法制的统一。

2. 传统诉讼标的理论没能得到彻底的贯彻

在民事审判实践中，有部分专业理论素质较高的民事法官坚持以传统的诉讼标的理论的方法来确定诉讼标的，但在诉之变更、诉之追加和诉之合并问题上，他们的做法又和传统诉讼标的理论的要求背道而驰。在诉之变更问题上，无论是当事人主动提出的诉之变更抑或是经法官阐明后当事人作出的诉之变更，都不需要征得对方当事人的同意。这种做法有利于提高审判效率，是对传统诉讼标的理论的改进，但应当注意给予对方当事人以充分的答辩准备时间，维护对方当事人的程序保障权。在诉之追加和诉之合并问题上，有相当一部分法院禁止就同一诉之声明提出两个或两个以上的法律关系主张，这显然不利于诉讼经济目的的实现。

3. 朴素案件事实观的存在

尽管在我国《民事案件案由规定》的实际执行过程中，各级人民法院的立案庭一般不允许当事人就对同一诉之声明同时提出多个法律关系主张。但这并不意味着民庭法官会完全依据当事人所提出的某一个法律关系主张来审理案件。有相当一部分法官在审理案件时，或者是基于《证据规定》第 35 条的要求，或者是基于原告方及其律师的要求，能够通盘考虑本案所涉及的各种可能竞合的法律关系主张，通过适当的阐明，从中选择最有利于原告方的法律关系主张加以判决。这种做法实际上是将"一事不再理"中的"一事"视为一个生活化的概念，是视案件事实本身为本案的诉讼标的，可称之为朴素的案件事实观。

第五章 中国民事裁判边界之选择

就中国目前的民事司法状况而言，各级人民法院民事裁判边界（诉讼标的）确定方法的不一致性所可能带来的潜在危害是不言而喻的。因此，如何提出一个切合实际的民事诉讼标的理论具有现实的急迫性。在第三章中，介绍了美国和我国台湾地区以案件事实要素来确定诉讼标的范围的理论改革新动向。近年来，之所以会出现如此巨大的理论转型，是因为案件事实覆盖范围的广泛性让民事诉讼标的理论找到了新的生长点。面对最新的案件事实说，中国的民事诉讼标的确定方法究竟应当何去何从？是固守传统诉讼标的理论，抑或是选择新诉讼标的理论，还是坦然地接受案件事实说？这既需要探讨案件事实说的价值取向，又需要研究该理论与中国民事审判方式的可契合性，更需要正视理论革新的困难。

第一节 目标管理案件事实说之展开

一 中国民事司法与案件事实说的契合

（一）民事诉讼标的理论的价值取向

诉讼标的诸理论的争鸣，实际上是两种价值取向的对立：其一是通过审判对象范围的确定性来确保诉讼的安定。例如，传统诉讼标的理论通过对各种法律关系的严格区分，实现了审判对象范围的准确划定，明确了审判方向，提高了审判效率。其二是通过审判对象范围的最大化来实现诉讼的经济。例如，新诉讼标的理论通过各种途径来扩大审判对象范围，实现了民事纷争的一次性解决，提高了审判效率。而新近出现的案件事实说，则将审判对象范围扩张到了极致。对这两种价值取向进行比较，可以发现，审判对象范围的确定性，有利于个案中各法律关系的条分缕析，但不利于纷争的一次性解决。这可谓是"小处明确，大处模糊"。审判对象范围的最大化，则可能会不利于个案中各法律关系的有效区隔，但其更有利于纷争的一次性解决。这可谓是"大处明确，小处模糊"。不过，借助于法官知法原则，借助于法官阐明权的努力，那些一开始隐藏在案件中的模糊法律关系，最终也完全能够水落石出。在民事案件量剧增的今天，纷争一次性解决的重要性日益凸显。因此，在诉讼的经济和诉讼的安定这两种价值的取舍上，应当是优先考虑诉讼的经济，兼顾诉讼的安定。如前文第三章中所揭示，案件事实是最大化诉讼标的范围的不二选择，并已经得到了一些国家和地区立法的认可。有鉴于此，我国诉讼标的理论的改革也应当充分利用案件事实要素的效率优势，问题的关键已不在于是否采用案件事实说，而在于如何适当地运用案件事实说，如何减少以案件事实特定诉讼标的之方法所可能带来的负效应。

（二）案件事实说与中国民事法官的审判习惯

1. 实务界对传统诉讼标的理论的漠然

大陆学界通说认为实务界采用的是传统诉讼标的理论。但是，根据前文中对众多案例的研究，在实务运行中确实难以发现这一论断的依据所在。[①] 一方面，许多法官对诉讼标的并无清楚的认识。在每一案件卷宗中依照规定需要填写诉讼标的之位置，很多法官要么不填，要么由书记员随意填写上本案的诉讼标的额或诉讼标的物。另一方面，中国实务界和理论界对诉之合并、诉之变更有着截然不同的理解。前者多认为是当事人所请求具体救济内容的合并与变更，后者多认为是当事人所主张法律关系的合并与变更。在诉讼标的问题上，理论界与实务界之间的隔阂，虽非天堑，但确有鸿沟。

2. 实务中审判对象的确定

实务界对传统诉讼标的理论的漠然，并没有造成民事审判混乱不堪的局面，相反，其仍然在相对有序中平稳推进。根据第四章的分析，可以发现，中国大陆的法官对诉讼标的问题的处理方法基本可以分为三类。

第一类法官能够信守传统诉讼标的理论，但在诉之合并、诉之变更和

[①] 根据作者对福建部分法院的调研，发现并不能确定实务中采行的是传统诉讼标的理论。访谈的 8 位民庭法官中，有 7 位并不关心诉讼标的究竟指何物，另有一位法官的认识则较为完整，但其曾在法院的研究室中长期工作过。

诉之追加问题上，其处理案件的手法和传统诉讼标的理论可谓背道而驰。这一类法官，有着较好的专业理论素质，一般供职于较高级别的人民法院。

第二类法官对诉讼标的理论并不了解，甚至于将诉讼标的等同于诉讼标的额或者诉讼标的物。这一类法官在头脑中并没有确立明确的诉讼标的概念，但是能够长期办案而不出乱子有两方面的原因：一方面，在相当多的民事案件中，案件事实本身所涉的法律关系单一，完全可以通过"一案一诉"的方式获得解决；另一方面，我国有相当一部分律师还不擅长于从多个法律关系的角度来看待同一案件事实，也不具备切分诉之声明的勇气和技巧，这也使得相当部分本可能进行多次诉讼的案件也以"一案一诉"的形式得以审结。

第三类法官对诉讼标的理论也是知之甚少，其总是秉承朴素的生活的"一事观"来审理民事案件。这类法官在实践中自发摸索出了一套行之有效的诉讼标的确定方法，即直接视案件事实为审判对象。这类法官的出现有如下的原因。

（1）律师的推动

法官之所以能够以案件事实为审判对象，律师的推动可谓功不可没。律师的能力虽有高下之分，但一般情况下，律师总是希望能够穷尽隐藏在案件事实中的各个实体法依据，并在代理词上一一陈列，以期最大限度地维护当事人的权益。这种做法与中国的法制环境紧密相关。其一，是律师业自身的激烈竞争。这促使律师即便是在捕获一只兔子时也不惜搏虎之力。在诉讼中，有相当多的律师既主张和本案案由相符合的法律关系，同时又提出尽可能多的可以支持己方诉讼请求的其他法律依据。其二，是相关证据规则的要求。在《证据规定》第41条中，明确了二审中可使用"新的证据"的范围。因此，对于可支持各种法律关系主张的证据，律师必须在一审中即完成搜集任务。随着2015年民事诉讼法司法解释的颁布，这种情况有所改观。证据失权一元化被证据失权三元化，即罚款、训诫、失权，所替代。尽管如此，证据失权仍然对律师有一定的压力。其三，是"一事不再理"原则的模糊性。由于立法上没有对"一事不再理"原则给出统一的解释，律师害怕触及这个模糊的雷区，也不敢有意拆分同一个案件事实中所包含的法律关系至后诉中使用。

（2）法官自发形成的办案方式

律师对案件事实的全力挖掘，逐渐影响了法官的办案方式。长此以往，对案件事实的全面分析，成为法官的一种办案习惯。案件事实也自然而然地成为事实上的民事审判对象，法律关系则被相对看轻。这一方面表现为法官对双方当事人法律观点的超越。在当事人双方所提出的主张均不甚准确的情形下，有相当一部分法官会依据自己所认为正确的法律关系、法规依据和推理方式作出裁判。[①] 另一方面表现为法官阐明权对法律关系领域的大胆介入。《证据规定》第 35 条，要求法官对当事人错误的法律关系主张进行阐明，以促使其变更诉讼请求。该规定让法官在一定程度上摆脱了当事人法律关系主张的束缚，从而能够依据案件事实来通盘考虑法律关系的适用。

总体而言，该类法官虽然没有对诉讼标的理论进行充分的研究，但其通过办案经验的积累，已经习惯于将案件事实本身视为审判对象，形成了朴素的案件事实观。

3. 案件事实说更为符合中国的审判习惯

就前文所述三类法官的数量比例而言，根据笔者对法律裁判文书的查阅和与一部分法官的对话，可以明显地发现，实务中能够自觉应用传统诉讼标的理论判案的法官的数量显然要远远少于那些对诉讼标的不甚了了的法官的数量。亦即，第二类法官和第三类法官的数量要远远高于第一类法官的数量。而在第二类法官和第三类法官中，究竟何者的数量更为占优，由于作者不具备作具体调查问卷的便利，尚无从得出一个明确的结论。但是，基于以下的三个理由，可以认为第三类法官更能够代表中国的民事法官的审判习惯。

其一，该类法官依据《证据规定》第 35 条的规定来综合考虑案件事实所涉的法律关系，可谓于法有据。

其二，该类法官在审判中已经具备了诉讼标的意识，与第二类尚未树立诉讼标的观念的法官相比较，他们显然有着更深入的思考。

其三，该类法官所持有的朴素案件事实观与人们生活中的"一事观"概念相吻合。尽管民事司法不可避免地必须具有一定的专业性，但一般情形下其服务的对象是非专业人士。因此，在诉讼标的之确定方法上，也应当注意"职业化"的法律关系要素和"平民化"的案件事实要素的相结合

---

① 调研中发现，法官对于是否可超越当事人在法律关系、法律依据和法律推理方面的主张，观点甚是不一；对一审判决中法官对当事人法律关系主张的超越，二审法官的处理也甚是不一。这些问题的存在，与实践中缺乏一个统一的诉讼标的理论，有着密切的关联。

使用，便利于普通民众更好地接近和理解民事司法。①

以案件事实为诉讼标的，就要求法官擅长于从案件事实中抽取出各种法律关系，这对法官的素质提出了较高的要求。在中国的民事司法实践中，这可能是案件事实说所会遭遇到的最大阻力。但任何一种诉讼标的理论的应用，都会对法官的素质提出挑战。如前文所分析，就中国法官的办案习惯而言，其更接近于案件事实说，而不是传统诉讼标的理论或新诉讼标的理论，因此，在此三种理论中，法官更有能力适应案件事实说。但是，案件事实说的确立，既需要对审判经验作进一步的理论总结，又需要对理论知识作进一步的实践检验。如何将案件事实剪裁为适当的诉讼标的，这将会让法官们面临新的考验。

二 中国目标管理案件事实说的提出

如前所述，中国有接受以案件事实来确定诉讼标的之方法的迫切需求和法制土壤，但究竟应当如何构造中国的案件事实说，作者认为应当从以下几个方面加以考量。

（一） 以案件事实最大化诉讼标的之范围

每一个当事人总是依赖于特定的案件事实，通过寻找相关的法律关系依据，提出自己的诉之声明。因此，诉讼对其而言，是一个辩论和说服法官的过程。在这个过程中，案件事实的陈述好比是论据，法律关系的选择好比是论证方式，而诉之声明的主张则好比是论点。

众所周知，在一堆事实性的论据中，可以包含有无数个论证方式，推导出无数个论点，因此，为了避免翻来覆去大做文章的可能性，就必须从根源上限制文章基础性材料的重复使用，而不是将精力放在对论证方式和论点的限制上。以案件事实来确定诉讼标的，可以最大化诉讼标的之范围，从而最大化既判力的客观范围，大大地降低"一案多诉"的可能性。

（二） 案件事实为主，法律关系为辅，诉之声明为导向

如同任何一个有力的说理过程离不开一定的论点、论据和论证方式，

---

① 2009 年 4 月 17 日，郑成良教授在厦门大学就法理学前沿问题开设讲座时提及，司法改革应当注意自然理性和技术理性、平民主义和职业主义的平衡。民事诉讼标的之案件事实说所强调的恰是自然理性和平民主义的一面。

在一个完整的诉讼中，案件事实、法律依据和诉之声明此三者也必须相互依存，不可作随意的分割。尽管可以用案件事实来特定诉讼标的，但那种认为单纯依赖案件事实即可彻底解决诉讼标的问题的想法无疑是天真而不可取的。

就现有的诉讼标的理论而言，没有一个诉讼标的理论能够完全撇开三要素中的任何一个要素。以一分肢说为例，如果离开了案件事实，则此诉之声明和彼诉之声明可能就无法相互区别。又以传统诉讼标的理论为例，任何一个法律关系主张，都必定要以一定的案件事实为基础。各诉讼标的理论间之所以会存在差别，实则是因为其各自侧重于三要素中的某一个或两个或是全部的要素。在三要素均不能完全抛弃的前提下，案件事实说能够最大化审判对象范围，体现出了理论优势。

应当注意的是，案件事实的模糊性、客观性和多元性等特征无疑不利于诉讼标的之特定，由此引发出的担心和理论质疑起到了一种很好的提醒作用，即要注重案件事实与法律关系以及诉之声明三者间关系的协调。原告陈述的案情往往是碎片化的事实，它天生就具有让审判流于散漫化的危险。一方面，如果要让案件事实能够服务于原告的主张，案件事实就必须转化为法律事实，就必须受到法律关系的剪裁。所需注意的是，原告就同一案件事实下的同一诉之声明可能会提起多个法律关系主张，"（原告）就复数、竞合的请求权作为攻击方法而于诉讼上合并主张时，亦应尽可能尊重当事人程序处分权之意思，使其可能就诸攻击方法排列审理顺序，依利益保护之必要，选用不真正预备合并、不真正选择合并或不真正竞合合并形态"①。法院可以根据原告就攻击方法所主张的合并形态决定审理的方式，这点和传统诉讼标的理论下法官的审判方式并无根本的不同。在竞合合并中，法院应当审理原告的所有法律关系主张；在选择合并中，法院仅需就原告的法律关系主张择一而为审判；在预备合并中，法院则应依原告所主张法律关系的顺序进行审判。② 为了确保纷争的一次性解决，此处还

---

① 在我国台湾，原告若选择以纷争单位型诉讼标的提起诉讼时，法院也会遇到相同的问题，学者认为，此时应当尊重原告的程序处分权。参见许士宦《民事诉讼法修正后之诉讼标的理论》，《台大法学论丛》2005 年第 1 期，第 19 页。

② 关于此问题的研究，在具体理论方面，可参见杨淑文《单一声明下之重叠、选择或预备合并》，《台湾本土法学》2007 年第 9 期，第 106 页。在审判实务方面，可参见台湾最高法院 2000 年台上字第 602 号判决。

应当允许法官对原告所主张的合并形态进行适当的阐明。① 另一方面，案件事实还必须和诉之声明相结合，以进一步明确审判的方向。没有诉之声明的案件事实，犹如写文章没有给出标题一般，让人如堕烟海。也应当注意的是，原告就同一案件事实可能主张若干个不同的诉之声明，而支撑该若干个不同的诉之声明的法律关系主张也可能不尽相同，此时，应当允许原告采取竞合、选择或预备等合并形态提出诉之声明。②

（三）程序对诉讼标的之相对影响力

程序对诉讼标的之相对影响力，是指以案件事实要素来决定的诉讼标的范围，会受到程序发展进程和程序要素的影响。在审判伊始，出于一次性解决纷争的需要，诉讼标的范围当然是越大越好，案件事实自然是划定诉讼标的范围的不二选择。在立案阶段，考虑的应是审判效率问题；在案件审理阶段，考虑更多的还是审判效率的进一步促进问题。因此，在案件审理阶段，法官应当尽可能地阐明和引导诉讼当事人对本案案件事实所涉的所有法律关系和诉之声明进行充分的攻击和防御，并以此作为决定既判力客观范围的基础。但是，在实际的诉讼进程中，或是出于法官阐明的失误，或是因为当事人自身的过失，当事人难免在攻击和防御时会遗漏部分法律关系主张和诉之声明。由于缺乏相应的程序保障，无论是在理论上抑或是实践上均难以将该部分被遗漏的法律关系主张和诉之声明纳入既判力的客观范围。③ 如此，诉讼标的范围也就可能受程序影响和控制而发生一定的变动，作为审判伊始的诉讼标的范围往往会大于审判终结后的诉讼标的范围（既判力客观范围）。之所以允许诉讼标的范围的前后变动，是因为如果在诉讼中绝对化案件事实所确定的审判对象范围，必然会让当事人一时无从适应而怨声载道。因此，在审结阶段既判力客观范围的划定上，

---

① 若就同一案件事实，原告在二审中主张了新的法律关系或一审法院因认定原告的某一法律关系主张成立而未能审理另一法律关系主张时，则由于该未受审理的法律关系主张落于同一案件事实（诉讼标的）的覆盖范围，二审法院可以径直予以依法改判。我国《民事诉讼法》第 170 条第 2 款规定：原判决、裁定认定事实错误或者适用法律错误的，以判决、裁定方式依法改判、撤销或者变更；这说明，对纯粹的法律问题，偏重于行使法律审权力的二审法院有充分的决定权。此时，当事人的审级利益可以相对看轻。

② 关于该问题的探讨，具体可参见本章第二节的论述。

③ 关于程序保障对判决公正性和可信赖性的影响，可参见邱联恭《程序制度机能论》，台北，三民书局，1996，第 108～110 页。

还必须通过程序保障权要素对案件事实所确定的诉讼标的范围进行限制，允许出现"前大后小"的诉讼标的的范围变动现象。① 承认程序对诉讼标的之相对影响力，允许诉讼标的范围的前后变动，是切合中国法治实际发展水平的做法。为了行文的方便，本书将这种通过程序发展进程和程序要素的影响来限定案件事实所划定诉讼标的范围的做法，称为目标管理案件事实说。

有学者认为，"当下本土的若干现实因素——法院尚未理解和接受竞合合并，也不太能接受预备合并，现行法对诉的变更较为严苛，准备程序不能使当事人充分挖掘案件事实，法官的素质相对较低，多数案件是当事人本人诉讼——决定了本土尚不具备采事件说、新说或诉讼标的相对论的条件。最高人民法院的两条新路径也不可采。所以，当下只能回到传统路径（旧说）。但我们不能满足于这种无奈的选择，应当通过释明等措施尽可能减少再诉，同时要朝着采新说（甚至事件说）的方向努力。目前至少可以做的是理解并接纳竞合合并、预备合并，允许当事人在诉的基础事实不变的前提下较自由地进行诉的变更。另外，在采旧说的同时，应承认一些合理的例外。"② 这种主张分阶段推进的思路具有强烈的学者之严谨性。但是，我国诉讼标的之立法问题，关键是法技术不适合人民之朴素的法观念，而并非人民朴素的法观念跟不上法技术，因此，可以考虑在诉讼标的及其相配套的陈旧立法技术上作大刀阔斧的改革。

（四）案件事实的单位划分

1. 既往的案件事实单元划分方式

对于案件事实的切分，在不同诉讼标的理论中均有不同的回答。传统诉讼标的理论中，在以法律关系为诉讼单位的同时，完成了法律关系对案件事实的单元切割；一分肢说和二分肢说中，在以诉讼请求为诉讼单位的同时，也完成了诉讼请求对案件事实的单元切割；新实体法说和英美的纠

---

① 这实际上是在倡导一种"流动的既判力理论"。该理论的最大特征为既判力的范围须依当事人的提出责任而定，当事人在前诉中若就某实体法上的权利或攻击防御方法负有提出的责任，纵不提出，日后亦不得再作主张；而当事人负有提出责任与否，端视当事人是否受到充分的程序保障而定。参见陈世宽《损害赔偿诉讼之诉讼标的》，硕士学位论文，台湾大学法律研究所，1987，第237页。

② 严仁群：《诉讼标的之本土路径》，《法学研究》2013年第3期，第108~109页。

纷事件说理论中，是以经验对事实进行切割。这三种案件事实的切割方式，各有千秋，也各存利弊。

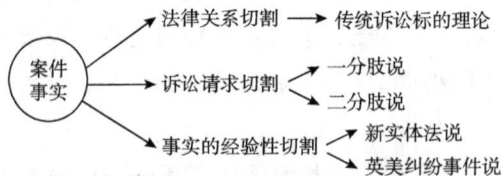

图 5-1　案件事实单元划分路径

2. 生活事实抑或是法律事实

欲以案件事实要素来特定诉讼标的，首先就必须回答一个问题，即用以确定诉讼标的之范围的案件事实究竟是指生活事实抑或是法律事实？通过第三章的分析，可以知道，只有用生活的"一事观"来看待案件事实，案件事实方才具有不可分性，从而比法律关系和诉之声明有着更为宽广的覆盖范围。既然是以生活的"一事观"来看待案件事实，此处的案件事实毫无疑问是指向于生活事实而非法律事实。如果将案件事实认定为法律事实，实际上是按照某一法律关系的各个具体构成要件来剪裁生活事实，这实际上仍然会回到传统诉讼标的理论的老路上去，无法实现诉讼标的范围最大化的目的。因此，对目标管理案件事实说中案件事实的更为准确的提法应当是生活案件事实。当然，以生活案件事实来特定诉讼标的之范围的做法，并不反对当事人通过各种法律关系主张将同一生活案件事实剪裁为不同的法律事实以便展开诉讼。

3. 如何区隔一个案件事实

案件事实具有模糊性，它在生活中总是处于前后延续和左右蔓延的状态。在流动的生活过程中，要恰当地攫取出和纷争相关的生活事实作为诉讼标的，实属不易。但是，这几乎是在每一个诉讼标的理论中普遍存在的问题。陈荣宗教授在比较新旧诉讼标的理论中案件事实要素的作用时，即精辟地指出："旧理论批评新理论所提倡之事实关系模糊不清，根本无法用以识别诉讼标的之基准。此种批判确有部分理由，惟旧理论本身亦照常援用事实关系处理给付诉讼与形成诉讼问题。严格言之，此为新旧两派理论共同之难点，并非新理论固有之问题，旧理论对新理论之批评，等于同时批评自己。"[1]　由此引发的问题是，究竟应当以法官的标准抑或是以当事

---

[1]　陈荣宗：《民事诉讼标的新旧理论之研究》，（台北）文瑞印刷文具公司，1965，第68页。

人的标准或者是其他的标准来划定一个案件事实。对这个问题的回答，必然涉及事实的区隔原则和具体审判经验的总结。

（1）区隔的原则

①一般理性人的标准

哪些生活事实和一个纷争相关？它们彼此之间是否具有不可分离的整体性？对于这些问题的回答，应当有一个相对客观的标准。无论是以法官的标准抑或是以当事人的标准来划分一个生活案件事实的单位，都难免存有流于主观的危险。因此，我们可以如同民法中以一般理性人的标准来判定故意和过失的存在那般，同样的引入一个一般理性人的标准来划分一个生活案件事实的单位。

②便利于法院审判的标准

目标管理案件事实说的主要目的是实现纷争的一次性解决，因此，便利于法院审判的原则应当作为划分一个生活案件事实的主要标准。在确定一个生活案件事实时，如果"一般理性人的标准"和"便利于法院审判的标准"发生了冲突，前者应当服从于后者的需要。

（2）具体经验的总结

单纯借助于上述两个原则来确定一个生活案件事实，仍然显得太过原则和缺乏可操作性。因此，就一个生活案件事实的单位划分，还应当根据实际的生活①和审判经验来设定一些具体的标准。

①同求性案件事实可以视为一个案件事实

所谓同求性案件事实，是指那些虽然各自相对独立存在，但均指向同一诉之声明或诉讼目之案件事实。例如，在前文中多次提及的双方当事人的买卖行为和票据行为均指向同一笔钱款的两类不同的案件事实，即可视为一个案件事实。

②同源性案件事实可以视为一个案件事实

所谓同源性案件事实，是指那些具有相当长的时间跨度但均起源于同一个原因的案件事实，如持续性的侵权和持续性的违约，不同阶段的案件事实具有时空承继上的关联性，其不同阶段的诉之声明或许并不相同，但总体上的诉讼目的具有一致性。对于持续性的侵权和持续性的违约，可以

---

① 这里更多是从生活观出发，研究"请求所涉及的整体性的生活历程"之含义。参见卢配《多数人侵权纠纷之共同诉讼类型研究——兼论诉讼标的之"案件事实"范围的确定》，《中外法学》2017年第5期，第1233～1251页。

将起诉前或一审言辞辩论终结前设定为时间点，将此前发生的所有侵权或违约事实视为一个案件事实来加以处理。但是，在一些特定的情形下，被告的违约会处于持续的状态，甚至延伸到审判结束以后。例如，双方就某一商事买卖合同的履行约定了迟延履行违约金，但出卖人直至审判结束后相当长的一段时间内，依然拒绝交付货物，导致违约期的延长和新违约金的发生。于此，如果要求买受人就新发生的违约金再行起诉，虽无碍法理，①但并不符合诉讼经济的原则。如果要求法院将新发生的违约金纳入到前诉讼的审判对象范围，也有强人所难之嫌。对于此类案件，可以将审判后持续发生的案件事实也纳入已审案件的诉讼标的范围内，判决书中可以灵活地设定执行的范围，将违约金的计算额扩展到执行之日。

③具有法律上权利义务关联性的案件事实可以视为一个案件事实

实践中，有一些案件事实相互之间会具有法律上权利义务的关联性，这也决定了这些案件事实无法独立存在，必须被视为一个案件事实来加以审理。以合同的签订为例，若原被告之间签订了若干个商事合同，并且，这些合同相互间具有权利与义务上的关联性，则反映这些合同履行状况的案件事实也会具有因果上的关联性。假若原被告双方协议，将甲合同的履行视为双方履行乙合同的前提条件，事后，原告就乙合同的履行不能诉至法院。于此情形，法官不应将反映乙合同的案件事实视为一个独立的审判对象，而是应将具有关联性的甲合同的履约状况，也一并纳入审判的范围，视为一个诉讼标的。

上述同求性案件事实、同源性案件事实、具有法律上权利义务关联性的案件事实虽为组合性的案件事实，但在审判对象上适宜作为一个单位进行处理，如此在司法资源之使用和既判力客观范围之一致上才不会出现顾此失彼的局面。为令相关组合型案件事实之类型更为直观，制图5-2。

将同求性案件事实、同源性案件事实、具有法律上权利义务关联性的案件事实作为单元，仍然可能出现标准过于模糊的问题。因此，对于这些类型的案件事实，还应当注意从诉讼目的角度进行收束。这些类型的案件事实在诉讼中，必然以各种法律关系为线索组合并有序展开，各种法律关系下的诉之声明之间的关系可分为三种：诉之声明内容同一；诉之声明内

---

① 我国民事审判实践中即有这样的判决。参见周兴、郭敬波《对不同阶段分诉不违反"一事不再理"原则》，《人民法院报》2008年3月21日。

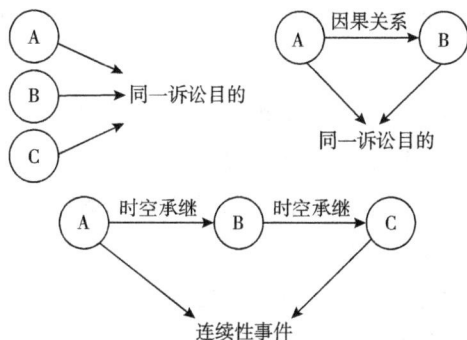

图 5 - 2　组合型案件事实之类型

容基本重叠且目的相同；诉之声明内容基本不重叠且目的不相同。对于前两种情形下的案件事实主张，均可视为同一诉讼单元；对于第三种情形下的案件事实主张，则不宜视为同一诉讼单元，以免重蹈英美法中"纠纷事件"单元过大难以驾驭的覆辙。

（五）目标管理案件事实说的概念解析

目标管理案件事实说，强调以案件事实为确定诉讼标的内容之本体，以诉讼目的为基本导向，以案件的实体管理和程序管理作为诉讼标的范围调控要素的诉讼标的确定方法。

所谓目标，在抽象意义上其特指案件的诉讼目的，在具体意义上则指某一具有整体性的生活案件事实中所包含的所有可能法律关系项下的法律后果之请求。

所谓管理，强调在诉讼标的之确定层面上，强化程序的管理。亦即，充分发挥程序效率（诉讼经济）和程序公平（诉讼安定）这两方面程序价值功能对诉讼标的确定之影响。

所谓目标管理，相对于过程管理而言。其一方面弱化传统诉讼标的理论中对实体法律关系的管理，将诉讼中相关法律关系的提起，降格为一种法律观点加以对待；另一方面强化对案件事实以诉讼目的为导向的目标管理，将天然具有模糊性的案件事实进行收束。这包括以下两个方面。①具体诉讼目的意义上的收束：通过内含于案件事实的诸法律关系下的诉讼请求（诉之声明）的共同目标，对案件事实作诉讼单元的收束；②抽象诉讼目的意义上的收束：服务于纷争一次性解决之目的，要求法官充分有效行使阐明权，敦促诉讼中各方当事人能将内含于案件事实的诸法律关系进行收束，以一次提起为原则，以多次提起（有正当理由）为例外。

所谓案件事实，可以是一个纠纷事件或者一系列的纠纷事件，但这些案件事实之间的整体性关系并不依赖于案件事实来进行划分，而是以诉讼目标作为单元性的划分标准。英美法对案件事实之划分求助于经验，实则是"以事实划分事实"的重复做法，虽然诉讼标的范围可以自由延展，但难以得出明确的案件事实划分之解决方案；大陆法系的传统诉讼标的理论是"以法律关系划分事实"，虽然诉讼标的范围明确安定，但失之过窄，难以适应生活中群众的整体性"一事观"要求。

三 目标管理案件事实说的具体价值判断

（一）价值取向问题之提出

值中国民事诉讼法处于大幅修改之际，民诉法学界和实务界完全有责任提出中国的民事诉讼所应当遵循的价值观。理论界的新思潮认为，民事诉讼应当遵循协同主义的改革模式。但是，协同主义本身并不是一种价值观，它属于方法论的范畴。协同主义应当实现什么样的价值？有论者认为，应当是对公正与效率的追求。[①]

确实，在民诉法所推崇的多元化价值中，公正和效率是两个最基本的价值。[②] 应当注意的是，那种同时倡导多元化价值并且不分轻重地加以并举和推行的做法，只会走上一条价值散漫化的危险道路。每一个时代的民事诉讼都需要多元的价值，但每一个时代的民事诉讼也必须有其应当重点倡导的价值。公正与效率本身，是两个极度抽象的概念。因此，在公正与效率这两个大方向下面，还会有着许多更为细化的选择，这些选择之间也不可避免地会存在着一定的冲突。例如，在效率的面纱下，就存在着利益的冲突问题。一个案件的审理，究竟是要最有利于法官的审判效率？抑或是有利于当事人解决纠纷的效率？还是要有利于提高案外的其他社会民众

---

① 我国学者张珉认为，协同主义一方面是追求程序公正与实体公正的平衡，另一方面是追求诉讼的效率。参见张珉《协同主义诉讼模式：我国民事诉讼模式的新选择》，《法律科学》2005 年第 12 期，第 128～129 页。

② 我国学者陈桂明教授认为，诉讼程序三大价值目标即公正、效率和效益，应当注意诉讼程序设计的多元价值取向，防止将程序价值目标单一化和简单化。参见陈桂明《诉讼公正与程序保障》，《政法论坛》1995 年第 5 期，第 44 页。

使用法院的效率？这三种效率，代表着三种不同的利益取向。对于每一种效率的侧重，都必然会影响到其他两种效率的实现。用什么样的标准来调整这三种效率间的关系，才能够体现公平和公正呢？此外，就案件的审理本身而言，还存在着法院的审理成本、当事人的诉讼成本和案件审理本身的正确性之间的关系需要协调。凡此种种，均需要目标管理案件事实说做出明确的回答。

（二）传统诉讼标的理论的具体价值判断

如前所述，诉讼中所涉及的各方利益，既包括原告的利益，又包括被告的利益，还包括被法官所代表的社会公众的利益。一般而言，原告方的利益主要体现为程序选择权的充分行使；被告方的利益和法院所代表的社会公共利益，则要求能够尽可能地实现纷争的一次性解决，达成诉讼经济之目的。这一对矛盾在诉讼的不同阶段会有着不同的表现。为了更好地阐明目标管理案件事实说中所蕴含的具体价值判断，我们可先以传统诉讼标的理论的具体价值判断作为研究范本，从而发现目标管理案件事实说对传统诉讼标的理论价值判断的具体修正。

1. 诉讼标的范围的确定阶段

依据传统诉讼标的理论，原告对于诉讼标的范围的确定，实际上体现的是原告的诉讼处分权。这种诉讼处分权来源于原告自己实体权利的处分权，来源于私法中的意思自治主义。法官可以通过阐明权的行使，协助原告确定出既有利于维护自身权利又有利于实现诉讼经济的诉讼标的范围，但由于诉讼标的范围的确定，始终是属于原告的诉讼处分权范围，因此，法官的阐明权只能够处于一种协助位置，他绝不能够替代原告进行决断诉讼标的范围的作业。在诉讼中，原告若只提出了一种法律关系主张，而法官在审判过程中发现了其他可以适用的法律关系主张，于此情形，法官可以适当地阐明，建议原告为诉之追加或诉之合并。但是，法官在此仅有阐明的义务和权利，他绝不能够为了诉讼经济之目的，强行要求原告为诉之追加和诉之合并。

2. 诉讼系属阶段

若原告方在前诉还处于诉讼系属中，又提起后诉，可视为原告方自愿地为诉之合并。于此情形，法院出于维护公益的需要，在不违反管辖规定的前提下，可以将原告的后诉移送到受理前诉的法院加以合并审理。但出于维护被告方程序保障权的需要，法院将这两个诉讼进行合并审理的做法应当给被告方以充分的准备时间。

3. 诉之客观合并阶段

诉之合并是民事诉讼中一项常用的诉讼技术，合理的诉之合并可以减轻当事人的负担和减少判决的冲突，不合理的诉之合并则会导致当事人起诉应诉的困难和诉讼的不经济。[①] 传统诉讼标的理论下的诉之客观合并，其直接服务于纷争的一次性解决。由此可见，传统诉讼标的理论也愿意在力所能及的范围内，实现诉讼经济之目的。对于诉之客观合并阶段中的价值取向判断，可以分为以下两种情形加以讨论。

（1）原告提出了多个法律关系主张的情形

若原告提出了多个法律关系主张，则可以认为其已经充分地行使了诉讼标的范围的选择权。于此情形，法院可以强制地为诉之合并，因为，法院此刻所为的诉之合并是建立在原告充分行使诉讼标的范围选择权的基础之上。易言之，此处的诉之强制合并，并不违反原告的根本意愿。

（2）庭审中被告提出了其他法律关系主张的情形

在庭审中，被告方很可能会提出不同于原告方的其他法律关系主张。如果被告方提出的是反诉，则法官无需考虑原告方的诉讼标的范围选择权，因为，就诉讼标的范围之确定而言，被告方和原告方享有平等的选择决定权。于此情形，法院可以将两个诉合并审理。如果被告方不提出反诉而仅仅是提出抗辩，法院自不能够强行要求被告方提起反诉，但若是原被告双方在受有充分程序保障的情形下已就被告方所抗辩的法律关系主张进行了充分的攻击和防御，则法院可以基于争点效的理论阻止原被告双方在以后就该法律关系主张提起新的诉讼。

4. 诉之变更和诉之追加阶段

广义的诉之变更可以包括诉之追加。"对于诉的变更的确定，会对诉讼程序乃至当事人的实体权利带来重大影响，因此，在立法上，对诉的变更所涉及的范畴应当予以适当规范。如果界定得过于宽泛，将不利于保障诉讼程序的安定性与效益性；如果界定得过于狭窄，将不利于保障当事人充分地行使诉权，亦会有违设置民事诉讼这种公力救济途径的旨意"[②]。传

[①] 参见李龙《民事诉讼诉的合并问题探讨》，《现代法学》2005 年第 2 期，第 78 页。

[②] 毕玉谦：《诉的变更之基本架构及对现行法的改造》，《法学研究》2006 年第 2 期，第 22～23 页。

统诉讼标的理论于诉之变更和诉之追加阶段，考虑的多是两方面的因素。一方面，是对被告方利益的维护。在诉之变更和诉之追加阶段，为了保证诉讼的安定性，必须对原告的诉讼自由空间作一定的限制。这意味着，原告方不得自由为诉之变更和诉之追加，而必须得到对方当事人的同意。[①]如果法律允许原告方肆意地为诉之变更和诉之追加，那么将会导致被告方在攻击和防御上的措手不及。这实际上是通过牺牲被告方的程序保障权来维护原告的程序保障权，显然并不合适。被告方若是同意原告方的诉之变更或诉之追加请求，法院应当给予被告方以充足的答辩准备时间。另一方面，是对代表公益的司法资源的节俭使用。诉讼中，若允许原告方在适当的情形下为诉之变更和诉之追加，这无疑会利于纷争的一次性解决，节省了司法资源，维护了其他公众的利益。[②]

5. 既判力客观范围的确定阶段

所谓既判力客观范围的确定，其主旨是通过判决的稳定性来维护社会权利义务关系的稳定性。既判力客观范围的大小，会直接影响到当事人利益和社会公众利益的协调。一般而言，既判力的客观范围较大，会有利于第三人利益和整体社会关系稳定性的维护，但这又可能不利于维护当事人中某一方的实体利益。与之相反，既判力的客观范围较小，会使得利益的维护重心更加倾向于诉讼当事人，而这会使得第三人和整体社会关系的维护处于相对的不稳定状态。

传统诉讼标的理论认为，在诉讼过程中，当事人已就原告方所提出的法律关系主张进行了充分的攻击和防御，因此，以该法律关系主张为主轴而确定的诉讼标的范围应当等同于既判力的客观范围。如此，借助于法律关系的确定性，传统诉讼标的理论实现了原告所代表的私益和法院所代表的公益的平衡。[③]

---

① 日本于1926年制定现行民事诉讼法时，关于诉之变更，脱离了德国法之窠臼，而于第232条规定："原告以不变更请求基础为限，得于言辞辩论终结前，变更请求或请求之原因。但因此显著延滞诉讼程序者，不在此限。"该规定已经扬弃诉之变更禁止原则，而采原则上容许之立场，被日本学者视为划时代之规定。目前日本民事诉讼法第143条沿用了此规定。黄明展：《诉之变更或追加之研究》，硕士学位论文，台湾东海大学法律研究所，1997，第18页。

② 参见许士宦《诉之变更、追加与阐明》，《台大法学论丛》2002年第3期，第294页。

③ 传统诉讼标的理论下的既判力客观范围之划定方法，较为适合这样的一些国家和地区：其一，民事诉讼不采取律师强制主义而是当事人自行诉讼的比例较高；其二，法院民事案件的审理质量并不令人满意。因此，目标管理案件事实说下既判力客观范围之划定也应当考虑到上述两个因素。

（三）目标管理案件事实说对传统诉讼标的理论价值判断的修正

传统诉讼标的理论充分地尊重了原告方的诉讼处分权，允许原告方自主确定诉讼标的之范围。同时，传统诉讼标的理论也充分地考量了被告方的程序保障权，在诉讼系属、诉之变更、诉之追加和诉之合并等问题上赋予了被告方以最终决定权。事实上，传统诉讼标的理论既判力客观范围中原告所代表的私益和法院所代表的公益之间的平衡，是通过给予原告方和被告方同等的程序保障权来实现的。总体而言，在传统诉讼标的理论的价值判断中，诉讼当事人的程序选择权和程序保障权，要优位于法院所代表的公益和所欲实现的诉讼经济之目的。当民事诉讼案件量尚未形成巨大压力时，传统诉讼标的理论对诉讼安定性的执着，无疑为保障诉讼当事人的利益提供了一种较好的理论范式。但是，随着民事诉讼案件量的与日俱增，对于某个案件中诉讼当事人程序保障权过于周到的关照，必然会延误法院对其他民众案件的及时审理。因此，传统诉讼标的理论对于诉讼安定性的推崇，必须让位于新时代实现诉讼经济之目的的需要。与传统诉讼标的理论相比较而言，目标管理案件事实说能够提供一条实现诉讼经济目的的有效理论通道。

1. 诉讼标的范围之确定

在诉讼标的的范围的确定上，目标管理案件事实说不再赋予原告以自主的选择权，而是强制性地以案件事实作为确定诉讼标的的范围的决定性要素。这可以最大化诉讼标的之范围，有效地防止一案多诉的可能性，从而实现诉讼经济的目的。依据目标管理案件事实说，原告有义务一次性提出同一案件事实中所包含的所有法律关系主张和诉之声明。在诉讼中，原告就同一案件事实所提出的法律关系主张和诉之声明若是存在遗漏，法官应当为之作适当的阐明，原告如无正当理由拒绝接受法官的阐明，则其将丧失就所遗漏的法律关系主张和诉之声明提起后诉的机会。

2. 诉讼系属

民诉法规定诉讼系属之目的，自然是出于节省司法资源的考虑，是对于纷争一次性解决目标的追求，体现了诉讼经济之目的。依据目标管理案件事实说，原告在前诉尚未审结时，又在同一法院或其他法院就同一案件事实所覆盖的其他法律关系主张和诉之声明提起新的诉讼，无疑已违反了诉讼系属之规定。因为，原告在第二个诉讼中所提出的其他法律关系主张和诉之声明必将落于第一个诉讼案件事实的覆盖范围，从而前后两个诉讼具有相同的诉讼标的。于此情形，法院出于节约诉讼成本的公益需要，在不违反相关管辖规定的前提下，应当将后诉讼与前诉讼予以合并审理。但是，法院应当给予被告方以充分的答辩时间，以维护被告方的程序保障权。

3. 诉之客观合并的取消

就同一案件事实，原告可能提出多个法律关系主张和多项诉之声明，由于这些法律关系主张和诉之声明都可以为同一案件事实所涵盖，因此，不存在诉之客观合并的问题。多项法律关系主张的同时提出，只是原告攻击防御方法的合并；多项诉之声明的同时提出，也只是原告请求救济内容的合并。就被告而言，由于是以案件事实来确定诉讼标的之范围，因此，被告也应当就该案件事实所覆盖的所有对自身有利的法律关系主张和诉之声明，一次性地提起反诉。被告若是提起反诉，法院应当将本诉和反诉一起合并审理；被告若是拒绝提起反诉，则其将丧失提起后诉讼的机会；被告若是拒绝提起反诉但进行了有效的抗辩，则只要原被告双方在受有充分程序保障的情形下进行了有效的攻击和防御，法院可以基于争点效的理论阻止被告方提起后诉讼。

4. 诉之变更和诉之追加的取消

在诉讼过程中，原告若发现自身所提出的法律关系主张和诉之声明存在错误或者遗漏，其有权变更或者追加法律关系主张和诉之声明。但是，由于这些法律关系主张和诉之声明已为同一案件事实所覆盖，此时并不出现诉之变更或诉之追加。同理，原告方追加或者变更自身的法律关系主张和诉之声明，不需要征得被告方的同意，但法院应当给予被告方以充分的答辩准备时间。

5. 既判力客观范围的确定

目标管理案件事实说认为，在一般情形下，应当允许原告起诉时所确定的诉讼标的范围大于诉讼终结时所确定的既判力客观范围（诉讼标的范围）。之所以会出现前后两个诉讼标的范围"前大后小"的现象，是因为前者是合乎诉讼经济目的之理想的诉讼标的范围，而后者是经过当事人攻击防御后实际的诉讼标的范围。在实际的诉讼进程中，有些原告本应当提起的法律关系主张和诉之声明会由于种种原因而未能提起，或是因为法官阐明的错误，① 或是因为当事人存在其他的正当理由。但是，无论是何种原因，这些本应提起的法律关系主张和诉之声明没有经受过诉讼当事人的充分攻击和防御，没能够获得应有的程序保障，其自不应落入既判力的客观范围。这意味着，目标管理案件事实说能够在多大程度上实现诉讼经济之目的，必须受制于当事人程序保障权的具体落实状况。②

（四）目标管理案件事实说在传统诉之分立典型案例的逻辑演绎

1. 四种案型

案型一：对于同一当事人、同一案件事实、同一法律关系下同一诉讼请求在数量上进行分割的诉讼。该分割方式的特点是对于一个总债权中不可特定化内容的分割。如对于 100 万元总债权中提出其中 50 万元的部分诉讼请求，这将无法具体化、特定化该 50 万元债权的内容。

案型二：对于同一当事人、同一案件事实、同一法律关系系属下的不同特定项目进行分割的诉讼。因为同一法律关系系属下的各不同项目所指代的具体内容和救济目标均可以具体化和特定化，所以该种诉之分立方式与前种诉之分立方式有着明显的不同。

案型三：对于同一当事人、同一案件事实但基于不同法律关系提出同一诉讼请求内容的竞合诉讼。例如，就某一笔金钱给付之诉讼请求，原告可基于借贷法律关系或者不当得利法律关系向被告提起诉讼。

案型四：对于同一当事人、不同案件事实、不同法律关系但指向同一诉讼请求的诉讼。例如，在同一原告和被告之间就某一债权，既存在借款法律关系，又存在票据给付法律关系，既存在借款行为，又存在票据行为。于此情形，对该金钱给付义务的诉讼请求，原告可能基于不同案件事

---

① 无论是德国、日本乃至我国台湾地区的通说均认为，在当事人逾时提出攻击防御方法之"失权"规定上，若是因为法院违反阐明义务所致，则不得课于当事人失权之责任。参见吴从周《阐明提出时效抗辩与二审失权》，《台湾本土法学》2006 年第 1 期，第 248 页。相关实务判例可参见台最高法院 2004 年台上字第 2391 号判决。

② 实际上，只要是以案件事实要素来决定诉讼标的之范围，就必须特别关注既判力客观范围大小的可行性。我国台湾学者骆永家教授注意到了这一点，指出："如要使一个民事纷争得以一举解决之，同时兼顾原告的权利不致受到不当的否定，则一方面当事人应基于周全之准备，致力于所有法律观点之主张及举证，他方面法院非积极的行使阐明权或阐明义务，致力于检讨一切法律构成之可能性不可。"参见骆永《既判力之研究》，台北，三民书局，1991，第 12 页。

实下的不同法律关系分别起诉。从法律关系分割的角度进行对比，案型三中的不同法律关系是在同一事件中同时产生；案型四中的不同法律关系则是在同一事件发展的不同阶段中产生。两者虽均包含有不同法律关系的差异，但案型四从本源来看，是事实发展的不同阶段，导致了法律关系的不同变化，是事实的不同导致了法律关系的不同。所以将该案型归纳为"事实不同"的案型，具有根本性和本源性。

上述四种诉之分立方式的依据都是从法律角度进行的分割，但如跳出法律视角，从生活的维度分析这些案件，则发现从任意法律角度对诉讼进行分割，其所指向的诉讼请求大体同一。亦即，当事人就受侵害权利所要求获得的完全补偿，是损害对救济的逻辑要求和救济对损害的逻辑回应。自当事人的角度而言，损害（失）之赔偿是一个淳朴的生活概念，只因引入了相关的法律技术，方才出现诉之分立的困惑。

2. 不同诉讼标的理论下四种案型的逻辑发展

从立法的角度而言，应当容许何种诉之分立模式的存在，关乎司法资源的最大化利用问题。在多大程度上允许诉之分立，关乎前诉讼和后诉讼之间不会发生重复诉讼的问题，关系到关联诉讼之间既判力相互冲突的危险性。如果限制诉之分立，则在现有司法模式中，许多关联诉讼都将会被纳入重复起诉禁止的范畴。① 诉之分立不仅是一个逻辑问题，更是一个关乎程序正义价值的实现问题。实务中，依据不同诉讼标的理论，对于上述不同案型所作出的诉讼系属、诉之追加与变更、既判力客观范围和重复起诉禁止范围的判断各有不同，且在逻辑上也均能自圆其说。现将不同诉讼标的理论下诸案型之间的逻辑发展路径列示如下。

（1）案型一的诉讼逻辑发展

原告如果请求被告就所欠总债务 100 万元中的 50 万元先行起诉。那么，这种做法在诉讼中的"一事不再理"和判决生效后的"一事不再理"

---

① 为了保证当事人诉权的有效使用，法院自当提供高效率的诉讼服务。从法治社会的角度看待诉权的使用，要求诉权不被滥用的同时诉权又不能够缺位。诉权的准确使用对当事人、律师、人民法院而言都是关键性要素。但在法治社会发展的现阶段而言，当事人法律知识的先天欠缺和律师队伍谋利的天性决定了诉权的正确使用关键在于审判队伍中法官通过正确行使阐明权引导当事人准确地进行诉之合并、追加、变更和提起反诉。法院阐明能力越强，相关案件的诉讼标的范围则可以扩展。

有何分别？

就诉讼中的"一事不再理"而言，首先探讨原告是否有权就自己全部债权中的一部分先行提起诉讼请求。无论如何，这是当事人的处分权。因此，答案应该是肯定的。但是，原告能否就本处于诉讼系属中的诉讼请求之外的余额再行提起其他诉讼？对于这种当事人相同、法律关系相同、案件基础事实相同的两个诉讼，本就不应拆为两道程序同时进行审理，否则会增加被告的诉累，明显违背重复起诉禁止的法理。

如果当事人在判决生效后，就余额部分再次提起诉讼，这里有三个方面的思考。

①如果在诉讼系属中不允许另行提起他诉，自然没有理由在判决生效后允许再行提起新的诉讼，否则会导致民事诉讼法内在逻辑体系的不一致。

②对前一个诉讼和后一个诉讼进行比较，可发现两者之间当事人相同、法律关系相同、案件基本事实相同。于此情形，是否可以扩大前诉判决解决纷争之功能，要求原告就前诉中程序上的攻击防御结果进行负责，不容许原告就余额再次提起请求。有学者认为这种请求之遮断效，类似于既判力之遮断效，或者类似基于诚信原则所生之遮断效。此外，或许还有一种讨论，认为应当区分"前诉的诉讼请求经本案判决无理由被驳回之情形"和"前诉原告的诉讼请求被接受之情形"，对是否允许后诉就余额提起诉讼采用"前诉否认则后诉否认，前诉肯定则后诉讨论"的做法。该处理模式在逻辑上并不一致，难以说明为什么类似于既判力之遮断效在 A 情形可以发生而在 B 情形就不能发生。逻辑陷于不能自洽之境地。

③如果在前诉讼中原告提出部分的请求得到被告的同意或者法院的同意，那么这种部分请求就具有程序法上的正当性。因此，前诉讼的存在并不妨碍后诉讼的提起。

依据不同诉讼标的理论，对于案型一的诉讼系属、诉之追加与变更、既判力客观范围的判断各有不同，现就相关逻辑发展路径进行具体分析。

案型一实际上就是一部请求诉讼，对于该类型诉讼，在一分肢说下，其诉讼系属、诉之追加与变更、既判力客观范围的认定，具体应如图 5 - 3 所示。

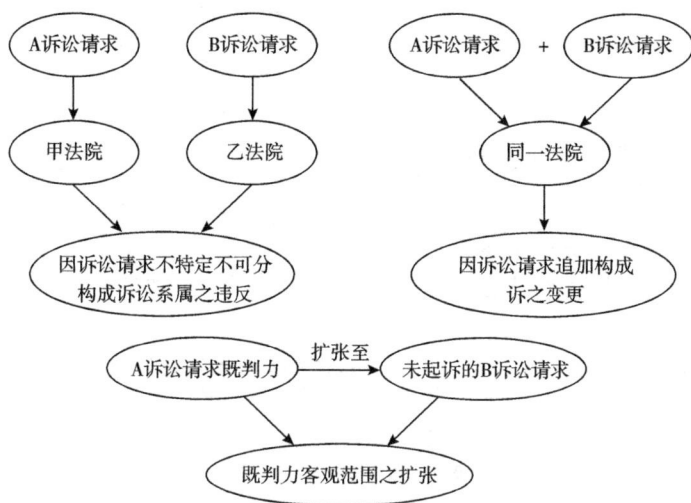

图 5 - 3　一分肢说下的一部请求之裁判界限

在传统诉讼标的理论下，案型一的诉讼系属、诉之追加与变更、既判力客观范围的认定路径，具体应如图 5 - 4 所示。

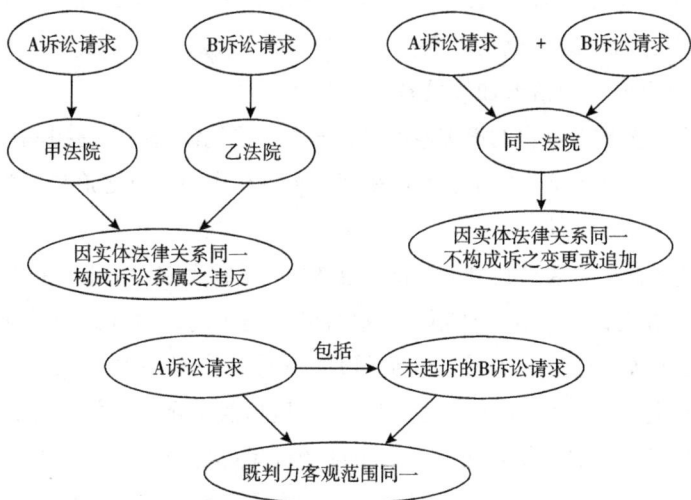

图 5 - 4　传统诉讼标的理论下一部请求之裁判界限

在以案件事实为诉讼标的界定方式下，案型一的诉讼系属、诉之追加与变更、既判力客观范围的认定路径，具体应如图 5 - 5 所示。

（2）案型二的诉讼逻辑发展

在某一人身损害赔偿案件中，原告遭受有多项损失，如财产损失、人

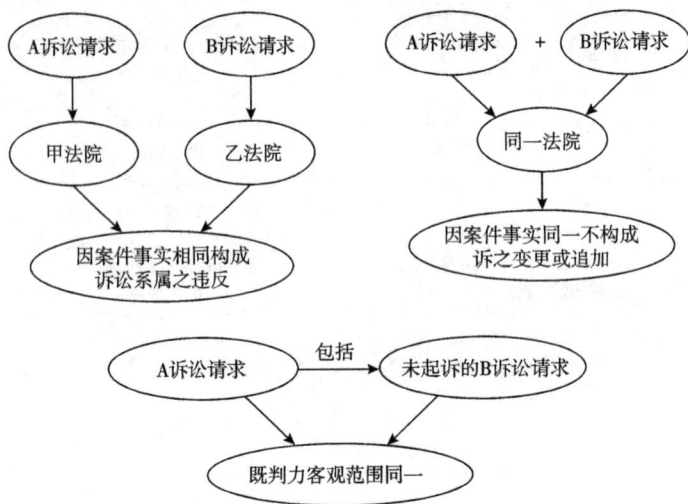

图 5 – 5   案件事实为诉讼标的下一部请求之裁判界限

身损失，还有误工费、精神损害等。就该类型案件，原告是否应当一并将其所有损失项目合并提起？原告的困难可能在于部分项目损害的具体数额之确定可能会有多方面的掣肘，如专家鉴定、过错程度、证据资料收集、人身损害本身治疗的完全程度等。

这里应当分三种情形加以处理。

①原告提起部分项目的损害赔偿时，若原告在他诉讼中同时提起他项目的损害赔偿，但该两个项目的赔偿本可在第一个诉讼中通过诉之追加、变更等方法一次性解决，那么就不应当允许原告重复起诉。在第一个诉讼中，法官还可以对原告进行阐明，要求其尽可能将已成熟项目的损害赔偿请求一并提起。

②原告在后诉讼中提起他项目的损害赔偿请求时，前诉讼中的损害项目赔偿请求已经处于上诉审程序。于此情形，若第一个诉讼中，法官未能充分行使要求原告提起完全诉讼请求之阐明权，则原告他项目的损害赔偿请求权应获得审级保护利益，原则上不允许就两个诉做诉之合并、追加或者变更。

③若原告就其他项目损害赔偿请求的证据采集尚不充分，或者有其他的正当理由，原告可以在原诉的判决生效之后，再行提起他项目的损害赔偿请求。于此情形，后诉当不受前诉既判力范围之困扰。

对于人身损害赔偿请求类案件，既判力的范围根据诉讼标的之范围的变动而发生变动。具体可做如下的分类讨论。

如果以诉之声明作为诉讼标的，那么在前诉讼中，原告没有主张的他项损害赔偿项目不得纳入既判力之客观范围。因此，原告可以再行提起诉讼。

如果以法律关系作为诉讼标的，那么在前诉讼中，只要系属于同一法律关系下的各不同项目的损害赔偿，都应当一并主张。否则，后诉就会被前诉既判力的效力所遮断，但是，对不同法律关系系属下的同一项目可能不会被遮断。例如，在诸多的违约责任与侵权责任之竞合、人身损害与工伤保险法律关系之竞合案件中均是如此。

如果以案件事实作为诉讼标的，那么在前诉讼中，当事人应当尽最大能力就损害项目作周详主张。否则，可能因前诉既判力的遮断效，导致当事人无法再行提起新的诉讼。唯一例外的是在后遗症案件中，可能由于出现新的案件事实而允许当事人提起新的诉讼。

总体上，不论是采取哪一种诉讼标的之确定方式，都应当确定当事人的损害项目主张已经在前诉讼程序上进行了充分的攻击和防御，享有相应的程序保障权，法官也履行了必要的阐明义务。如此，既判力之客观范围才具有正当化的根据。

依据不同诉讼标的的理论，对于案型二的诉讼系属、诉之追加与变更、既判力客观范围的判断各有不同，现就相关逻辑发展路径进行具体分析。

对于案型二为代表的多项目损害赔偿诉讼，在一分肢说下，其诉讼系属、诉之追加与变更、既判力客观范围的认定，具体应如图 5-6 所示。

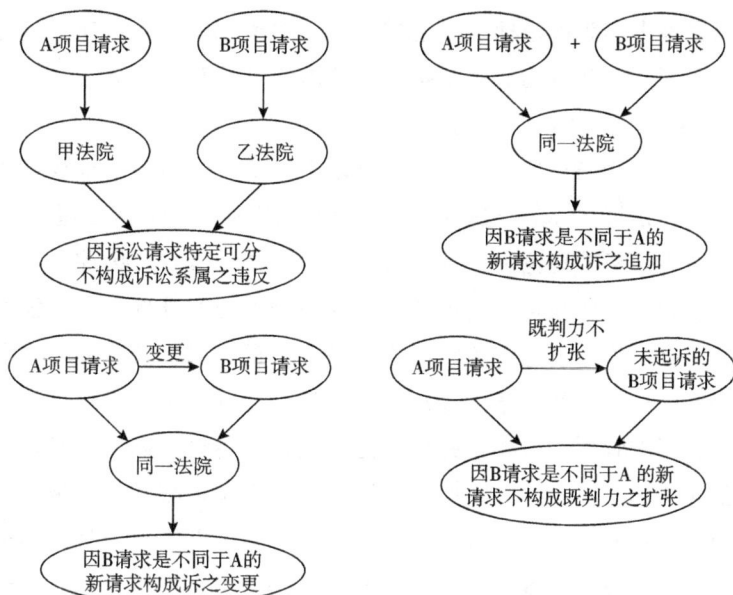

图 5-6　一分肢说下多项目损害赔偿诉讼之裁判界限

在传统诉讼标的理论下，案型二的诉讼系属、诉之追加与变更、既判力客观范围的认定路径，具体应如图 5 - 7 所示。

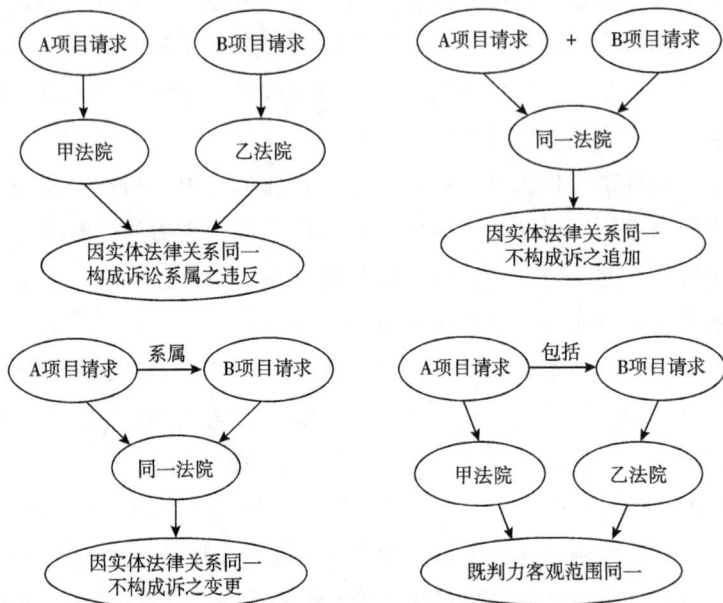

图 5 - 7　传统诉讼标的理论下多项目损害赔偿之裁判界限

在以案件事实为诉讼标的界定方式下，案型二的诉讼系属、诉之追加与变更、既判力客观范围的认定路径，具体应如图 5 - 8 所示。

（3）案型三的诉讼逻辑发展

对某一建筑物归还案件，原告既可以主张所有物返还请求权又可以主张租赁物返还请求权。对于这种请求权竞合的案件应当如何处理？

在传统诉讼标的理论中，认为这是两个不同的案件。因此，主张所有物返还请求权和主张租赁物返还请求权的两个诉讼的既判力之间没有直接的关系，不会产生重复起诉的问题。但是，从重复起诉禁止的法理角度而言，如果允许这样的两个案件分别采用两道诉讼程序加以审理，会增加被告的诉累，影响程序的效率，并且可能导致两个诉讼裁判的相互矛盾。此外，颇值玩味的一点是，如果原告以所有物返还请求权起诉，被告以租赁物占有请求权提起反诉，那么，这两个诉讼应当可以在一个程序中合并审理。这也说明，反诉与本诉不需要基于同一法律关系即可提起，提起的根据可以是基于同一事实而不是同一法律关系。自传统诉讼标的理论下法官

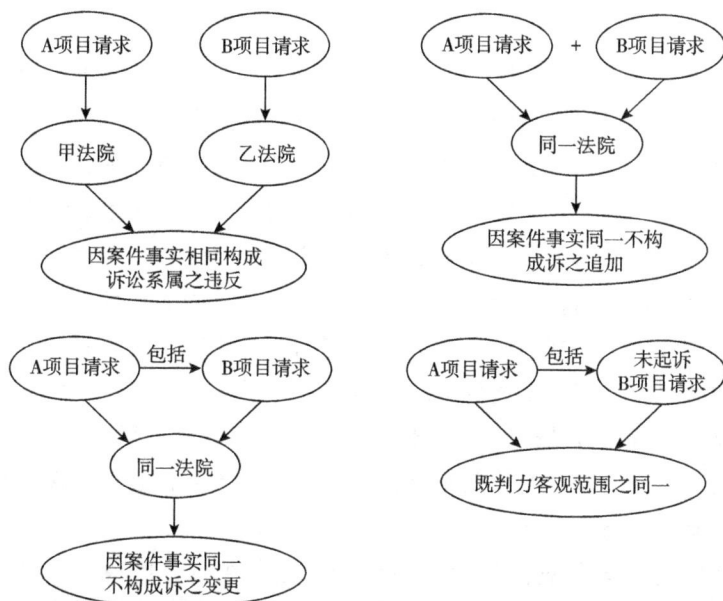

图5-8　案件事实诉讼标的下多项目损害赔偿诉讼之裁判界限

阐明权的角度而言，如果原告单纯以其中的某一法律关系作为诉讼标的，那么法官应当阐明另一法律关系的诉讼可能。如是，原告把租赁法律关系和所有物返还请求法律关系合于一个诉讼程序中加以考虑，可能构成诉之合并、追加或者变更。但如果是以案件事实作为诉讼标的，则相关的不同法律关系，或者说不同请求权的表达，仅仅是当事人在事实上或法律上的补充更正，或者说是一种事实或法律观点的表达，更或者说是事实或法律上攻击防御方法的选择。

就判决生效后的请求权竞合案件而言，如果原告在前诉中主张的是所有物返还请求权，在后诉中主张的是租赁物返还请求权。于此情形，采取传统的诉讼标的理论者，一般认为此时两诉的既判力之客观范围各不相干，如此难以避免既判力撞车之虞。为避免此类问题，若在此类案件中加入程序保障权的考量，则有可能实现前诉既判力之客观范围的适当扩张。例如，只要在前诉中原、被告双方不但就所有物返还请求法律关系是否成立进行了攻击和防御，而且还就租赁物法律关系也进行了攻击和防御。那么，无论被告是采用抗辩的形式还是反诉的形式来证明其占有租赁物的正当性，该租赁协议的存在暨生效与否已必然构成了前诉的一个主要争点。如是，应当允许前诉既判力的范围做适当扩张，允许判决标的之范围大于审判标的之范围。

就请求权竞合案件而言，如果是以纷争事实作为诉讼标的，那么理想的状况应当是法官就该纷争事实中所应含的各种可能的法律关系进行阐明，当事人并就各相关法律关系进行充分的攻击和防御。如此，既判力的客观范围才会显得饱满，并具有正当化的根据。如果法官之阐明存在遗漏，当事人就租赁法律关系并未展开必要的攻击和防御，那么即便是以案件事实作为诉讼标的，这个判决也会存在着严重缺陷。于此情形，既判力的客观范围实质上应当小于审判标的之范围。为纠正判决的错误，应当允许原告申请再审，但是不能发动新的诉讼。

依据不同诉讼标的理论，对于案型三的诉讼系属、诉之追加与变更、既判力客观范围和重复起诉禁止范围的判断各有不同，现就相关逻辑发展路径进行具体分析。

对于案型三为代表的法律关系竞合诉讼，在一分肢说下，其诉讼系属、诉之追加与变更、既判力客观范围的认定，具体应如图5-9所示。

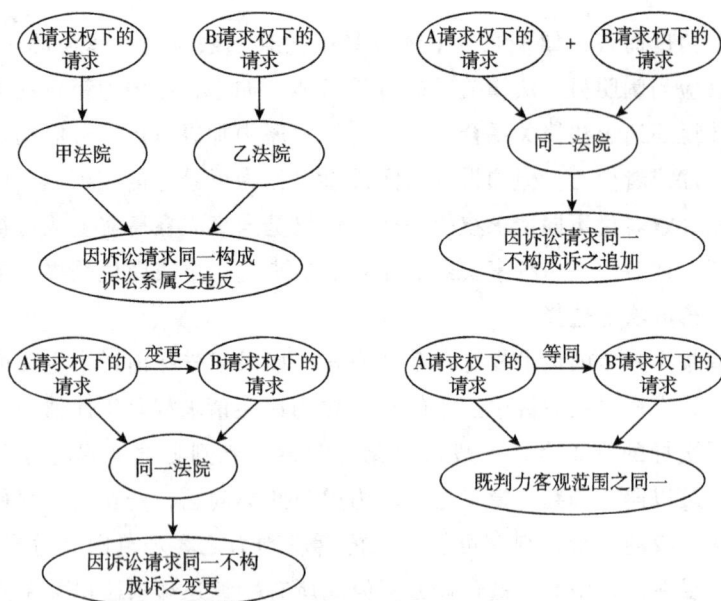

图5-9 一分肢说下法律关系竞合诉讼之裁判界限

在传统诉讼标的理论下，案型三的诉讼系属、诉之追加与变更、既判力客观范围的认定路径，具体应如图5-10所示。

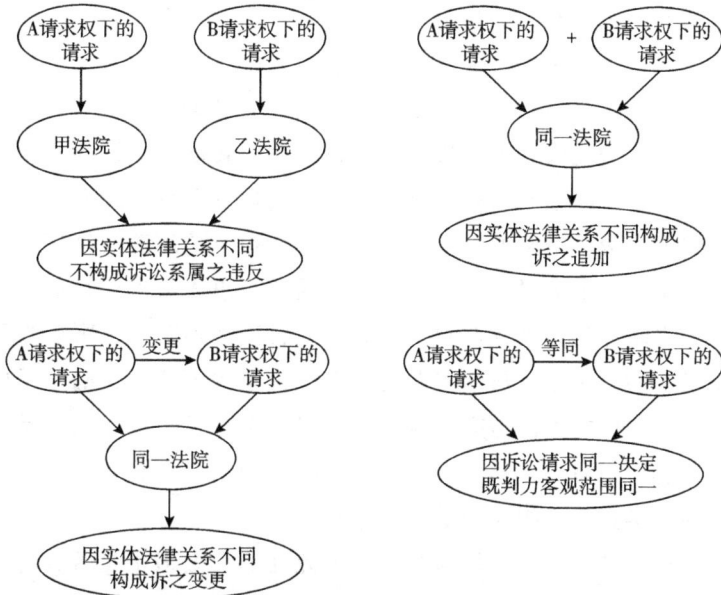

图 5 - 10　传统诉讼标的理论下法律关系竞合诉讼之裁判界限

在以案件事实为诉讼标的界定方式下，案型三的诉讼系属、诉之追加与变更、既判力客观范围的认定路径，具体应如图 5 - 11 所示。

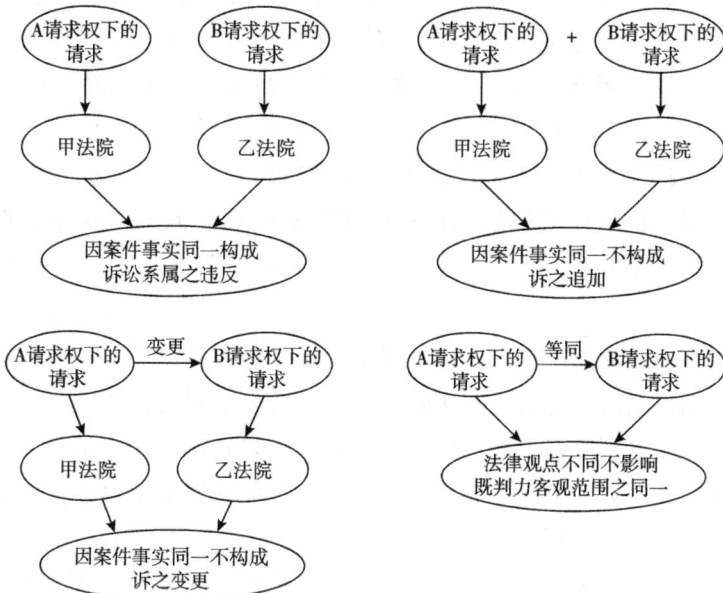

图 5 - 11　案件事实诉讼标的下的法律关系竞合诉讼之裁判界限

（4）案型四的诉讼逻辑发展

就指向同一诉讼请求的两个关联性事实的诉讼问题而言，从时间轴来看，两个关联性事实的前后发展可以指向同一诉讼请求。双方当事人之间就同一笔款项，先是成立了借款法律关系，后又转向票据法律关系。这和两个关联性事实指向于不同的诉讼请求有着明显的区别：如前诉讼就人身损害赔偿的医疗费用提出诉讼请求，后诉讼就相应的后遗症治疗问题提出诉讼请求。又和两个关联性事实指向于不同的当事人有着明显的区别：如双方当事人之间先签订借款合同，确立借款合同法律关系，事后为了保证该借款及时偿还，第三人与债权人之间又签订了保证合同，确立了保证合同法律关系。这样的案例与案型四应作明确的区分，它们指向的是不同的还款主体，也即当事人并不同一。案型四特指的是两个在时间上具有承继关系的法律事实且其所指向的是同一笔款项。

相信会有论者提出这样的问题，认为此处的诉讼请求是否具有同一性应当作进一步的讨论。例如，在先有违约事实后有侵权事实的诉讼请求竞合案件中，违约责任和侵权责任各自所指向的赔偿范围并不相同，精神损害赔偿一般而言是属于侵权责任中所独有的项目。关于这类问题会在后文（第二节）中做进一步的展开，此处先予以留白。此外，还可本着一种"模糊"的态度来考量诉讼请求的同一性，即更多意义上是本着生活中的"一事观"来理解诉讼请求，本着有损害就有救济，救济必须完全填补损害的原则来界定"同一个诉讼请求"。在此意义上，对于同一笔款项数量上的拆分和请求的提出、对于同一法律关系下不同救济项目的区分、对于不同法律关系所指向的不同救济项目乃至于同一救济项目在前原因事实向后原因事实的发展过程中所出现的利息问题，本质上都是属于同一个诉讼请求。如是，才有进一步的讨论空间和前后论证的逻辑一致性。

从诉讼系属的角度进行讨论。在案型四中，案件事实不同，法律关系不同，当事人相同，诉讼请求相同。如果以两个不同的法律关系为两个不同的诉讼标的分别进行审理，很大程度上会浪费司法资源，且很可能出现两个案件的既判力的相互冲突，于此情形，将关联性的案件事实视为一个完整的诉讼标的，体现了英美法系的智慧。

从既判力客观范围的角度进行讨论，不论当事人是否有就案件事实中所包含的不同法律关系全部进行攻击和防御，该各不同法律关系所支持的同一诉讼请求应当完全落入既判力的客观范围。亦即，当事人不得以某一法律关系在前诉讼中未能被提起之理由，要求提起后一诉讼。目标管理案件事实说认为，在案型四中，本着法官知法的原则，法院对这一类具有关联性的案件事实中所包含的不同法律关系，应当充分地行使阐明权。理想模式下，双方当事人不但围绕着原因债权，还围绕着票据债权进行充分的攻击和防御。如此，既判力之客观范围方可饱满且具有正当性。原则上，应当是法官审判什么案件事实，就应该让该案件事实所包含的诉讼请求发生既判力。既判力不能扩张，否则违反了程序保障法理；既判力也不能限缩，否则浪费了司法资源。若当事人确实存在该主张法律关系未能主张，人民法院确实存在该阐明法律关系未能阐明，于此情形，当事人对程序保障权缺位之救济，应当考虑的是申请再审，而不是提起新的诉讼。

依据不同诉讼标的理论，对于案型四的诉讼系属、诉之追加与变更、既判力客观范围和重复起诉禁止范围的判断各有不同，现就相关逻辑发展路径作具体分析。

对于案型四为代表的多事实竞合诉讼，在一分肢说下，其诉讼系属、诉之追加与变更、既判力客观范围的认定，具体应如图 5 - 12 所示。

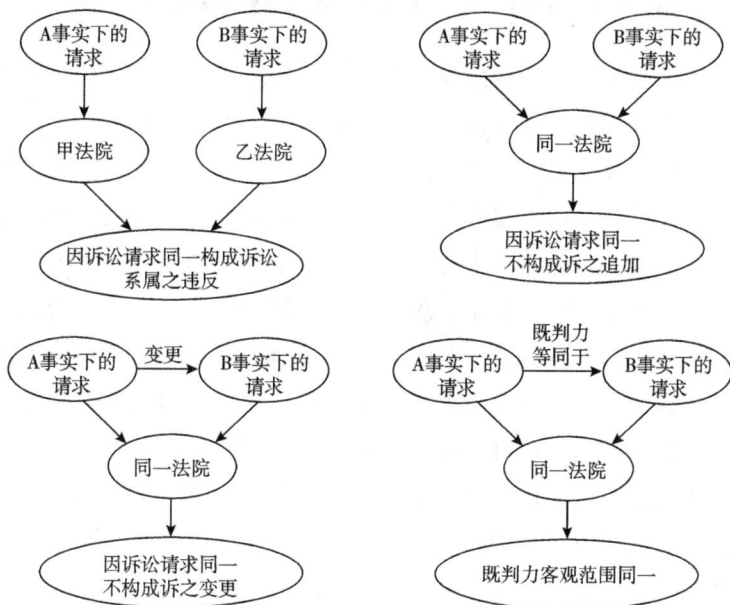

图 5 - 12　一分肢说下多事实竞合诉讼之裁判界限

在传统诉讼标的理论下，案型四的诉讼系属、诉之追加与变更、既判力客观范围的认定路径，具体应如图5-13所示。

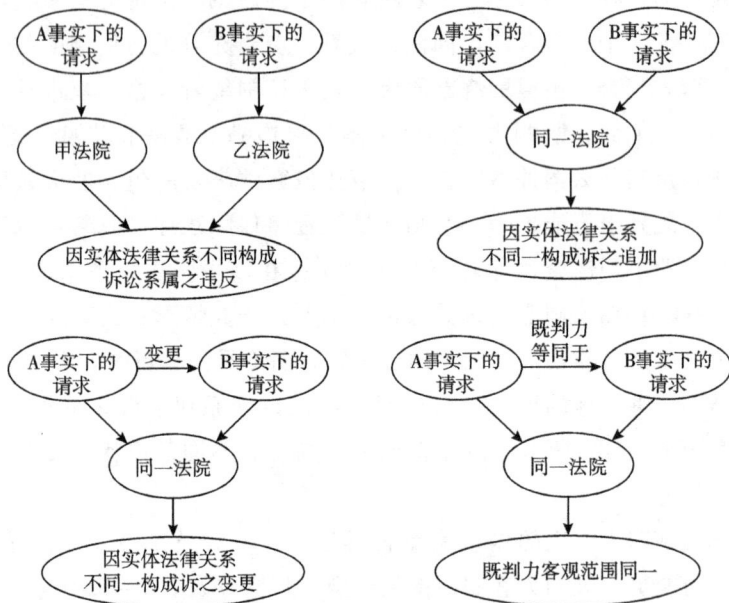

图 5-13　传统诉讼标的理论下多事实竞合诉讼之裁判界限

在以案件事实为诉讼标的的界定方式下，案型四的诉讼系属、诉之追加与变更、既判力客观范围的认定路径，具体应如图5-14所示。

根据上述各案型中的"案件事实诉讼标的"下的处理方式，对案型一、二、三和四的逻辑发展路径进行观察，可以发现其和其他诉讼标的理论相比较，有着促进纷争一次性解决之实际功能。但是，这并不是目标管理案件事实说的全部，各案型中纷争解决功能的强化，必须有与之相配套的制度作为支撑：程序保障权制度、程序选择权制度和法官阐明权制度。

就程序保障权制度而言，若当事人的程序保障权没有落实，则当事人没能获得充分的攻击和防御机会。为此，应当提供相配套的争点整理制度和争点排除效规定。亦即，如果某一法律关系没有列入主要争点或者列入主要争点但没有进行充分的攻击和防御，应当容许进行再审纠错。

就程序选择权制度而言，若当事人的程序选择权未能得到充分保障，如在部分案件中，当事人某些项目下的诉讼请求可能尚未成熟，或是不能获得充分的证据支持，或是不能获得充分的诉讼费用支持。于此情形，强

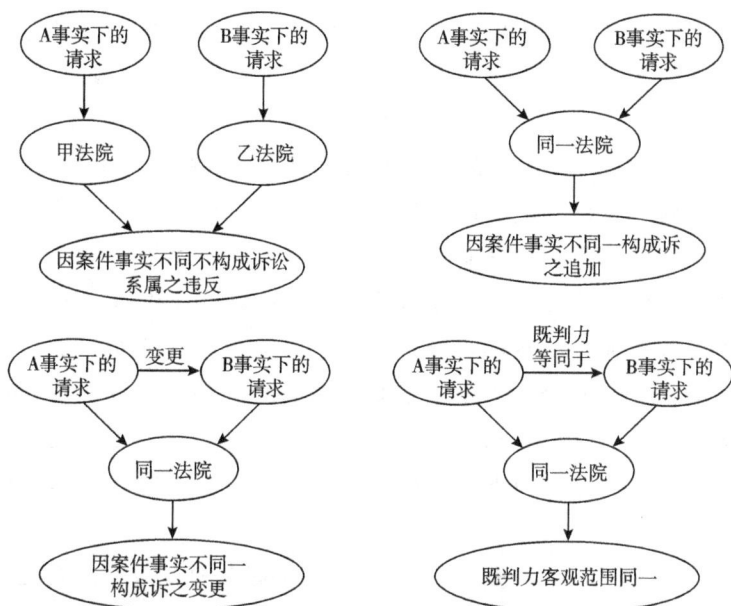

图 5-14 案件事实诉讼标的下多事实竞合诉讼之裁判界限

行要求当事人启动全部的诉讼请求，则程序法的妥适性将会受到根本性的质疑。目前，民事诉讼法并未对该两种例外情形提供具体的配套制度。亦即，当事人对于暂时并不成熟的诉讼请求，是否有权通过某种制度的安排向法官请求延后处理？这尚无明文规定，该部分制度的缺陷有待于我国民事诉讼法的进一步改进。

就法官阐明权制度而言，我国民事诉讼法中关于诉之变更、诉之追加、诉之合并以及反诉的规定并不健全。虽然目标管理案件事实说中不再需要传统诉讼标的理论下这些制度，但若缺乏这些制度所培养的法律观点和诉之声明的变更、追加、合并及反击理念，这有可能令各方当事人在灵活处理诉讼请求时存在障碍。于此情形，如果法官没有妥当地行使阐明权，则当事人在选择范围上可能会受到很大的限制，由此导致的程序上的不利益归咎于当事人一方并不具有正当性。

（五）目标管理案件事实说的程序功能基础

对诉讼标的本身进行就事论事的研究，难免精于微观而失之宏观。"诉讼标的本是一个微观问题，既有研究却将其无限抽象，理论越来越有宏观特质，乃至超越了其自身的功能定位。让诉讼标的理论回归其正道，需要回到民事诉讼的出发点，紧扣民事诉讼解决纠纷的目的，将诉讼标的的功能置于诉讼程序的整体之中，才能使诉讼标的从过重的负担下解脱出来。诉讼标的的理论的展开都是围绕这样一对矛盾：既要防止矛盾判决、实现诉讼的解纷目的，又要保障当事人诉权、防止突袭性裁判。如果看到这对矛盾贯穿整个民事诉讼制度，就可以松一口气：问题的解决不可能仅靠某一个小小的概念或单个的制度，而要依靠民事诉讼制度这架结构复杂的机器整体作用才能达致；诉讼标的仅仅是这架庞大机器中的一个零部件而已，不仅功能有限，而且其功能的发挥还要依赖其他部件的有效运转与整合。"① 因此，应当将诉讼标的放在更宏观的程序功能背景中进行思考。就程序的功能而言，它主要包括程序效率与程序公平两个维度的衡量。程序的不同功能，对诉讼标的之定位有着非常重要的影响。

在诉讼标的之审判阶段，程序功能更多的是从审判效率的角度进行考量，力求实现纷争的一次性解决。与之相对应，在立案的诉讼系属阶段、一审的诉之合并分离变更和追加阶段、二审的上诉阶段，诉讼标的之确定更多是从诉讼效率的角度进行考量。例如，在诉讼系属阶段，考量的是如何固定争端的管辖法院；在一审阶段，考量的是如何最大化诉讼纠纷单元和灵活处理诉讼纠纷单元；在二审阶段，考量的是如何促进争端的重点解决。与该程序发展不同阶段的诉讼标的可分别称之为诉讼系属标的、一审标的和二审标的。

在诉讼标的之审结阶段，程序功能更多的是从审判公平的角度进行考量，力求实现纷争的公平性解决。与之相对应，在诉讼后半段中的既判力之客观范围的确定阶段、执行阶段和重复起诉禁止阶段，考量更多的是程序公平问题。例如，在既判力之客观范围确定阶段上，考量的是争端是否得到了程序上的公平解决；在执行阶段，考量的是争端中权利义务的落实；在重复起诉禁止阶段，考量的是关联争端范围的有效界定。因此，对于既判力之客观范围、执行标的之范围乃至于重复起诉禁止之范围的圈定，必须考虑到当事人是否在审判阶段享有合理的程序保障权，亦即，当事人的程序保障权、程序选择权和法官的阐明权的行使是否到位。若该系列权利（权力）的运行不存在缺位问题，则既判力之客观范围即具有正当

---

① 吴英姿：《诉讼标的的理论内卷化批判》，《中国法学》2011 年第 2 期，第 189 页。

化的根据，附随而生的执行范围和重复起诉禁止范围也同样因之具有了正当性。与该程序发展不同阶段的诉讼标的可分别称之为判决标的、执行标的和关联诉讼标的。

关于程序功能对诉讼标的之定位的影响，具体可参见图 5 - 15。

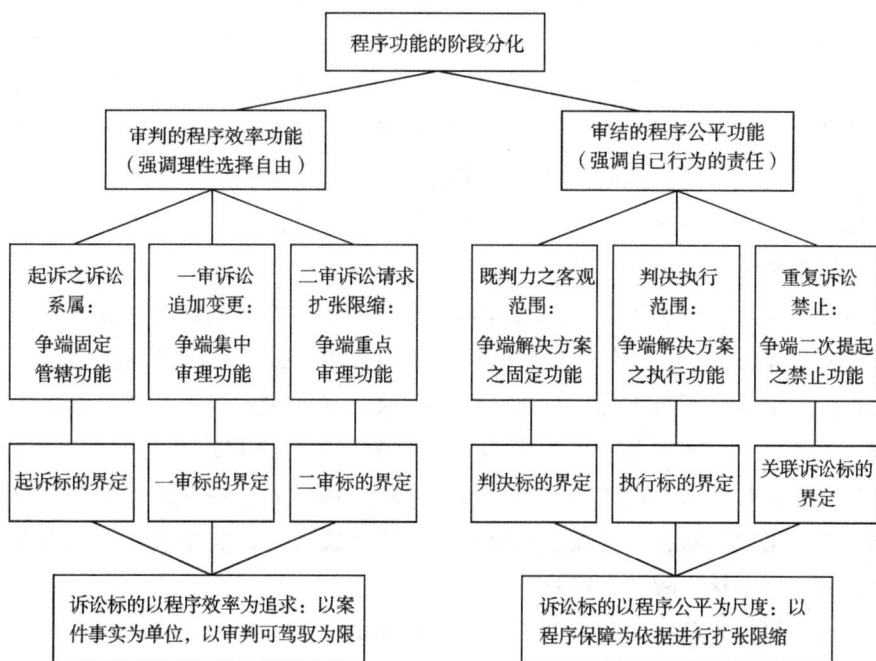

图 5 - 15　程序功能分化对诉讼标的的范围影响之逻辑演进

通说认为，既判力范围的大小等同于诉讼标的范围之大小。在采取不同诉讼标的理论的案件中，既判力范围也会随着诉讼标的的范围取向的变化而变化。不同的诉讼标的理论对于既判力范围的决定会出现不同的影响。但是，如果沉醉于诉讼标的之范围等同既判力之范围这一公理，这相当于在法律上追求一种形式的迷信，它保证了诉讼逻辑上的前后连贯性，但并未充分考虑既判力范围具体妥当性背后的真正根据：为什么诉讼标的之范围可以等同于既判力之客观范围？

为什么诉讼标的之范围可以等同于既判力之客观范围？从程序的进行过程中，可以看出当事人在诉讼伊始就必须确定诉讼标的，也即民事审判对象。所谓程序被设定为一种公开、透明、协商对话的场合。在程序运行中，双方当事人可以充分地进行攻击和防御，法官也可以直接地阐明其心证和法律观点。这种公平对话过程中所得出来的结果被认为具有公正性。也即，如果一个案件的判决在实体上不正义，但在程序上正义，仍然可以视为这个案件的总体处理结果是正义的。

一个诉讼无外乎两个基本要素，一个是程序本身，另外一个是程序中的参与者。就程序本身而言，其设定如果能够为当事人提供平等的攻击和防御机会，那么，该程序可视为是公平的程序。至于程序中的人是否善加利用该平等的攻击防御机会则在所不问。就程序的参与者而言，可以分为两部分：一部分是当事人，另一部分是裁判者。当事人应当就自己在程序中的行为自负其责，其最直接的表现就是当事人禁反言。当事人程序上的自由行为，在某种意义上也是一种自缚行为。正是当事人之间的一个又一个的行为确定了判决的基础和判决的最终拘束力，双方当事人因此应当接受自身行使过攻击和防御行为之后的裁判结果。此外，裁判者也应本着兼听则明和保证当事人程序攻击和防御的机会要求，公开心证和相应的法律观点。无论是对当事人还是对裁判者的要求，都是诚实信用原则的具体体现。因此既判力客观范围的决定因素是两个：一个是程序本身的公平力，另外一个是程序参与者的诚信力。双方当事人从个人理性选择的角度，裁判者从制度理性选择的角度，都应当捍卫的判决结果，法律最终以既判力的形式固定了这一程序合成物。

由上可知，既判力的"力"来源于程序的公平力和程序参与者的诚信力。如果在一个案件的审判中，不论是诉讼标的，还是主要争点（包括事实上的争点、法律上的争点、证据上的争点、攻击防御方法上的争点）都获得了充分的程序保障。审判过程中既有当事人之间的自由竞争，又有法官的充分阐明，则相关的争议事项就应当具备既判力或者类似于既判力遮断效的效力。与之相反，即便是诉讼标的本身，如果在程序运行中缺乏应有的程序保障，则相应判决也不能发生既判力或者其既判力应当被再审程序所动摇。当然，上述情形并不包括当事人因自身过失不能妥善行使程序权利的情形。程序的公平性只是提供一种公平的可能性，至于这种公平可能性向现实性的转化，还需要当事人通过自身的行为来加以实现。例如，当事人因故意或者重大过失，不能准确行使程序权利，即便是缺席判决，该判决也是正当的判决，其既判力具有正当性。一个案件自诉讼伊始至诉讼终结，诉讼标的之范围恒定也好，变动也好，扩张也好，限缩也好，其根源不在于诉讼标的本身，而是不同阶段程序合成的结果。这与其说是诉讼标的之相对性，不如更准确地说应是程序对诉讼标的之相对影响力①这如同于一个人，在人生的不同阶段可能会具有不同的特征，人自身的品性本是稳定的，但是会因环境之影响而发生改变。

第二节　目标管理案件事实说与请求权之竞合

请求权之竞合问题是传统诉讼标的理论的软肋。目标管理案件事实说服务于诉讼经济之目的，自当接受请求权竞合现象的检验。在民事诉讼中，请求权竞合的现象可谓是多种多样，本章仅抽取违约责任与侵权责任之竞合作为一个研究范例，重点研究《合同法》第 122 条的规定，以期达成举一反三之效果。

《合同法》第 122 条（以下简称"第 122 条"）是个特殊的条款，它能够同时获得我国民法和民诉法学者的研究青睐。学者们的学术耕犁也产出了喜人的理论成果。有趣的是，我国民法和民诉法学者在此问题上的研究视角一向是泾渭分明②：前者注重研究该条规定所采取的请求权竞合说是否合理，后者则偏重于探讨该规定对传统诉讼标的理论的冲击。从表象上看，两大部门法学者间的研究似乎形成了契合，但实则是各行其是，缺乏对话。

第 122 条规定："因当事人一方的违约行为，侵害对方人身、财产权益的，受损害方有权选择依照本法要求其承担违约责任或依照其他法律要求其承担侵权责任。"这显然是一个兼含实体与程序内容的混合性条款。针对跨部门法条的研究，民法和民诉法学者没有理由各说各话，应当交互作有效的理论批判，实现程序法与实体法的理论对话。

一　既往之研究盲点

请求权竞合既是一个民法问题，又是一个民诉法问题。因此，从该问

---

① 有学者认为，应当持诉讼标的之相对性观点，认为我国仍可以"旧实体法说"为原则把握、识别诉讼标的，并在例外情形下予以扩张，由此尽可能维持概念的统一性。但这是在相对化的认知框架下通过逐一辨析、归纳推理而获得的结论，并非固守体系性研究思路并通过演绎推理所能论证。而一旦理论上承认诉讼标的在不同场景下——即使作为例外情形——具有不同的内涵外延，体系性理论范式便不可逆地走向衰退，向新范式转换也在所难免。参见陈杭平《诉讼标的理论的新范式—"相对化"与我国民事审判实务》，《法学研究》2016 年第 4 期，第 189 页。

② 民法学者中，以王利明教授、蓝承烈教授和赵许明教授三人的观点为典型代表；民诉法学者中，以江伟教授、齐树洁教授和徐晓峰博士三人的观点为典型代表。

题的解决路径上，可以看到大陆法系先进国家德国民法和民诉法学界之间热烈的理论互动。① 与之相比较，我国民法和民诉法研究者在违约责任与侵权责任之竞合问题上缺乏有效的沟通，因而出现了各自的研究盲点。

（一）民法学者的研究盲点

民法学者的研究，多是从实体法的规定本身出发，探讨违约责任和侵权责任之间的关系：有主张②此两种责任可以进行有机整合的德国请求权规范竞合立法例；有主张③此两种责任在一定条件下可以并用的民事责任聚合立法例；有主张④原则上允许对此两种责任作择一请求，但在特殊条件下则不允许择一选择的英国限制竞合立法例。⑤ 众所周知，第122条采行的是允许择一起诉的请求权竞合立法例。但是，该种立法例在德国早已被抛弃。原因是，如果让请求权竞合和原告的诉之选择相联系，实体法上的请求权竞合问题就会蔓延到程序法上，这将使得实体法上请求权之竞合成为诉权之竞合的根源。⑥ 我国《合同法》的制定工作主要是在一些民法学者的主持下进行的，没有能够对第122条在程序上的应用给予充分的考虑。因此，该条存在着明显的程序缺陷：不能够实现纷争的一次性解决。例如，原告若提起违约之诉败诉后，其还可以提起侵权之诉。如此，一个责任竞合事件就有可能必须通过两次诉讼才能解决，这使得原告重复支付

---

① 在德国，为了解决同一事实可以适用不同法条规定的问题，先后出现了法条竞合说、请求权竞合说、新诉讼标的理论和新实体法说等理论。其中，法条竞合说、请求权竞合说为民法学者所提出，新诉讼标的理论则是民诉法学者为克服民法学者的理论缺陷而作。在新实体法说中，先由诉讼法学者 Nikisch 所提，并由 Larenz 发扬光大为请求权规范竞合说，而诉讼法学者 Henckel 和 Blomeyer 也提出了自己的理论。因而，在此学术问题的解决脉络中，可以看到程序法学者和实体法学者的交互努力。具体参见叶月云《德国新诉讼标的理论之研究》，硕士学位论文，台湾东海大学法律学研究所，1994，第8~49页。

② 王泽鉴：《民法学说与判例研究》，北京大学出版社，2009，第218页。

③ 蓝承烈教授认为：如果同一行为事实同时符合违约责任和侵权责任的构成要件，但因此而发生的请求权目的和请求权主体并非同一，于此可以承认请求权聚合说，否则应采请求权竞合说，参见蓝承烈《民事责任竞合论》，《中国法学》1992年第3期，第55页。

④ 王利明教授强调无论如何受害人不能同时基于侵权责任和违约责任提出请求。参见王利明《再论违约责任与侵权责任的竞合》，《中国对外贸易》2001年第2期，第26页。

⑤ 英国虽然限制违约责任和侵权责任的竞合，但是，在英国的服务合同中是普遍承认竞合的。具体可参见如下判例：Tai Hign Cotton Mill Ltd. V. Liu Chong Hing Bank Ltd [1986] AC 80, 107；Midland Bank Trust Co. ltd. V. Hett, Stubbs kemp [1979] ch. 384 ；Thake V. Maurice [1986] QδB644.

⑥ 黄茂荣：《论诉讼标的》，《植根杂志》2004年第1期，第7页。

诉讼所需的劳力、时间和费用等诉讼成本，严重地侵害了原告的程序利益。①

作为民法学者的研究成果，第122条的最大问题是，它为纠纷的多次解决开通了合法的渠道。这严重地违背了诉讼经济原则，可谓具有"恶"法的性格。缺乏对程序的简约考虑，是民法学者的研究盲点。

（二）民诉法学者的研究盲点

民诉法学者的研究，多是从程序法的角度出发。第122条无法让纠纷得到一次性地解决，这使得他们重新思考传统诉讼标的理论的定位。他们认为，第122条之所以能够如此规定，是因为违约法律关系和侵权法律关系是两个不同的诉讼标的。在传统诉讼标的理论指引下，不同的诉讼标的自然可以在不同的诉讼中加以解决。这种做法虽然与传统诉讼标的理论并不矛盾，但并不符合纷争一次性解决的需要。由此，他们得出结论，应当采用当事人在诉讼中所主张的特定利益来确定诉讼标的。② 这实质上就是新诉讼标的理论的一分肢说，亦即，通过诉之声明来确定诉讼标的之范围。

令人遗憾的是，一分肢说也许可以解决大多数的请求权竞合案例，唯独并不适合于第122条所规定的情形。一分肢说本是通过将不同法律关系统一到单一的诉之声明下，并将诉之声明上升为诉讼标的之确定标准，将各种法律关系降等为诉讼中的攻击或防御方法，最终达到法律关系主张的归一和纷争一次性解决目的的实现。因此，能否形成单一的诉之声明，是一分肢说能否解决第122条问题的关键。但是，在许多情况下，原告就违约责任和侵权责任所主张的利益并不相同，违约责任和侵权责任并不能够被涵盖在同一诉之声明下，纷争一次性解决的目的因此仍然无法实现。民

① 所谓程序利益，是指因程序的简化而使得当事人可以节省下来的包括劳力、时间或费用等项目在内的诉讼成本支出。程序利益的概念为台湾的邱联恭教授首创。参见邱联恭《程序利益保护论》，台北，三民书局，2005，第5页。

② 江伟教授认为，民事诉讼标的应是当事人在诉讼中主张的特定利益，请求权只不过是当事人攻击防御的手段和法院对当事人主张的特定利益进行裁判的依据。参见江伟《段厚省请求权竞合与诉讼标的理论之关系重述》，《法学家》2003年第4期，第40页。徐晓峰博士认为，诉讼标的在结构上须同时包含"责任关系"与"接受权内容之主张"两重要素。在责任竞合情况下，可以利用"诉之利益"达成纷争解决一次性的目标。参见徐晓峰《责任竞合与诉讼标的理论》，《法律科学》2004年第1期，第56页。

诉法学者之所以会出现这种错误，主要原因在于其对第 122 条中违约责任和侵权责任的实体法内涵没有准确地把握。违约责任和侵权责任的范围尽管会有交叉的部分，但是，此二者也常会存在其各自可独立的部分。例如，在侵权责任中可以主张的精神损害赔偿利益，其在违约责任中并不能够主张；而在违约责任中可以主张的合同履行利益，其在侵权责任中也并不能够主张。① 因此，民诉法学者提出的解决方案在第 122 条面前可谓捉襟见肘。缺乏对违约和侵权所涉利益范围的透彻研究，是程序法学者的研究盲点。

（三）共同的误区

民法学者和民诉法学者之所以会存在上述的研究盲点，既和学科分工导致的研究局限性有关，也和二者的研究都是在既有的法律框架内进行有关。无论是从实体法出发，还是从程序法出发，学者们都是向着完善既有法律框架的方向作出努力。但是，过多地考虑法律自身的体系性，就有可能忽略生活的实际需要。民法学者忽略了原告的诉累，民诉法学者却未曾留意到原告利益的周全保护。这实际上是陷入了"让生活服务于法律，而不是让法律服务于生活"的思考误区。

二 程序视角的分析

欲避免第 122 条对原告所造成的困扰，关键在于解决两个问题：一是实体利益的周全保护，这在程序中反映为原告所主张的诉讼特定利益的完全实现；二是程序利益的周全保护，亦即纷争一次性解决的达成。

（一）诉讼特定利益的构成分析

如前所述，诉讼法学者之所以认为一分肢说足以解决请求权竞合问题，是建基于如下的一个理论前设：原告不论是提起违约之诉，还是侵权之诉，此二者所欲实现的诉讼特定利益应属相同，因此，两个诉讼实际上所主张的是单一的诉之声明。但是，事实并非如此，原告在违约之诉和侵

---

① 赵许明教授表达了类似的观点，参见赵许明《民事责任竞合的立法缺陷及修补》，《华侨大学学报》2004 第 3 期，第 56～62 页。另本人在硕士毕业论文中也曾对此问题详加研究，参见梁开斌《违约责任与侵权责任之竞合在中国合同法上的立法构想》，硕士学位论文，华侨大学，2003，第 77 页。

权之诉中所主张的诉讼特定利益在多数情况下并不等同。

1. 违约之诉所指向利益包含于侵权之诉所指向利益的情形①

河南市民冯某某欲乘车回家，由于当时没有直达西峡县的车，便坐上了往内乡县的车。但是，车没有走多远，他又发现了一辆往西峡县的车，便提出要换车。司售人员起初不同意，后来在冯某某少退一元票款的要求下，同意退票。但是，在冯某某下车时，车并没有停，还将他带倒了，摔成重型颅脑损伤。此案中，尽管退了票，双方终止了主合同义务，但是，承运方违反了合同的附随义务。冯某某可以提起违约之诉要求承运方承担人身损害责任，也可以提起侵权之诉要求其承担人身损害和精神损害的责任。如果将违约之诉所指向的利益视为 B，将侵权之诉所指向的利益视为 A，则 A 和 B 的关系是 B 包含于 A（见图 5 - 16 - 1）。

2. 违约之诉和侵权之诉所指向利益可相互独立但不能并存的情形

甲和乙签订机床修理合同，乙不但未修理好还因其修理行为使机床出现新的故障。于此，甲可以要求修理人乙承担恢复原状——修好机床所有故障的违约责任，或者可要求乙承担赔偿与修好后的机床价值相当的金钱的侵权责任。原告的这两个要求虽相互独立，但彼此不能够相容。亦即，原告的这两个要求不能均获实现，否则无异于让被告人乙重复承担赔偿责任。如果将违约之诉所指向的利益视为 A，将侵权之诉所指向的利益视为 B，则 A 和 B 的关系是相互独立但不能并存的关系（见图 5 - 16 - 2）。

3. 违约之诉和侵权之诉所指向利益有交集的情形

甲、乙两人订有承揽合同，由乙为甲裱糊一幅有纪念意义的家传古画。后由于乙未尽承揽义务还将古画送给他人。于此案中，甲既可根据违约责任要求乙返还古画和承揽费用；又可以根据侵权责任要求赔偿古画的市场价值并索要精神损害赔偿。② 其中，违约请求权和侵权请求权所指向的利益有不同的部分（分别是承揽费用和精神损失），也有相同的部分（古画价值）。如果将侵权之诉所指向的利益视为 A，将违约之诉所指向的利益视为 B，则 A 和 B 的关系是相互间存有交集（见图 5 - 16 - 3）。

---

① 伊力：《今日说法》，中国人民公安大学出版社，2001，第 229～234 页。
② 后者的法律依据是《最高人民法院关于确定民事侵权精神损害赔偿责任若干问题的解释》第四条的规定：具有人格象征意义的特定纪念物品，因侵权行为而永久性灭失或者毁损，物品所有人以侵权为由，向人民法院起诉请求赔偿精神损害的，人民法院应当依法予以受理。

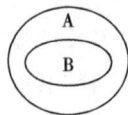
图 5 - 16 - 1

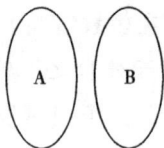
图 5 - 16 - 2

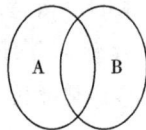
图 5 - 16 - 3

由上述可知，在一般情况下，违约之诉和侵权之诉所指向的利益并不相同，因此，当事人无法提出单一的诉之声明。这和一分肢说所要求诉之声明的单一性相互矛盾。如此，就第 122 条下绝大多数案例而言，一分肢说的应用并不能够达到纷争一次性解决的目的，只能是无功而返。实际上，一分肢说无论是在德国、日本还是我国台湾地区，最终也都没有成为决定诉讼标的范围的通说。①

（二）纷争一次性解决的实体法进路

虽然一分肢说显得无能为力，但是，其所主张的纷争一次性解决的方向乃大势所趋，并无错误。这既是生活的实际需要所决定，也是我国高度紧张的司法审判资源状况所要求。在前文所举案件中，原告所主张的事实仅有一个，就是原告因为被告的行为遭受了损害。此本为一个纠纷，其通过一次性诉讼加以解决自然也应是顺理成章之事。然而，在实体法上解决该问题的困难却是异乎寻常的大。

20 世纪 60 年代，德国著名民法学者 Larenz 曾提出请求权规范竞合说。该学说也是本着纷争一次性解决的目的，沿着从实体法到程序法的进路，力图将违约责任和侵权责任作内容上的统合。但是，英国法官 Scoff 对此种努力的评论可谓一语中的：这种做法犹如"要求得到月亮"②。确实，要在构成要件、归责原则、赔偿范围、诉讼时效、举证责任和诉讼管辖等各个方面都对侵权责任和违约责任的冲突进行天衣无缝般的化解和融合，其艰难可谓难于上青天。事实上，经修订的《德国民法典》仍然是一如既往地

---

① 德国目前使用的是以案件事实和诉之声明共同决定诉讼标的范围的新诉讼标的理论二分肢说；日本则采用以法律关系来决定诉讼标的范围的传统诉讼标的理论；我国台湾地区则是由当事人在案件事实和法律关系中自由选择一者或者两者来决定诉讼标的范围的诉讼标的相对论。

② Peter Schlechtrien, *The Borderland of Tort and contract——Opening a New Frontier* (New York: Cornell International law Journal, 1998), p. 467.

为各个实体法请求权分别规定了不同的实体和程序要件，使得该理论的施行面临重重法律障碍。因此，该理论在德国已成明日黄花，民法学者最终也放弃了这种努力。①

（三）纷争一次性解决的程序法进路

对于纷争一次性解决的目标来说，实体法方向的探讨可谓是此路不通。如此，则只能够在程序法内部加以重新考虑。亦即，如何在同一程序中提供对原告的违约主张和侵权主张同时予以审理的可能性。

1. 新诉讼标的理论一分肢说无法适用于诉之声明不单一的情形

实际上，对于单一诉之声明的请求权竞合问题，新诉讼标的理论一分肢说确能够起到简化程序的作用。这种合理性表现在如下的案件中：甲将自己所有之屋出租于乙，现租期届至，甲要将此屋收回。甲既可以提起租赁物返还请求权之诉，又可以提起所有物返还请求权之诉，此两个请求权均指向单一诉之声明——返还房屋。但是，前文所举的案例证明，第122条下经常会存在诉之声明并不单一的情形。

2. 传统诉讼标的理论无法适用于诉之声明不单一的情形

依据传统诉讼标的理论，要在同一程序中对违约主张和侵权主张一并审理，必须采用诉之客观合并的方法。所谓诉之客观合并，"系指同一原告对于同一被告，于同一诉讼程序中，主张数个请求之诉讼"②。诉之客观合并至少必须满足三个同一性：原告的同一、被告的同一和诉讼程序的同一。审判实践中，具体有四种诉之客观合并形态③。①重叠合并：在一个诉讼中，原告仅有单一诉之声明，但是，主张数个诉讼标的（法律关系），并要求法院均为裁判。②选择合并：在一个诉讼中，原告仅有单一诉之声明，但是，主张数个诉讼标的（法律关系），并要求法院选择其中一个为胜诉判决。③预备合并：在一个诉讼中，原告仅有单一诉之声明，但是，主张数个诉讼标的（法律关系），并且对各诉讼标的自行定有先后裁判顺序。于先位诉讼标的有理由时，即不请求法院对后位诉讼标的作出裁判。④单纯合并：在一个诉讼中，原告拥有可并存的若干个诉之声明，并主张

---

① 〔德〕罗森贝克、施瓦布、戈特瓦尔德：《德国民事诉讼法（下）》，李大雪译，中国法制出版社，2007，第673页。

② 王甲乙、杨建华、郑健才：《民事诉讼法新论》，台北三民书局，2001，第258页。

③ 杨淑文：《民事诉讼法共笔》，自刊，2007，第234页。

与诉之声明个数相对应的数个诉讼标的（法律关系），要求法院就各个诉讼标的均为裁判。

结合前文中对三种典型案例的分析，可以发现其和传统诉讼标的理论下诉之客观合并的四种形态均存在着一定的差异，因此，只能够是借鉴性地使用诉之客观合并的方法。

（1）该三种典型案例和诉之单纯合并的情形完全不同

诉之单纯合并要求原告存在可并存的复数个诉之声明。但是，在此三种案例中，原告就违约和侵权所主张的利益会存在一定的重合性（见图5-16-1和图5-16-3）或者可替代性（见图5-16-2），因此，原告的违约主张和侵权主张不能均获实现，否则，将会加重被告的赔偿责任。因此，就第122条而言，原告并没有可以并存的诉之声明，诉之单纯合并在此完全没有适用余地。

（2）该三种典型案例和诉之重叠、选择和预备合并的情形也不完全吻合

在诉的重叠合并、选择合并和预备合并中，原告都只能够拥有单一诉之声明，但是，在此三种典型案例中，原告拥有的却是非单一的诉之声明。因此，也难以直接适用这三种合并样态。

因此，依据诉之客观合并理论，《合同法》第122条所规制的各种案件无法获得完满解决。

3. 目标管理案件事实说下诉之声明不单一情形的解决

（1）法律关系的主张

依据目标管理案件事实说，原告无论是提出违约的法律关系主张抑或是侵权的法律关系主张，均属于攻击和防御方法的选择，与诉讼标的无直接关联性。因此，原告可以在同一诉讼中同时提出违约法律关系主张和侵权法律关系主张，并且不需要考虑诉之客观合并等诉讼技巧。

（2）诉之声明的撰写

原告可以灵活地撰写自己的诉之声明。例如，假定在前述的河南市民冯某某所涉案例中，其希望获得的人身损害赔偿为5万元，精神损害赔偿为1万元，则冯某某可以根据案情的实际情况，通过诉之声明的合并方式来表达自己所认为最为合适的诉讼请求。[①]

其一，合并性的诉之声明。起诉状中的诉讼请求一项可如此撰写：请

---

① "诉讼标的之合并"和"诉之声明之合并"是两个不同的概念，在我国台湾和日本均有学者就此二者间的关系做过研讨，至今观点不一。参见林清钧《诉之客观的合并之研究》，硕士学位论文，台湾中兴大学法律学研究所，1985，第4~8页。

求法院判决被告赔偿因违约所引起的人身损害 5 万元，并要求被告赔偿因侵权所造成的人身损害 5 万元和精神损害 1 万元；若违约和侵权主张均能成立，则从赔偿总额中扣除重复计算的人身损害赔偿 5 万元。

其二，选择性的诉之声明。起诉状中的诉讼请求一项可如此撰写：请求法院判决被告赔偿因违约所引起的人身损害 5 万元，或者判决被告赔偿因侵权所造成的人身损害 5 万元和精神损害 1 万元。

其三，预备性的诉之声明。起诉状中的诉讼请求一项可如此撰写：先位声明，请求法院判决被告赔偿因侵权所造成的人身损害 5 万元和精神损害 1 万元；备位声明，若前项请求无法成立，则请求法院判决被告赔偿因违约所引起的人身损害 5 万元。

原告究竟依循前三种方法中的哪一种来提出自己的诉之声明，应当结合案件的具体情况来做出决定。一般而言，在违约之诉所指向利益包含于侵权之诉所指向利益的情形，原告更适合提出预备性的诉之声明，以侵权损害赔偿主张为先位声明，以违约损害赔偿主张为备位声明；在违约之诉和侵权之诉所指向利益可相互独立但不能并存的情形中，原告更适合提出选择性的诉之声明；在违约之诉和侵权之诉所指向利益有交集的情形，原告则更适合提出合并性的诉之声明。如此，原告可在最大限度内维护自己的实体利益和程序利益，既获得了实体正义，又不违反诉讼经济原则。

三　立法建议

根据前文的研究，可以提出如下立法建议：

（一）具体立法建议

将第 122 条的"或"字改为"和"字，并增加"但受损害方不能够因此获得重复赔偿"的字样。如此，修改后条文的内容为："因当事人一方的违约行为，侵害对方人身、财产权益的，受损害方有权选择依照本法要求其承担违约责任和依照其他法律要求其承担侵权责任，但受损害方不能够因此获得重复赔偿。"

（二）立法建议的理由

1. 将"或"改为"和"的理由

如此，可以扩充原告的起诉空间，使得其可以根据案件的实际状况，有目的地提出合并性、选择性或预备性的诉之声明。并且，作此改动之后，可以在最大限度内压缩《最高人民法院关于适用〈中华人民共和国合同法〉若干问题的解释（一）》第30条的使用空间。该条规定的具体内容是："债权人依照合同法第一百二十二条的规定向人民法院起诉时作出选择后，在一审开庭以前又变更诉讼请求的，人民法院应当准许。对方当事人提出管辖权异议，经审查异议成立的，人民法院应当驳回起诉。"该规定实际上是第122条在程序上的逻辑必然延伸，造成了一些原告必须二次起诉方可获得完全赔偿的尴尬境地。但是，第122条经修改之后，原告不必再在违约之诉和侵权之诉中作出选择，其选择的仅是提起诉之声明的方法。对第122条的修改是以目标管理案件事实说作为理论后盾，因为，无论是原告的违约法律关系主张，抑或是原告的侵权法律关系主张，均来自于同一案件事实，均属于同一诉讼标的。

2. "但受损害方不能够因此获得重复赔偿"的理由

在前述三类典型案件的分析中，可以得知原告就违约和侵权所主张的利益是不相容的。之所以不相容，是因为此二者若同时获得实现，则加害人很可能就其中的某一部分进行重复赔偿，而债权人也因此获得了不当得利。这显然有违实体法上的公平正义要求。

第三节　目标管理案件事实说与法律适用的裁判突袭

依据目标管理案件事实说，在诉讼中所出现的法律适用问题和本案的诉讼标的并没有直接的关联性，仅仅属于攻击和防御方法的范畴。但是，目标管理案件事实说认为，当事人在诉讼过程中是否获得充分的程序保障将直接影响案件审理终结后的诉讼标的的范围（既判力的客观范围）。这意味着在民事审判中必须严防法律适用的裁判突袭，否则，仍然不能够实现目标管理案件事实说扩大诉讼标的的范围的作用。

尽管我们在理论上已经和"重实体、轻程序"的办案倾向作了诀别，但它仍然在历史的故纸堆中统治着我们的观念。长期以来，许多法官更注重于从实体上来推敲法律的适用问题，而对于他的法律结论是否经受过应有的程序检验，却经常会不经意地忽略。这是一个似小实大的疏忽，如果法官未经开示自身的法律主张而径行判决，受到侵害的不仅仅是当事人的辩论权，判决的公正性也会因欠缺程序的正当性而流失殆尽。一份判决书中所陈列的法律结论，若事先未经过当事人的充分辩论，就是法律适用的裁判突袭。

一 越界的裁判

在民事审判实务中，经常会出现法官和当事人之间的法律主张不一致的情形。此时，当事人的法律主张已经划定了裁判的边界。法官若未经阐明和法庭辩论就强行提出自身的主张，只会造成各种各样的突袭性裁判。

（一）法律关系的突袭

原告陈某夜间乘坐火车时从上铺掉了下来，经诊断为腰椎压缩性骨折。原告向铁路局客运公司提起侵权之诉。本案被告并未实施侵权行为，原告也不能证明被告对自己的摔跌存有过错，因此，原告的侵权诉讼请求难以获得支持。出乎意料的是，本案法院在没有告知原告可以变更诉讼请求的情形下，自行以合同之诉加以审理。于此，法院擅自改变了原告的法律关系主张，变更了诉讼标的。这一方面剥夺了被告对原告侵权法律关系主张是否成立的辩论权，另一方面还增加了被告就合同之诉而承担的证明责任。[①] 本案中被告是就侵权法律关系抑或是就合同法律关系予以辩论，会导致两种完全不同的诉讼结局。

（二）法律依据的突袭

鄢某将一货车修理后卖给林某，后林某驾驶该货车造成交通事故。死者家属因林某为交通事故责任人而将其列为被告，因鄢某是该货车的车主也将其列为被告。在审理中，法院查明该肇事货车是鄢某以 500 元的报废处理价从某财政局购得，遂认定鄢某没有按国务院《报废汽车回收管理办法》的相关规定，及时向公安机关办理机动车报废手续。有鉴于此，法院认为，鄢某和林某之间的货车买卖属于违法行为，且该车存在安全隐患与交通事故损害的发生和扩大有因果关系，被告鄢某必对交通事故责任人林某的赔偿款项承担连带赔偿责任。

---

① 在本案的侵权之诉中，被告仅需证明自身没有过错，即可获得胜诉；但法院改以合同之诉进行审理，被告则应当承担相应的损害赔偿责任，除非被告能证明原告的摔跌是由于原告自身的健康原因或者原告的故意、重大过失所造成。两相比较，被告举证难度的差异颇大，这会直接影响到案件的最终审判结果。

本案中，各方当事人并未就车辆报废问题进行诉辩，但法院主动作出认定并在判决中直接适用了《报废汽车回收管理办法》的相关规定，这使得鄢某无从就该问题行使自己的辩论权。所有疑问的是，财政局是否有权认定车辆的报废？以报废处理价出售的汽车是否意味着该车车况确实已经达到报废标准？事实上，若允许鄢某就肇事车辆是否达到报废标准以及是否可以适用《报废汽车回收管理办法》的相关规定进行法庭辩论，则诉讼的胜败结果尚不可测。

（三）法律观点的突袭

原告甲公司诉称，由于被告乙公司拒绝履行双方所签订《煤矿购销协议》的合同义务，因此，要求乙公司返还合同预付款以及自该协议终止之日起算的预付款利息。被告乙公司辩称，该协议是与原告职工魏某签订的，魏某既没有原告的授权委托书，原告也始终没有在协议上盖章。并且，原告并未就该协议预付任何款项，其所主张的款项是双方多年连续交易的剩余款项。法院判决认为，原被告双方有着多年的煤矿买卖关系，原告以往交易的剩余款项具有预付款性质，其诉讼请求应当得到支持。

本案中，法院对讼争款项的定性与被告方的法律观点并不一致，前者认为是预付款，后者认为是以往交易的剩余款项。但是，法院在认定讼争款项性质时，并不回应被告方关于原告并非协议当事人的抗辩主张。法院采取了一种"你辩你的，我判我的"消极态度，这使得被告方的抗辩失去了实际意义。本案中，法院对被告辩论权事实上的剥夺，虽然并不影响到讼争款项的返还，但会影响到讼争款项的利息究竟是以起诉之日抑或协议终止之日开始起算。

二　法律的阐明

当事人的法律主张会划定裁判的边界，但是，这一边界并非一成不变。法官可以通过阐明权的运用来引导当事人提出更为合理的主张，从而防止自身陷入法律适用裁判突袭的囹圄。

（一）法官阐明法律的根据

自罗马法以来，就有"法官知法"原则的存在。一般情形下，法官较当事人更为清楚法律的适用。法庭是分配正义的地方，绝不应当成为一些人在法律上进行投机取巧的场所。因此，对于法律的正确适用，法官负有不可回避的义务。法官若不对法律的适用给予正确的引导，只会让法院威信扫地，与自身"社会公正的最后一道防线"的身份渐行渐远。但是，在我国还有相当一些法官对于法律的阐明畏首畏尾，这实际上是一种极端的当事人主义思想在作怪。法庭是张扬正气之所在，让正义在自己面前流失就是法官的失职。

许多国家和地区都规定了法官的法律阐明权，以弥补辩论主义的缺陷，从而使其成为"实现民事诉讼制度目的的修正器"。

1. 大陆法系的规定

为修补辩论主义的缺陷，1877 年的德国民事诉讼法最早将阐明权纳入了法律条文。德国的《民事诉讼法》第 139 条明确规定法官的释明义务："（1）在必要时，法院应与当事人共同从事实上和法律上两方面对于事实关系和法律关系进行释明并且提问。法院应当使当事人就一切重要的事实作出及时、完整的说明，特别在对所提事实说明不够时要使当事人加以补充，表明证据方法，提出有关申请。（2）如果当事人一方对某一法律观点明知而忽略，或认为是无关紧要的，在该观点不是仅关系到附属请求时，法院应就该事实进行提示，并提供机会对该事实发表意见，否则不得以该法律观点为基础作出裁判。法院与双方当事人对观点有不同认识的，适用上述规定。（3）法院应提示当事人注意法院依职权调查的事项中的疑点。"[①] 全盘翻版德国民事诉讼法的日本民事诉讼法也有着关于阐明权的规定。但是，"到了二战以后的一段时间，战败的日本被美国占领，受到英美法对抗制诉讼的影响，加之诉讼案件太多和法官员额的限制，判例中对于阐明权的行使持一种消极的态度"[②]。1996 年日本修改后的新民事诉讼法进一步扩大了阐明的范围，其第 149 条规定："审判长为了明了诉讼关系，在口头辩论的期日或者期日之外，就有关事实上及法律上的事项对当事人进行发问，并且催促其进行证明。陪席法官向审判长报告后，可以进行本条前款所规定的处置。当事人在口头辩论的期日或者期日之外，可以请求审判长进行必要的发问。如果审判长或陪席法官在口头辩论的期日之外，依本条第一款或第二款规定，对攻击和防御方法进行产生重大变更的

① 丁启明：《德国民事诉讼法》，厦门大学出版社，2015，第 36 页。
② 张力：《论阐明权的诉讼机制背景》，《诉讼法论丛》2006 年第 11 期，第 221 页。

处置时，应当将其内容通知对方当事人。"总体上而言，日本和德国在阐明权方面的规定是大同小异。

2. 英美法系的规定

英美法系的民事诉讼素有遵循当事人主义的传统，因此，在英美等国对阐明权的规定并不如德日那般积极明确。但是，经历了近年的民事司法改革后，即便在采用当事人主义诉讼模式的英国，也可以看到职权主义的身影正在逐渐地活跃于英国的民事诉讼中。在英国 2000 年修订的《民事诉讼规则》（*Civil Procedure Rules*）中，其第 16.2 条第 5 款规定：法院可给予原告本有权享有的救济，即便原告在诉状（格式）中并未提出该救济措施。第 16.3 条第 7 款又规定：诉状（格式）中载明的金额陈述，不限制法院对其认为原告应享有权利的款项金额做出判决之权利。上述这些规定的运行，实际上都需要法官的适当阐明。

在美国，一向认为当事人应当对自己的诉讼承担全部责任。例如，在《重述》第 24 条中，就要求当事人一次性向法庭提出所有包含在本案案件事实中的请求权基础和救济方式。[1] 当事人若有遗漏，则必须自负其责，不得提起第二次诉讼。

应当注意的是，英美两国虽然没有突出法官阐明权的作用，但这种做法却能够生根于其自身的法制文化土壤。在英国，实行的是律师强制代理主义，而且法律援助制度也非常发达。此外，英国《民事诉讼规则》中规定了审理前期的案件管理（case management）制度，它在一定程度上要求法官阐明权的介入。[2] 在美国，虽然没有实现律师强制代理主义，但在美国的民事司法实践中，即便是小额诉讼案件，一般也都有律师代理。此外，在美国《联邦民事诉讼规则》的审前会议（pretrial conferences）[3] 制度中，也可以看到法官阐明权的模糊身影。

3. 我国的规定

我国对法官阐明权的规定，主要体现在《证据规定》第 35 条中。该条规定是司法认识上的重大突破，但也存在一定问题。对于该规定的实际效果，实务界可谓褒贬不一，但总体上持肯定态度。依据第 35 条的规定，若出现了当事人和法官的法律关系主张不一致的情形，当事人要么采用自

---

[1] See ALI, Restatement (second) of Judgments (1982) § 25.

[2] See The Civil Procedure Rules, p26.

[3] See Federal Rules of Civil Procedure, 16 (a).

己的法律关系主张，要么采用法官的法律关系主张，而不能够两者并采。但实践中会存在法官所阐明的法律关系主张和审判委员会的认识并不一致的情形，或者，一审法官所阐明的法律关系主张和二审法官的认识并不一致的情形。[①] 如果出现法官阐明错误的问题，当事人将难以接受败诉的结果。因此，较为妥适的做法是，允许当事人就此两种不同的法律关系主张作一次性的诉讼。

值得一提的是，在我国台湾地区新修订的民事诉讼法第 199 条和第 199 - 1 条中，非常明确地规定了法官的阐明权。第 199 条规定："审判长应注意令当事人就诉讼关系之事实及法律为适当完全之辩论。审判长应向当事人发问或晓谕，令其为事实上及法律上陈述、声明证据或为其它必要之声明及陈述；其所声明或陈述有不明了或不完足者，应令其叙明或补充之。陪席法官告明审判长后，得向当事人发问或晓谕。"第 199 - 1 条规定："依原告之声明及事实上之陈述，得主张数项法律关系，而其主张不明了或不完足者，审判长应晓谕其叙明或补充之。被告如主张有消灭或妨碍原告请求之事由，究为防御方法或提起反诉有疑义时，审判长应阐明之。台湾民事诉讼法对当事人法律关系主张的阐明，已经突破了旧诉讼标的理论的框架束缚。"[②] 在台湾地区的判例中，更是明确地提及："法院就当事人主张之事实，判断其法律上之效果，并不受当事人法律上见解之约束。"[③]

（二）法官阐明法律的方式

我国的民事诉讼模式，先是倾向于职权主义，后又转向于当事人主义，近年来，学者们开始更多地关注协同主义。[④] 之所以会发生这种认识上的转变，是因为职权主义给予法官太多的负担，并且有可能让一方当事

---

① 赵钢：《论法官对诉讼请求变更事项的告知义务》，《法商研究》2005 年第 6 期，第 116 页。
② 许士宦：《民事诉讼法修正后之诉讼标的理论》，《台大法学论丛》2005 年第 1 期，第 14 页。
③ 参见我国台湾地区"最高法院"1983 年台上字 2673 号判决。
④ 所谓协同主义，是指当事人承担案件解明的第一责任，法院承担案件解明的第二责任，法院、原告及被告三方负有对诉讼资料及法律适用进行讨论的义务，以形成当事人与法院协同发现案件真实，共同促进纠纷的解决。参见唐力《辩论主义的嬗变与协同主义的兴起》，《现代法学》2005 第 5 期，第 78 ~ 85 页。

人产生不公平的感觉。纯粹的当事人主义，又会过多地耗损诉讼效率。因此，最好的模式，应当是对职权主义和当事人主义的适当折中。正是基于这种考虑，协同主义的思想方登上了民事诉讼的理论舞台。在法律适用问题上，与前述三种诉讼模式相对应，法官在民事审判中可以扮演三种不同的角色：教讼、听讼与导讼。

1. 教讼

在传统的超职权主义模式下，法官可能认为某一方当事人的法律主张并不妥适，因而在判决中断然为其拿出了自己的法律主张。这有越俎代庖之嫌，可称为"教讼"。于此，当事人的法庭辩论成为一个空架子。法官却可以随意代替某一方当事人提出法律主张，其更像是法庭"竞技场"上的教练员。

2. 听讼

在当事人主义模式下，法官并不干涉当事人之间的攻击与防御，即便一方因法律技巧上的失误而导致不公平的结果，法官也爱莫能助，无所作为。这可称为"听讼"。在听讼过程中，法官无论是在思想上还是在言行上都具有绝对的中立性，对双方当事人保持着"等距离"，处于一种超然的、不偏不倚的、纯粹裁判员的位置。

3. 导讼

在协同主义模式下，法官可以通过阐明，引导双方当事人提出正确的法律主张。法官循循善诱，这可称为"导讼"。在导讼过程中，法官关心的不是胜负的分晓，而是正义的实现。但是，法官又不能将自己所认为正确的法律主张强加于某一方当事人，他只能对当事人的法律主张进行阐明，由当事人自己去做出最终的决定。于此，法官承担着一种类似于解说员的角色。法官不直接参与法庭辩论，但法官要积极引导法庭辩论以提高审判进程的效率；法官不直接提出法律观点，但法官要积极阐明当事人的法律主张以确保审判结果的公正。

（三）法官阐明法律的界限

在法律的适用问题上，法官可以在阐明权的支持下引导诉讼的进行。但是，法官应如何导讼，方不至于进入误区呢？关键在于如何切实保障当事人的辩论权，如何让当事人的辩论权有效制约法官适用法律的恣意。

在20世纪末法哲学的发展中，出现了程序正义论的潮流。程序正义论者认为，可以从过程的"怎样"发展出结果的"应当"，从形式中获得持久的内涵，从公正的程序中求得实体的正义。虽然程序正义论存有自身的缺陷，但其至少可以给我们一个有益的启迪：公正程序是公正判决的必要条件，尽管公正程序未必总是能够带来公正的判决。就判决书中所承载的正义内容而言，其诞生过程至关重要。正义不能凭空而生，必须有所出处。如同刑讯逼供所获取的证据不具有合法性一般，不公正的过程难以产生公正的结果，恶树难结善果。同理，如果法官在民事诉讼中剥夺了当事人的辩论权，判决结果的正当性就应当受到质疑。

民事诉讼理论之所以作了法官居中，当事人相互攻防的角色定位，是因为这种角色布局可以构建一种理想的对话情境，通过"理性的对话和论辩可以引致一种具有真理和正当基础的合意"①。任何剥夺当事人辩论权的做法，都将会破坏这种可以孕育正义的对话结构。因此，法官对法律的阐明并非对判决结论的预设，其仅仅是对当事人辩论方向的引导；法官在法律上的任何阐明，都必须接受当事人的辩论。

三　法律适用裁判突袭的防止

如何防止法律适用的裁判突袭，其关键在于对当事人辩论权的保护。就民诉法而言，除了第 12 条的原则性规定外，其直接提及保护当事人辩论权的法条仅有第 200 条第 1 款第 9 项。该条款规定："违反法律规定，剥夺当事人辩论权利的"，人民法院应当再审。因此，如何合理地解释和适用第 200 条第 1 款第 9 项，对于有效防止法律适用的裁判突袭有着重大的意义。

（一）民诉法第 200 条第 1 款第 9 项的法理

辩论权的设置，其目的是要求法官防止先入为主，努力做到兼听则明。辩论的终极意义在于让当事人的辩论意见能够得到法官的充分考虑，并以此为基础进行裁判。"法官对采纳为裁判基础的事实、证据及法律，在当事人知晓，并充分辩论之前是不能够采用的，否则构成对当事人的突袭"②。辩论是裁判的基础，因此，凡是未经历辩论的裁判，都应当纳入第

---

① 〔德〕阿图尔·考夫曼：《法律哲学（第二版）》，刘幸义译，法律出版社，2011，第 241 页。
② 李祖：《民事诉讼目的论》，法律出版社，2000，第 359 页。

200 条第 1 款第 9 项的规制范围。

（二）民诉法第 200 条第 1 款第 9 项的解释

就民诉法第 200 条第 1 款第 9 项而言，必须结合辩论权的法律意义而作目的解释。具体而言，第 9 项的规定应当包括如下三大类情形。

1. 法官禁止当事人行使辩论权的情形

法官禁止当事人行使辩论权，会使得裁判丧失辩论的基础。在全国人大法工委民法室对第 200 条第 1 款第 9 项的解释中，列举了三种情形：法院没有给被告以书面答辩的权利；法院在开庭审理阶段没有经过辩论程序而径行判决；法院在庭审中没有给当事人以最后陈述的机会。① 此三种情形所指向的是法院对当事人辩论权的公然剥夺，易于防范。

2. 裁判内容与辩论内容相脱节的情形

将注意力仅仅放在法官对辩论权的公然剥夺上，并不足以保护当事人的辩论权。如果法官允许当事人辩论但并不以之作为裁判的基础，就会使得裁判内容和辩论内容完全脱节，辩论权因此成为名存实亡的法庭摆设。

（1）认定法律关系时辩论权的缺位

根据传统诉讼标的理论，当事人对于一个民事案件所涉法律关系的辩论，实际上就是对本案最核心部分——审判对象的辩论。无论是法官无视当事人对审判对象的辩论，还是法官擅自改变审判对象的范围而要求当事人进行辩论的行为，实际上都构成了对当事人辩论权的侵犯。在前述第一个案例中，被告不能对原告的侵权法律关系主张进行辩论，却必须对法官的违约法律关系主张进行辩论，显然构成了法律适用的裁判突袭。

（2）援引法律依据时辩论权的缺位

法官判案无疑要援引相应的法律依据，但是，某一具体法律依据是否可适用于本案，则应当接受当事人的辩论，而并非是一个法官完全自决的过程。在前述第二个案例中，被告无法对法官所援引的关键性法律依据进行辩论，其辩论权被无形的剥夺。

（3）采纳法律观点时辩论权的缺位

法官在判决书中所采纳的任何一个与本案有关的法律观点，都应当公

---

① 全国人大法制工作委员会民法室：《中华人民共和国民事诉讼法条文说明、立法理由及相关规定》，北京大学出版社，2007，第 355 页。

开其心证过程，就这些法律观点的可采纳性让各方当事人进行充分的辩论。[1] 在前述第三个案例中，被告在庭审中所提出的法律观点没有得到裁判文书的任何回应，而法官却径自采纳了与被告相左的法律观点，这使得当事人辩论权的行使失去了意义。应当注意的是，一个法律观点的成立与否与相关的法律推理过程密不可分，因此，那些与本案相关的法律推理过程也应当允许当事人作充分的辩论。

在此三个案例中，法官没有公然剥夺当事人的辩论权，但法官的做法事实上妨碍了当事人辩论权的有效行使，严重地破坏了辩论权的存在价值。对裁判文书与辩论内容相脱节情形的忽视，是民诉法第 200 条第 1 款第 9 项的解释盲点，应当给予特别的关注。

3. 法官应当行使阐明权而未行使的情形

阐明权的行使，既是法官所独有的一项权力，也是法官所必须履行的一项义务。依据《证据规定》第 35 条的规定，法官若和当事人在法律关系性质或民事行为效力方面存在不一致的认识，就应当作出阐明。在前述的第一个案例中，原告所陈述的案件事实显然难以证明侵权法律关系的存在，因此，法官应当对原告阐明主张违约法律关系的可能。法官如不对原告履行该阐明义务，实际上就剥夺了原告就违约法律关系进行辩论的可能性。在该案中，法官意识到没有及时履行阐明权的错误，因此在庭审过程中径自改以违约法律关系进行审理，但这又反过来剥夺了被告就侵权法律关系进行辩论的可能性。因此，本案的最佳处理方法是，法官于审理案件前就对原告进行适当的阐明，如此才不会侵犯到原告或者被告任何一方的辩论权，也才最有利于实现纷争一次性解决的目的。

第四节　目标管理案件事实说之例外

目标管理案件事实说认为，原告必须一次性提出本案案件事实所包括的所有诉之声明，如果原告在诉之声明的提出上有所保留，则其不得就被保留的诉之声明提起后诉讼。因为，该后诉讼与前诉讼的诉讼标的同一，

---

[1] 法官心证公开的立法缺位是造成诉讼突袭的一个重要原因。参见杨艺红《诉讼突袭及其法律规制》，博士学位论文，西南政法大学，2008，第 46～50 页。

后诉讼因此被前诉讼的既判力所遮断。这是目标管理案件事实说的一般性观点，由此引发的问题是，在民事审判中，原告是否必须一次性地提出自己的所有诉之声明呢？是否允许一定条件下例外情形的存在？对这个问题的思考，必然会涉及分割诉之声明的正当性。所谓诉之声明的分割，是指对基于同一事实而生的所有诉之声明，当事人先就其中的一部分提起前诉讼，并根据诉讼的发展和客观情势的变化，决定是否就剩余部分提起后诉讼。

在以德国、日本为代表的大陆法系中，并没有明确提及诉之声明分割制度。但是，在其对"一部请求诉讼"和人身侵害后遗症等问题的处理中，相关思想则是隐约可见。在以美国、英国为代表的普通法系中，则作原则上的禁止，例外下的允许，准予诉讼契约和管辖权限制等特殊原因而导致的诉之声明分割。[①] 从两大法系主要国家的立法例来看，虽然没有一个国家将诉之声明的分割视为民事诉讼的一种常态现象，但也没有一个国家将诉之声明的分割视为洪水猛兽，予以绝对地禁止。诉之声明的分割事关当事人实体利益和程序利益的保护，但我国民诉法学者在此方面的研究颇为匮乏，仅有极个别论者的一些零星想法，既无理论支撑，亦无立法建议。

一　分割诉之声明的案例探讨

司法实践中有这样的一些案件，依据通常的审判方式，其应当在整体上被视为一个审判单位，给予统一的程序处理。但是，这些案件本身的特殊性，却令法官左右为难，无法如此对待。

（一）后续损害无法准确预见的情形

该情形可细分为二：其一是后续损害的发生与否，无法准确预见，如对人身侵害的后遗症判断；其二是后续损害的范围大小，无法准确预见，如对人身侵害的后续治疗费评估。此二类案件中，由于无法准确预见后续损害，原告在前诉终结后，经常不得不再燃纷争，提起后诉。

各国的审判实务通常都允许后诉的提起，但关于后诉正当化根据的理论描述，则有所不同。例如，在日本，通说与判例均认为，由于后续损害

---

① 以美国为例，其在《判决的第二次重述》和《联邦民事诉讼规则》中，就或直接或间接地对诉讼请求的分割问题作出规定。See ALI, *Restatement（second）of Judgments*（1982）§ 24.25.26, and *Federal Rules of Civil Procedure*（2006）§ 13（a）, 15（c）2.

的不可预见性，后诉不能被前诉的既判力所遮断。① 在美国，依据《重述》第 26 条第 1 款第 2 项的规定，可以由"法院在第一次诉讼中明示保留原告提起第二次诉讼的权利"。在我国，最高院通过司法解释规定了后遗症问题的可诉性，但该司法解释并未覆盖因违约所造成的后续损害。② 并且，司法解释的相关内容能否上升为法律，也尚待考证。

（二）可分之债中的诉讼试探情形

在民事诉讼中，总会存在许多不确定的因素。原告若无胜诉把握，则必然面临诉讼风险的承担。有鉴于此，原告常会出于诉讼策略的考虑，希望先行就一小部分的诉之声明作诉讼试探，③ 并根据诉讼的进程再行决定是否进一步扩张诉之声明或者提起后诉讼。例如，原被告之间存有 100 万元的债权债务纠纷，原告是否可以就其中的 1 万元先行作诉讼试探，再依据诉讼走向决定是否提出对剩余 99 万元的诉之声明呢？原告如此行事，至少有两个理由：一是可以避免因败诉而缴交大量的诉讼费和律师费；二是关于金钱或者替代物的损害赔偿之债，属可分之债，债的可分性理应允许当事人分多次来履行债务或行使债权。

对可分之债的诉讼试探，各国的处理态度可谓截然不同。在德国，立法上并无明文规定，但实务中承认此类诉讼的合法性。④ 在日本，立法上也无定论，学说中则有肯定说和否定说之争。⑤ 在我国台湾地区民事诉

---

① 黄国昌：《民事诉讼理论之新开展》，台北，元照出版社，2005，第 399 页。

② 例如：原告魏××使用被告出售的板材制作家具，数月后发现部分板材中飞出大量的粉蠹虫。经鉴定，认为该虫类会对木材内部结构造成严重危害，并且，该虫类中雌虫的生活习性会使得其在未来两年内飞回木材产卵，继续为害。由此，对于那些仅存在个别的虫蛀洞和尚未发现虫蛀现象的家具，是否会发生后续损害将难以准确预见。参见《福州市晋安区人民法院民事判决书（2007）晋民初字第 2452 号》。北大法宝，http：//www.pkulaw.cn/。《福建省福州市中级人民法院民事判决（2008）榕民终字第 898 号》。北大法宝，http：//www.pkulaw.cn/。

③ 作为一种诉讼策略，诉讼试探在我国已为人使用，例如，在《著作权法》修改后，中国音乐著作权协会就先行状告了北京的几家 KTV，要求其向词曲作者付费，以此观察法院的反应。此外，现行的许多以私益诉讼形式而为的公益诉讼案件，也频繁地使用诉讼试探方法。但是，这些诉讼试探仅是在同类而非同一个案件中展开，非本文所讨论的诉讼请求分割。

④ 在 1961 年《联邦最高法院民事判决集》第 34 卷第 337 页和 1962 年《联邦最高法院民事判决集》第 36 卷第 365 页中，均于原则上承认该类诉讼的存在。参见叶月云《德国新诉讼标的理论之研究》，硕士学位论文，台湾东海大学法律学研究所，1994，第 89～93 页。

⑤ 〔日〕高桥宏志：《民事诉讼法》，林剑锋译，法律出版社，2004，第 84 页。

讼法第 244 条第 4 项中，承认了该类诉讼的合法存在，但圈定了剩余请求的提出时限，规定："于金钱赔偿损害之诉，原告得在原因事实范围内，仅表明其全部请求之最低金额，而于第一审言辞辩论终结前补充其声明。其未补充者，审判长应告以得为补充。"在美国，法院视案件事实为审判对象，强制要求原告一次性提出蕴含在案件事实中的所有诉之声明，因此，难以对可分之债作诉之声明的分割。① 在我国的司法实践中，原告害怕触及"一事不再理"的雷区，一般不敢尝试可分之债的诉讼试探。②

（三）订立诉讼契约的情形

实践中，原被告可能会就本可纳入本案审判范围的部分事项，达成诉讼契约，相互暂不进行攻击和防御。于此情形，法官若希望纷争得以一次性解决，可进行积极而适当的阐明，但是，法官若要求双方放弃诉讼契约，强行审理所有事项，则这种做法在程序法上难觅有力依据，在实体法上有侵犯当事人意思自治的嫌疑。以诉讼契约来分割诉之声明的做法，已为美国的司法实践所采。③ 在德国，虽无以诉讼契约分割诉之声明之明文立法，但实务上颇为正视其之纷争解决机能，承认那些不违背法律强制性规定和公序良俗的"可诉性之排除或限制的诉讼契约"。④ 在我国台湾地区民事诉讼法第 270 条之 1 中，规定了争点简化协议，该规定包含了分割诉之声明的情形。⑤ 使用诉讼契约分割诉之声明的当事人，并非可以时时高枕无忧。有学者认为，在审判过程中，若原被告就所欲保留事项进行大肆攻防，则表明双方已经以实际行为放弃了该诉讼契约的约定。⑥

（四）举证暂有困难的情形

在侵权案件中，经常会出现举证的困难。尤其是关于过错的证明，往

---

① See ALI, Restatement (second) of Judgments (1982) § 24.25.26.
② 笔者曾经和多位法官交谈过可分之债的诉讼试探问题，答案甚不统一，有的认为应当允许再次起诉，有的认为不应当允许，还有的则觉得难以回答。
③ See ALI, Restatement (second) of Judgments (1982) §26 (1) a. For the practice, see Charles E. S. McLeod v. R. B. Hamilton, Etc., (1982).
④ 沈冠伶：《诉讼权保障与裁判外纷争处理》，北京大学出版社，2008，第 209 页。
⑤ 邱联恭：《争点整理方法论》，台北，三民书局，2001，第 97 页。
⑥ 许士宦：《民事诉讼法修正后之诉讼标的理论》，《台大法学论丛》2004 年第 1 期，第 66 页。

往需要通过许多间接事实加以确定，甚至还包括法官的自由心证等裁量因素。在一个由系列侵害行为构成的侵权案件中，原告若为救急之需而诉求赔偿金，是否可以就部分足以确认的侵害事实先行起诉，而就尚存有证明困难的侵害事实，待日后采集到较为充分的证据，再行起诉？关于该类案件的诉之声明分割，目前并无可参照的学说或立法例，但出于事理之性质，法院似乎不应强令原告一并提出诉之声明。

二　分割诉之声明的理论依据

上述四种情形，可谓各有不同，不同国家和地区的处理也有所差异，理应分别讨论。但是，在这四种情形中，存有一个共通点。亦即，如要求原告一次性地提出所有诉之声明，有强人所难之嫌，并且很可能会让其抱憾而归。因此，从分割诉之声明的研究视角出发，可以对这些案件作统一的理论探讨。

（一）诉之声明的可分性

承认诉之声明的可分性，有着相关的理论基础。

1. 处分权主义的自然延伸

民事审判实践中，基于处分权主义，在满足一定的条件下，一般允许当事人提出、扩张、限缩以及变换诉之声明。当事人所享有的诉之声明变化自由，乃以程序处分权为基础。所谓程序处分权，又和当事人的实体权利处分权紧密相关，此二者也均以私法自治原则为理论基础。如果基于处分权主义，当事人享有上述诉之声明的各种形态变化自由，那么，也应当赋予当事人以分割诉之声明的程序自由。如果各国民诉法可以通过限定性条件的设置，使得各种诉之声明的动态变化处于可控范围，那么，也并没有特别的法律理由，一律禁止当事人享有分割诉之声明的程序处分权。以诉讼契约来分割诉之声明的做法，获得美国和德国司法实践的承认，就是最好的例证。因此，立法者所应当关心的，是如何将分割诉之声明的权利控制在合理范围内，如何防止分割诉之声明权利的无度滥用。

2. 程序利益和实体利益的保护需要

对于前文所列的四种情形，如果不允许原告分割诉之声明，可能会侵害到其实体利益和程序利益。所谓实体利益的侵害，是指当事人因为无法再行起诉，必须一次性地主张所有诉之声明，却由于举证困难或判断失误，招致了败诉的结局。所谓程序利益的侵害，是指因为不允许当事人为诉之声明的分割，致使其过度地支出劳力、时间和费用等诉讼成本。例如，若不允许原告为可分之债的诉讼试探，则全盘败诉的结果会使其承担更多的诉讼费和律师费，这就是程序利益的损失。之所以会招致实体利益和程序利益的损害，是因为这些案件有分阶段处理的客观要求，并不适合一并起诉的方式。因此，为了实现当事人利益的周全保护，应当创设诉之声明的分割制度，正当化二次起诉的根据。

（二） 案件事实的相对可分性

在第三章中，我们曾探讨了生活中案件事实的不可分性，并由此得出了以案件事实作为确定诉讼标的范围之决定性要素的优势。但是，案件事实所具有的不可分性并非绝对不可撼动。

例如，在我国的审判实践中，习惯于将一个合同视为一个审判对象。但即便如此，该合同在事实上仍具有一定的可分性。如第二章中所述，"就一个尚未被终止的合同而言，对该合同任何一项义务的违反，通常都可以被视为一个独立诉之声明的基础，可以在每一个违约行为发生后随即提起独立的诉讼"①。亦即，每一个违约行为构成一个相对独立可分的事实，因而可以对之提出独立的诉之声明。但是，此处诸违约行为间的可分性并非一成不变。如果在每一个违约行为发生后，履约方没有立即起诉，那么，在多个违约行为皆发生后，出于诉讼经济的考虑，其将丧失单独起诉每一个违约行为的权利。此时，起诉前发生的多个违约行为被视为一个不可分的审判对象。但是，此处的不可分性也并非毫无空隙。当原告有正当的理由"遗漏"了某一违约事实时（如出于举证困难的考量），则应当容许其提起对该被"遗漏"事实的后诉讼。案件事实的可分性不仅发生在违约情形中，在持续或连续发生的侵权情形中，也存在类似的情况。此不再举例赘述之。

在前文所列的第一种情形中，无论是日本学者所认为的"后续损害不为前诉的既判力所遮断"，抑或是美国学者所强调的"法官对原告第

① Robert C. , *Casad and Kevin M. Clermont*（Res Judicata, : Carolina Academic Press, 2001），p. 71.

二次起诉权利的明示保留",均以案件事实的相对可分性为前设。否则，这两种理论均不能自圆其说，难以为继。同理，在前文所列后三种情形中，之所以存在分割诉之声明的可能性，也是以案件事实的相对可分性为必要前提。值得注意的是，美国司法实践之所以否定了可分之债的诉之声明分割，是因为法院认定此类案件的事实不具有可分性。美国的这种做法，提高了审判效率，但是否可以周全保护当事人的利益，则不无疑问。

在本书的第三章中，曾专门论及了案件事实的不可分性，在此又提及了案件事实的相对可分性。应当注意到，案件事实的不可分性和可分性是一般与特殊的关系，后者属于一种非常态的现象。从一般理性人的角度出发，自应将一个纷争所涉的案件事实视为一个不可分的单位，但根据一般理性人的标准，也可以接受将同一侵权行为所导致的直接损害事实和后遗症损害事实视为两个不同的案件事实。当然，如何准确判定出那些特殊的具有可分性的案件事实，尚有待于司法审判经验的积累和总结，如此方可具有进一步的说服力。① 关于案件事实可分性和不可分性的探讨，具有颇为重要的现实意义。因为，在诉讼进路的选择上，应当允许原告从自身实际出发：有多少事实支撑，就提出多少诉之声明；有多大力度的证据支撑，就提出多大范围的诉之声明。之所以会出现分割诉之声明的例外情形，其在根本上取决于案件事实相对可分性这一例外的存在。

（三）法律关系的可分性

在前文所列的四种情形中，若原告作诉之声明的分割，则前诉讼和后诉讼所涉及的是同种类但可以互相区分的法律关系。

以人身侵权导致的后遗症为例，若是认为原告在前诉和后诉中主张的都是人身损害赔偿法律关系，可谓诉讼标的同一，后诉因此违反了"一事不再理"原则，应当被驳回。如此，原告永远是起诉无门，无法获得应有救济。实际上，前后两诉的基础事实（侵害事件的发生）虽然相同，但是前后两诉的损害事实并不相同（分别为直接损害和后遗症的损害），具有

---

① 美国之所以能够成功推行案件事实说，是因为其能够通过大量的判例来总结出案件事实单位划分的具体标准。在我国，也应当以民事审判经验为依托，借助于最高人民法院司法解释的形式来总结出案件事实的具体单位划分标准。

可分性，从而可以依之对诉之声明作适当分割。① 通过对前诉和后诉中的人身损害赔偿法律关系进行比较，可以发现二者所缘起的事实并不相同，所指向的诉之声明内容也并不相同，因此，这两个法律关系可以相互区分。如此，依据目标管理案件事实说，前后两诉所涉的案件事实并不相同，诉讼标的并不同一，后诉不为前诉的既判力所遮断也显得合乎情理。综上所述，我们可以得出这样的一条规则：案件事实的相对可分性决定了诉之声明和法律关系的可分性，法律关系的可分性则扫清了诉之声明可分性的最后障碍。这一规则也同样适用于前文所列的后三种情形。

在人身侵权导致的后遗症情形中，同样采纳传统诉讼标的理论的日本学界认为，后诉之所以不能被前诉的既判力遮断，是后续损害的"不可预见性"使然。如此，似乎无需诉讼标的理论，单凭"不可预见性"就足以回答前诉与后诉之间的既判力独立性问题。② 但是，"不可预见性"本身并不自在自为，必须指向于特定的后遗症事实。考察更深层的原因，可以发现是前诉中的直接损害事实和后诉中的后遗症损害事实，分别产生了两个性质相同但内容不同的人身损害赔偿法律关系，因此，前诉的既判力不能遮断后诉。"不可预见性"仅仅是前后两个判决既判力的分水岭，而真正构成既判力内容的则是前诉和后诉中的不同损害事实。并非"不可预见性"本身，而是前后两诉所涉及的不同事实本身，决定了后诉不能被前诉的既判力所遮断。

（四） 价值冲突的协调

诉之声明的分割是以处分权主义为价值依托。但是，民诉法是个多元的价值体系，价值的多元化必然会造成价值的冲突。诉讼经济原则和处分权主义之间就存在着一定的紧张关系。

诉讼经济原则要求纷争的一次性解决，处分权主义则强调当事人的程序主体权。一方面，审判资源是一种社会性资源，并不为任何个人所独

---

① 我国台湾大学的沈冠伶教授认为："一部请求之诉讼标的即须以当事人所声明之数额作为范围界限，至于当事人所未声明之余额部分，由于当事人未为诉讼上请求，即不能将之列入诉讼标的之范围。"该观点强调的即是一部请求诉讼中诉之声明的可分性，但诉之声明之所以具有可分性，则是源于案件事实在此的相对可分性。参见沈冠伶《一部请求之判决对于余额请求之效力》，《台湾本土法学》2002 年第 2 期，第 86 页。

② 有日本学者认为，此时前诉与后诉的诉讼标的的同一性已是无足轻重。参见〔日〕高桥宏志《民事诉讼法》，林剑锋译，法律出版社，2004，第 84 页。

有，因此，所有民众在面临纷争之时，应当享有平等的适时审判请求权。尤其在我国现有民事诉讼资源较为紧张的情况下，似乎更有理由高举诉讼经济原则的大旗。另一方面，在提倡法治文明的今天，当事人也不应被视为程序的客体，而应是享有充分处分权的程序主体。因此，即便将诉讼经济原则视为民诉法的优位价值观，也并不意味着处分权主义在任何情况下都必须做出让步。

若我国未来的民诉法改革，不考虑前文所列四种情形中的事理之性质，一味排斥诉之声明的分割，只会让"案结事了"的目标变得更为遥远。在当为诉之声明分割的案件中，法院以"一事不再理"为由，强制原告一并起诉，则案件审理效率的获得，必以正义的流失为代价。反之，若允许当事人奉行无限制的处分权主义，则其可能出于一些非法目的，有违诚信地肆意分割诉之声明，将一个诉拆分为多个诉，使得处分权主义价值尽失、一文不值。不过，对此也无需过于担心。一般情况下，当事人不会自寻烦恼，将那些没有必要为诉之声明分割的案件作分割处理。总之，要有效地协调处分权主义和诉讼经济原则，就必须有条件地允许诉之声明分割制度的存在。如此，诉讼经济原则和处分权主义可共同有效地承载着解决纷争、实现正义的最终目的。

三　分割诉之声明的立法建议

（一）创设诉之声明分割制度的理由

诉之声明分割制度的创设，有两方面的理由。一方面，是使那些有分阶段起诉需求的特殊案件，获得多开一道诉讼程序的正当化根据，以利于当事人程序利益和实体利益的切实保护。诉之声明分割制度的存在，修正了传统诉讼标的理论中法律关系不可分的内在局限，减少了诉讼标的范围和既判力范围上的灰色地带。另一方面，是让其他不需要使用诉之声明分割制度的案件的审判，更富有正当性。设立诉之声明分割制度，并不是让大量的案件能够使用到该制度，恰恰相反，是在于让大量的案件无从使用该制度，是在于让诉讼标的范围、既判力范围和"一事不再理"原则的使用更为准确合理。创设该制度的主要目的，不仅仅在于诉之声明分割的合法化，更在于对整个民诉法体系内在自洽性的追求。

（二） 分割诉之声明条文的拟定

根据前述的立法理由，建议现行民事诉讼法中单独增设一法条，以对诉之声明的分割进行规定。现提出如下修法建议案供立法机关参考。

第×××条：有下列情形之一的，可以向人民法院申请分割诉之声明：

（一） 对是否会发生后续损害或者对后续损害范围无法准确预见的；

（二） 债权属可分之债的；

（三） 举证暂有困难的；

（四） 订立诉讼契约的；

（五） 其他可以分割诉之声明的情形。

人民法院对当事人提出的申请，认为确实存在分割诉之声明利益的，应当予以准许。当事人未提出申请，但人民法院认为确实存在分割诉之声明利益的，应当予以阐明。

（三） 分割诉之声明条文的解释

1. 诉之声明分割的申请

之所以要求原告提出申请，是因为诉之声明的分割应当以明示的方式为之。若原告不予以明示，径直就一小部分债权先行作诉讼试探，被告不明就里，以为原告已经放弃了其余大部分债权的诉之声明，则很可能不会尽全力进行抗辩。如此，诉讼终结后，原告再援引前诉的裁判，要求对后诉予以同样处理，将会置被告于极为不利的境地。此外，在反诉中，被告也可以提出分割诉之声明的申请。

2. 诉之声明分割的批准

对分割诉之声明申请的批准，应是人民法院的权限所在。如此，既可以避免一些有违诚信滥用诉权的不法诉讼行为，又可以避免当事人因自己的错误认识而造成重复讼累，大大降低了诉讼不经济的可能性。究竟在哪种情况下的诉之声明分割会有违诚信原则，则应当授权法官依据个案来加以决断，暂不适合统一的立法。

3. 诉之声明分割的阐明

对于当事人并没有提出分割申请，但确实存在分割诉之声明利益的情形，法官应当行使阐明权。若原告经阐明后仍坚持一并起诉的，则前诉的既判力及于所涉案件之全部事实，当事人不得再行提起后诉。之所以要求法官阐明权的介入，是因为一方当事人本就不应该因对方在法律上的失误而获得不应有的利益。如此的处理，并不违背公平原则。

本章小结

在民事裁判边界问题上，我国大陆民诉法学界的争鸣一直没有定论。最高司法机关对于是否推行传统诉讼标的理论也是态度模糊，这导致民事裁判中诉讼标的之确定处于相对混乱的状态，因此，实务界急需一种统一的诉讼标的理论。通过前文的分析，本章提出了目标管理案件事实说这一新的诉讼标的之确定方法。

1. 目标管理案件事实说的构造

目标管理案件事实说认为，民事裁判边界之确定，应当以案件事实为本体，法律关系为辅，诉之声明为导向。这实际上是一种"定两边、关中间"的鸟笼式诉讼标的确定方式。封闭的两边分别是案件事实和诉讼目的，被关于中间的是系于案件事实的各种可能提起的法律关系主张，既包括原告方可能提起的法律关系主张，又包括被告方可能提起的法律关系主张。同时，应当注意的是，案件事实是诉讼标的之本体，但是，这一本体在程序发展过程中不可避免地打上不同阶段的程序功能烙印，在审判阶段，诉讼标的之本体会因程序效率之需要而发展壮大；在审结阶段，诉讼标的之本体会因程序公平之需要而扩张限缩。在目标管理案件事实说中，审判伊始的诉讼标的范围可能会大于也可能会小于案件终结时的诉讼标的范围（既判力客观范围的扩张或限缩）。之所以会出现诉讼标的的范围"前大后小"或者"前小后大"的变动，关键是看诉讼过程中当事人就相关事实争点、法律争点和诉求争点有无获得充分的程序保障。对于这种现象，与其称之为诉讼标的的范围的相对变动，毋宁更准确地表述为程序对诉讼标的之相对影响力。

2. 目标管理案件事实说对请求权竞合现象的处理

请求权竞合现象是困扰传统诉讼标的理论的一个重要问题。在目标管理案件事实说下，当事人所提出的具有竞合性的法律关系主张，仅仅属于当事人攻击和防御的方法，并不对诉讼标的的范围产生直接的影响。因为当事人所提出的可竞合的法律关系主张能够被同一案件事实所覆盖，所以当事人可以一次性地提出这些法律关系主张下的诉之声明。当事人提出诉之声明的方式有三种：合并性的诉之声明、选择性的诉之声明和预备性的诉之声明。

3. 目标管理案件事实说中必须特别注意法律适用裁判突袭的防止

依据我国《民事诉讼法》第 200 条第 11 款的规定，凡"原判决、裁定遗漏或者超出诉讼请求的"均是提起再审之诉的法定条件，因此，《民事诉讼法》对诉之声明的裁判突袭已有了较好的防范性规定。但是，在法律适用裁判突袭的防止上，《民事诉讼法》第 200 条的规定并不明确，应当做出进一步的澄清。在民事审判实务中，应当注意法律关系、法律依据和法律观点的裁判突袭，充分保障当事人的程序辩论权。唯有如此，才能敢于以案件事实来最大化诉讼标的之范围，达成纷争的一次性解决。

4. 目标管理案件事实说中应当允许分割诉之声明的例外情形的存在

在民事诉讼中，当事人有时会因为一些特殊情事而存有分割诉之声明的需要。这些特殊情事包括：后续损害的无法准确预见、诉讼试探、诉讼契约、举证困难或者诉讼费用缴纳的困难等。此时，应当允许当事人作诉之声明的分割，否则将不利于周全保护当事人的合法利益。但是，设立诉之声明的分割制度，并非鼓励让大量的案件都能够使用到该制度，恰恰相反，是在于让大量的案件无从使用该制度，是在于让目标管理案件事实说得到更为准确合理的使用。

结　语

无论是大陆法系抑或是英美法系，均有许多的民诉法学者对民事裁判边界问题作过深入的研究。但是，迄今为止，依然没有一个民诉法学者敢于宣称已经找到了一把可以彻底解决民事裁判边界问题的理论钥匙。同许多其他理论问题一样，民事诉讼标的之确定也不可能有一个统一的答案。每一位论者只有扎根于本国的民事审判土壤，方有可能构建出一个切实可行的民事诉讼标的理论。

本文首先从"形而上"的角度出发，研究了各种诉讼标的理论的价值取向，力图揭示它们背后所蕴藏的具体价值判断。而后，作者努力回归"形而下"的视角，通过研讨我国民事审判实践中的大量案例归结出我国现有的诉讼标的确定方法和改进空间。最后，作者给出了自己的思考结论，提出以目标管理案件事实说作为确定诉讼标的范围的新方案。

一　民事裁判边界的价值取向

民事裁判边界的构建，并非一个纯诉讼技术问题，其中还包含了一定的价值取向判断。不论是传统诉讼标的理论，抑或是新诉讼标的理论，还是最新的诉讼标的理论改革动向，它们都是在两个价值的选择之间不断地徘徊和权衡。

（一）诉讼的经济

所谓诉讼标的理论中的诉讼经济原则，就是使得诉讼标的范围之确定能够尽可能地实现纷争的一次性解决。为了达成纷争一次性解决之目的，各种诉讼标的理论纷纷给开出了药方。在传统诉讼标的理论中，采用了诉之客观合并、诉之追加和诉之变更等办法；在新诉讼标的理论中，则是通过对案件事实和诉之声明这两个要素的组合来扩大诉讼标的之范围；在英美法系的民事审判对象理论中，甚至是直接使用案件事实要素来最大化诉讼标的之范围。

（二）诉讼的安定

诉讼标的理论中的诉讼经济原则，要求尽可能地扩大诉讼标的之范围。与之相对应的诉讼安定原则，则要求尽可能地明确诉讼标的之范围。诉讼的安定，是传统诉讼标的理论的首要价值取向。在传统诉讼标的理论中，原告的法律关系主张被直接视为诉讼标的。因此，无论是原告、被告、第三人还是法官都能够紧紧地围绕着该法律关系主张进行诉讼，当事人的辩论权得到了充分的保障，法官也不容易犯下突袭性裁判的错误，诉讼的安定性最终也得以保全。

（三）两种价值的折冲

实际上，诉讼的经济性要求和诉讼的安定性要求并非不可调和的一对矛盾。一方面，可以将诉讼标的的范围作最大限度的设置，从而实现诉讼经济的理想；另一方面，可以通过诉前的争点整理，来实现诉讼安定的理想。诉前的争点整理，可以使得双方当事人对于相互之间在案件事实上、法律适用上、具体救济方式上存在的争议进行聚焦，从而各自能够作充分的攻击和防御。因此，诉讼标的的问题就可以转化为两个问题：一是，如何最大化诉讼标的之范围；二是，如何在审判中让当事人享有充分的程序保障。

二 目标管理案件事实说的构建

（一）民事诉讼标的范围的最大化

现有的各种诉讼标的理论，其对诉讼标的的范围之确定，均是依靠案件事实、法律关系和诉之声明这三个基本要素。因此，要最大化民事诉讼标的之范围，也必须在这三个基本要素中寻找突破口。

就法律关系而言，法律关系的抽象性决定了不同的法律关系可以从不同的角度同时适用于同一生活案件事实，因此，法律关系要素难以承担起最大化诉讼标的的范围的重任。就诉之声明而言，其本身是原告法律关系主张中的后果要件，因此，法律关系主张本身覆盖范围过窄的局限性，也会延伸到诉之声明上。就案件事实而言，人们总是从生活的"一事观"来看待与某一纷争相关的各种事实，因此，所有和同一纷争具有关联性的事实都应当被视为是具有整体性的不可分的一个单位性案件事实。这样的一个案件事实完全可以覆盖案件中所涉及的多个法律关系和诉之声明。总之，相比较法律关系和诉之声明这两个基本要素而言，案件事实能够最大化诉讼标的之范围，避免了一个案件被人为地拆分为多个诉讼的可能，节约了诉讼成本，实现了诉讼经济之目的。

（二）　民事诉讼标的范围的程序保障

随着经济的发展和社会互动性的加强，当前世界大多数国家都面临着民事诉讼案件量大幅增长的诉讼压力。诉讼标的范围的最大化有利于纷争的一次性解决，无疑是顺应时代潮流而为的理论建构。但是，纷争的一次性解决应当以充分的程序保障为基础，唯有如此，方可以保证诉讼的安定性和防止突袭性裁判。否则，诉讼标的范围的最大化将陷入大而无当的危机。

尽管案件事实要素能够最大化民事诉讼标的之范围，但由于各种各样的原因，当事人在前诉讼中可能无法主张本案案件事实所覆盖的一部分的法律关系或者诉之声明。对此，应当具体问题具体分析。如果当事人在前诉讼中是出于正当原因不得不放弃一部分法律关系主张或者诉之声明，则该部分法律关系主张或者诉之声明不应当纳入本案既判力之客观范围（诉讼标的范围），而是应当允许当事人继续提起后诉讼。总之，在划定诉讼标的范围时，应当充分考虑到当事人的程序保障权。在诉讼伊始，可以借助案件事实来确定诉讼标的范围，但在诉讼终结后既判力客观范围的确定上，则应当将那些当事人没能获得充分程序保障的法律关系主张和诉之声明剔除出来。如何检验当事人是否就本案案件事实所覆盖的法律关系主张和诉之声明获得了充分的程序保障，则可以考量法官的阐明、争点的整理、当事人辩论权的行使等各项程序性要素。亦即，当我们以案件事实来特定诉讼标的之范围时，还应当充分重视当事人程序保障权对既判力客观范围的限缩作用，使其成为事实上的决定诉讼标的范围的第二性要素。本书将这种以案件事实要素来特定诉讼标的范围，并允许以程序保障权的落实状况来限制既判力客观范围的做法，称之为目标管理案件事实说。

三 中国民事裁判边界的选择

在民事裁判边界的确定方法上，中国的民事司法正彷徨于十字路口：传统诉讼标的理论？新诉讼标的理论一分肢说？安于现状？目标管理案件事实说？

根据对我国民事审判实践中相关判决的调研，可以发现，有相当一部分法官对于诉讼标的没有清楚的认识，各级地方人民法院在诉讼标的之确定方法上存在着一定的分歧，传统诉讼标的理论并没有在实务中得到彻底的贯彻。在案件的审理路入口上，最高人民法院所颁布的《民事案件案由规定》确立了一个案件审理一个法律关系的基本格局①，这种做法甚至于还滞后于传统诉讼标的理论所可以达到的纷争一次性解决程度；在案件的审理进程中，《证据规定》第35条则赋予了当事人和法官尽可能地考虑同一案件事实所覆盖的所有法律关系主张和诉之声明的广泛空间，但其仍然带有"一案一诉"的明显局限性；在案件的审理出口上，模糊的"一事不再理"原则的使用，则使得既判力的客观范围带有一定的随意性。

尽管实践中诉讼标的理论的运用并不尽如人意，但是，考虑到《证据规定》第35条及民事诉讼法中的相关证据规定，同时考虑到民事诉讼法司法解释第247条的最新适用导向②已经对民事法官通盘考虑案件事实中所覆盖的各种法律关系和诉之声明提出了要求，这客观上使得我国已经初步培育出了实施目标管理案件事实说的审判土壤。因此，可以考虑以目标管理案件事实说来统一民事审判实践中的诉讼标的确定方法。退而求其次，如果不采用目标管理案件事实说，最高司法机关也应当力求变革，普遍树立起法官的诉讼标的意识，将传统诉讼标的理论中的诉之客观合并、诉之追加等可以提高诉讼效率的技巧引入到我国的民事审判实践中。

---

① 最高人民法院关于印发修改后的《民事案件案由规定》的通知（法［2011］42号）规定："同一诉讼中涉及两个以上的法律关系的，应当依当事人诉争的法律关系的性质确定案由，均为诉争法律关系的，则按诉争的两个以上法律关系确定并列的两个案由。"该规定的有限适用，已经轻微改变了一个案件一个法律关系的格局，但是这种情况在实务中并不多见。

② 当事人就已经提起的诉讼的事项在裁判生效后再次起诉，后诉的诉讼请求实质上系否定前诉裁判结果的，即使当事人起诉的请求权基础不同仍以认定该后诉的请求实质上违反了一事不再理原则，构成重复起诉。人民法院应根据民事诉讼法第一百二十四条第（五）项"对判决、裁定、调解书已经发生法律效力的案件，当事人又起诉的，告知原告申请再审"的规定，告知当事人对已经提起诉讼的裁判申请再审。参见杜万华《民事审判指导与参考》第63期，人民法院出版社，2017，第161～167页。

参考文献

一　中文文献

[1] 许少波：《论民事裁定的既判力》，《法律科学》2006 年第 6 期。

[2] 邱联恭：《口述民事诉讼法讲义（三）》，台北，三民书局，2007。

[3] 〔德〕罗森贝克、施瓦布、戈特瓦尔德：《德国民事诉讼法（下）》，李大雪译，中国法制出版社，2007。

[4] 陈洪杰：《论"一事不再理"与"既判力"之区分》，载张卫平主编《民事程序法研究》第 4 辑，厦门大学出版社，2008。

[5] 杨淑文：《诉讼标的理论在实务上之适用与评析》，《政大法学评论》1999 年第 61 期。

[6] 张卫平：《重复诉讼规制研究：兼论"一事不再理"》，《中国法学》2015 年第 2 期。

[7] 林剑锋：《既判力时间范围制度适用的类型化分析》，《国家检察官学院学报》2016 年第 4 期。

[8] 《民事诉讼法学》编写组：《民事诉讼法学》，高等教育出版社，2017。

[9] 徐国栋等译《十二表法》，《河北法学》2005 年第 11 期。

[10] 巢志雄：《诉讼标的理论的知识史考察——从罗马法到现代法国法》，《法学论坛》2017 年第 6 期。

[11] 〔德〕拉伦茨：《德国民法通论（上）》，王晓晔等译，法律出版社，2003。

[12] 王洪亮《实体请求权与诉讼请求权之辨》，《法律科学》2009 年第 9 期。

[13] 卢佩：《困境与突破：德国诉讼标的理论重述》，《法学论坛》2017 年第 6 期。

[14] 史明洲：《日本诉讼标的理论再认识——一种诉讼法哲学观的转向》，《法学论坛》2017 年第 6 期。

[15] 〔美〕理查德·D. 弗里尔:《美国民事诉讼法》,张利民等译,商务印书馆,2013。

[16] 沈冠伶:《一部请求之判决对于余额请求之效力》,《台湾本土法学》2002 年第 2 期。

[17] 〔日〕中村宗雄、中村英郎:《诉讼法学方法论》,陈刚等译,中国法制出版社,2009。

[18] 周兴宥、郭敬波:《对不同阶段分诉不违反"一事不再理"原则》,《人民法院报》2008 年。

[19] 刘岚:《规范审理公司解散和清算案件——最高人民法院民二庭负责人答本报记者问》,《人民法院报》2008 年 5 月 20 日。

[20] 黄明展:《诉之变更或追加之研究》,硕士学位论文,台湾东海大学法律研究所,1997。

[21] 占善刚:《略论诉之追加》,《法学评论》2006 年第 3 期。

[22] 叶月云:《德国新诉讼标的理论之研究》,硕士学位论文,台湾东海大学法律学研究所,1994。

[23] 陈玮佑:《诉讼标的概念与重复起诉禁止原则——从德国法对诉讼标的概念的反省谈起》,《政大法学评论》2011 年第 127 期。

[24] 许士宦:《民事诉讼法修正后之诉讼标的理论》,《台大法学论丛》2004 年第 1 期。

[25] 李浩:《民事诉讼法学》,法律出版社,2016。

[26] 齐树洁:《民事诉讼法》,厦门大学出版社,2013。

[27] 江伟:《民事诉讼法》,高等教育出版社,2004。

[28] 常怡:《民事诉讼法》,中国政法大学出版社,1997。

[29] 段厚省:《民事诉讼标的论》,中国人民公安大学出版社,2004。

[30] 黄国昌:《民事诉讼理论之新开展》,台北,元照出版社,2005。

[31] 江伟:《中国民事诉讼法专论》,中国政法大学出版社,1998。

[32] 李龙:《民事诉讼标的理论研究》,法律出版社,2003。

[33] 张卫平:《民事诉讼法》,中国人民大学出版社,2015。

[34] 张卫平:《论诉讼标的及识别标准》,《法学研究》1997 年第 4 期。

[35] 王亚新、陈杭平、刘君博:《中国民事诉讼法重点讲义》,高等教育出版社,2017。

[36] 陈杭平:《"纠纷事件":美国民事诉讼标的理论探析》,《法学论坛》

2017 年第 6 期。

[37] 黄进、邹国勇：《欧盟民商事管辖权规则的嬗变——从〈布鲁塞尔公约〉到〈布鲁塞尔条例〉》，《东岳论丛》2006 年第 5 期。

[38] 张淑钿：《〈布鲁塞尔公约〉体系下国际民事诉讼竞合的解决机制——评〈布鲁塞尔公约〉第 21 条适用》，载张卫平主编《民事程序法研究》第 2 辑，厦门大学出版社，2006。

[39] 邱联恭：《争点整理方法论》，台北，三民书局，2001。

[40] 王泽鉴：《新旧诉讼标的理论之检讨》，《台大法学论丛》1976 年第 2 期。

[41] 陈荣宗：《民事程序法与诉讼标的理论》，台湾大学法学丛书编辑委员会，1984。

[42] 杨建华：《诉讼标的新理论概述》，载杨建华主编《民事诉讼法论文选辑》（下），台湾五南图书出版公司，1984。

[43] 骆永家：《民事诉讼法 I》，自刊，1995。

[44] 王甲乙等：《请求损害赔偿之诉讼标的》，载民事诉讼法研究基金会主编《民事诉讼法之研讨（四）》，台北，三民书局，1993。

[45] 杜万华：《民事审判指导与参考》第 63 期，人民法院出版社，2017。

[46] 黄国昌：《民事诉讼理论之新开展》，台北，元照出版公司，2005。

[47] 黄茂荣：《论诉讼标的》，《植根杂志》2004 年第 1 期。

[48] 邱联恭：《口述民事诉讼法讲义（2006 年笔记版）》，台北，三民书局，2007。

[49]〔日〕高桥宏志：《民事诉讼法》，林剑锋译，法律出版社，2004。

[50] 邱联恭：《诉讼上请求之表明如何兼顾实体利益及程序利益》，《台湾本土法学》2003 年第 11 期。

[51] 许士宦：《逾时提出攻击防御方法之失权》，载民事诉讼法研究基金会主编《民事诉讼法之研讨》第 11 辑，台北，三民书局，2003。

[52] 邱联恭：《程序选择权论》，台北，三民书局，2000。

[53] 邱联恭：《口述民事诉讼法讲义（二）》，自刊，2007。

[54] 许士宦：《重复起诉禁止原则與既判力之客观范围》，《台大法学论丛》2002 年第 6 期。

[55] 吴晓静：《民事法律关系网络论》，博士学位论文，西南政法大学，2008。

［56］梁开斌：《合同法第 122 条的缺陷评析及补救》，《行政与法》2004 第 9 期。

［57］杨建华：《民事诉讼法问题研析（一）》，台北，广益印书局，1997。

［58］邱联恭：《诉讼上请求之表明如何兼顾实体利益及程序利益》，《台湾本土法学》2003 年第 11 期。

［59］方金刚：《案件事实认定论》，博士学位论文，中国政法大学，2004。

［60］王泽鉴：《民法学说与判例研究第 1 册》，北京大学出版社，2009。

［61］陈荣宗、林庆苗：《民事诉讼法（上）》，台北，三民书局，2001。

［62］王甲乙、杨建华、郑健才：《民事诉讼法新论》，台北，三民书局，2001。

［63］梁开斌、陈辉庭：《论诉讼请求的分割》，《中共福建省委党校学报》2008 年第 9 期。

［64］全国人大常委会法制工作委员会民法室编《中华人民共和国民事诉讼法条文说明、立法理由及相关规定》，北京大学出版社，2007。

［65］张卫平：《论诉讼标的及识别标准》，《法学研究》1997 年第 4 期。

［66］朱永德、杨介寿：《试论法律关系释明和诉请变更告知》，《政治与法律》2006 年第 3 期。

［67］刘峰、阴悦：《法官的诉请变更告知义务在实践中的问题及其完善》，《山东审判》2005 年第 5 期。

［68］段厚省：《请求权竞合与诉讼标的研究》，吉林人民出版社，2004。

［69］张卫平：《诉讼构架与程式——民事诉讼的法理分析》，清华大学出版社，2000。

［70］邓辉：《既判力理论研究》，中国政法大学出版社，2005。

［71］最高人民法院民事审判第一庭：《民事诉讼证据司法解释的理解与适用》，中国法制出版社，2002。

［72］许士宦：《新民事诉讼法》，北京大学出版社，2013 年。

［73］杨艺红：《诉讼突袭及其法律规制》，博士学位论文，西南政法大学，2008。

［74］张晓茹：《再论诉讼担当——以担当人和被担当人在实体法和程序法上的关系为视角》，《法学杂志》2012 年第 2 期。

［75］肖建华：《诉权与实体权利主体相分离的类型化分析》，《法学评论》2002 年第 1 期。

[76] 沈冠伶：《一部请求之判决对于余额请求之效力》，《台湾本土法学》2002 年第 2 期。

[77] 杨淑文：《单一声明下之重叠、选择或预备合并》，《台湾本土法学》2007 年第 9 期。

[78] 邱联恭：《程序制度机能论》，台北，三民书局，1996。

[79] 陈世宽：《损害赔偿诉讼之诉讼标的》，硕士学位论文，台湾大学法律研究所，1987。

[80] 严仁群：《诉讼标的之本土路径》，《法学研究》2013 年第 3 期。

[81] 陈荣宗：《民事诉讼标的新旧理论之研究》，（台北）文瑞印刷文具公司，1965。

[82] 卢配：《多数人侵权纠纷之共同诉讼类型研究——兼论诉讼标的之"案件事实"范围的确定》，《中外法学》2017 年第 5 期。

[83] 张珉：《协同主义诉讼模式：我国民事诉讼模式的新选择》，《法律科学》2005 年第 12 期。

[84] 陈桂明：《诉讼公正与程序保障》，《政法论坛》1995 年第 5 期。

[85] 李龙：《民事诉讼诉的合并问题探讨》，《现代法学》2005 年第 2 期。

[86] 毕玉谦：《诉的变更之基本架构及对现行法的改造》，《法学研究》2006 年第 2 期。

[87] 徐晓峰：《责任竞合与诉讼标的理论》，《法律科学》2004 年第 1 期。

[88] 许士宦：《诉之变更、追加与阐明》，《台大法学论丛》2002 年第 3 期。

[89] 吴从周：《阐明提出时效抗辩与二审失权》，《台湾本土法学》2006 年第 1 期。

[90] 骆永：《既判力之研究》，台北，三民书局，1991。

[91] 吴英姿：《诉讼标的理论内卷化批判》，《中国法学》2011 年第 2 期。

[92] 陈杭平：《诉讼标的理论的新范式一"相对化"与我国民事审判实务》，《法学研究》2016 年第 4 期。

[93] 赵许明：《民事责任竞合的立法缺陷及修补》，《华侨大学学报》2004 第 3 期。

[94] 泽鉴：《民法学说与判例研究》，北京大学出版社，2009。

[95] 蓝承烈：《民事责任竞合论》，《中国法学》1992 年第 3 期。

[96] 王利明：《再论违约责任与侵权责任的竞合》，《中国对外贸易》

2001 年第 2 期。

[97] 黄茂荣：《论诉讼标的》，《植根杂志》2004 年第 1 期。

[98] 邱联恭：《程序利益保护论》，台北，三民书局，2005。

[99] 江伟：《段厚省请求权竞合与诉讼标的理论之关系重述》，《法学家》
2003 年第 4 期。

[100] 李祖：《民事诉讼目的论》，法律出版社，2000。

[101] 〔德〕阿图尔·考夫曼：《法律哲学（第二版）》，刘幸义译，法律出
版社，2011。

[102] 梁开斌：《违约责任与侵权责任之竞合在中国合同法上的立法构
想》，硕士学位论文，华侨大学，2003。

[103] 伊力：《今日说法》，中国人民公安大学出版社，2001。

[104] 王甲乙、杨建华、郑健才：《民事诉讼法新论》，台北，三民书
局，2001。

[105] 杨淑文：《民事诉讼法共笔》，自刊，2007。

[106] 林清钧：《诉之客观的合并之研究》，硕士学位论文，台湾中兴大学
法律学研究所，1985。

[107] 丁启明：《德国民事诉讼法》，厦门大学出版社，2015。

[108] 张力：《论阐明权的诉讼机制背景》，《诉讼法论丛》2006 年第
11 期。

[109] 赵钢：《论法官对诉讼请求变更事项的告知义务》，《法商研究》
2005 年第 6 期。

[110] 沈冠伶：《诉讼权保障与裁判外纷争处理》，北京大学出版社，2008。

[111] 唐力：《辩论主义的嬗变与协同主义的兴起》，《现代法学》2005 第
5 期。

[112] 张永泉：《必要共同诉讼类型化及其理论基础》，《中国法学》2014
年第 1 期。

[113] 丁宝同：《论争点效之比较法源流与本土归化》，《比较法研究》
2016 年第 3 期。

[114] 段文波：《预决力批判与事实性证明效展开：已决事实效力论》，载
《法律科学》2015 年第 5 期。

[115] 林剑锋：《既判力相对性原则在我国制度化的现状与障碍》，载《现
代法学》2016 年第 1 期。

［116］杜万华：《最高人民法院民事诉讼司法观点全集》，人民出版社，2016。

［117］沈德咏：《最高人民法院民事诉讼法司法解释理解与适用》，人民法院出版社，2015。

二 英文文献

［1］John Anthony Jolovicz, *On Civil Procedure* (Cambridge：University Press, 2000).

［2］Anthony J. BelliaJr, "Article III and the Cause of Action", *Iowa University Iowa Law Review*89 (2004).

［3］G. S, Forms of Action, The American Law Register, Vol. 12, No. 12, New Series Volume 3 (Oct. , 1864).

［4］John Norton Pomeroy, *Code Remedies：Remedies and Remedial Rights* (Boston：Little. Brown, 1904).

［5］Oliver L. McCaskill, "The Elusive Cause of Action," *The University of Chicago Law Review*4 (1937).

［6］Robert C et al. , *Res Judicata* (Carolina：Academic Press, 2005).

［7］Silas A. Harris, "What Is a Cause of Action," *California Law Review*16 (1928).

［8］Charles E. Clark, "The Code Cause of Action," *The Yale Law. Journal*33 (1924).

［9］O. L. McCaskill, "Actions and Causes of Action," *The Yale Law. Journal* 34 (1925).

［10］O. W. Holmes, Jr, *The Common Law* (Boston：Little Brown, 1963).

［11］Robert C et al. , *Res Judicata* (Carolina：Academic Press, 2001).

［12］Charles Alan Wright et al. , *Federal Practice and Procedure* (St. Paul：West Pub. Co. , 2002).

［13］Burkhard Hess, "Procedural Harmonisation in a European Context," X. E. Kramer and C. H. Rhee, Civil Litigation in a Globalising World (Hague：Springer, 2012).

［14］Ulrich Magnus、Peter Mankowski, *Brussels I Regulation* (Berlin：Walter De Gruyter, 2007).

[15] Michael Bogdan, *Concise Introduction to EU Private International Law* (Brighton: Sussex Academic Press, 2012).

[16] JannetA. Pontier、EdwigeBurg, *EU Principles on Jurisdiction and Recognition and Enforcement of Judgments in Civil and Commercial Matters* (T. M. C: Asser press, 2004).

[17] Oakley, John B. , *American Civil Procedure: A Guide to Civil Adjudication in US Courts* (Kluwer Law International, 2009).

[18] James Pyke, *A – Z of Civil Litigation* (Sweet & maxwell, 2013).

[19] GEUERHAKE, HERBERT G, *Basic Civil Litigation 4th Edition* (Wolterskluwer law & bus, 2009).

[20] Goldman, Thomas F. , *Civil Litigation: Process and Procedures* (Prentice Hall, 2014).

[21] Counseller, W. Jeremy, *Civil Procedure in Focus* (Wolters Kluwer Law & Business, 2017).

[22] Field, Richard H. , *Civil Procedure, Materials for a Basic Course* (Foundation Press, 2010).

[23] Dodson, Scott, *Civil Procedure: Model Problems and Outstanding Answers (Revised)* (The USA: Oxford University Press, 2012).

[24] Silberman, Linda J. , *Civil Procedure: Theory and Practice* (Wolters Kluwer Law & Business, 2017).

[25] Rijavec, Vesna, *Dimensions of Evidence in European Civil Procedure* (Kluwer Law International, 2015).

[26] Emanuel, Steven L. , *EmanuelCrunchtime for Civil Procedure* (Aspen Publishers, 2014).

[27] Emanuel, Steven L. , *Emanuel Law Outlines for Civil Procedure* (Aspen Publishers, 2014).

[28] Erichson, Howard M. , *Inside Civil Procedure: What Matters and Why (Revised)* (Aspen Publishers, 2012).

[29] Van Rhee, C. H. , *Judicial Case Management and Efficiency in Civil Litigation* (Intersentia, 2008).

[30] Jolowicz, J. a. , *On Civil Procedure* (Cambridge University Press, 2008).

［31］ Koesel，Margaret M. ，*Spoliation of Evidence*：*Sanctions and Remedies for Destruction of Evidence in Civil Litigation*（American Bar Association，2014）.

三 案例文献

［1］ 福建省高级人民法院审理的福建南平金福房地产有限公司与福建南平房地产管理局房屋拆迁安置补偿合同纠纷再审案闽民申字第915号。

［2］ 海南省第一中级人民法院审理的吉林人民出版社诉廖芳婷等侵害作品复制权、发行权纠纷案海南一中民初字第61号。

［3］ 西藏自治区拉萨市中级人民法院民事判决书（2007）拉民三初字第10号。

［4］ 新疆生产建设兵团第三师中级人民法院民事判决书（2017）兵03民终116号。

［5］ 江苏省南通市中级人民法院民事调解书（2007）通中民三初字第0295号。

［6］ 广西壮族自治区柳州市中级人民法院民事判决书（2018）桂02民终185号。

［7］ 云南省昆明市中级人民法院民事判决书（2007）昆民三终字第1301号。

［8］ 浙江省长兴县人民法院民事判决书（2015）浙长民初字第1670号。

［9］ 上海市徐汇区人民法院民事判决书（2008）徐民三（民）初字第1801号。

［10］ 上海市第一中级人民法院民事判决书（2018）沪01民终926号。

［11］ 云南省曲靖市中级人民法院民事判决书（2008）曲中民终字第449号。

［12］ 浙江省富阳市人民法院民事判决书（2012）杭富新民初字第166号。

［13］ 广东省广州市中级人民法院民事调解书（2008）穗中法民二终字第514号。

［14］ 浙江省杭州市中级人民法院民事判决书（2017）浙01民终4277号。

［15］ 重庆市第五中级人民法院民事判决书（2007）渝五中民初字第355号。

［16］ 南昌市青云谱区人民法院民事判决书（2015）青城民初字第228号。

［17］江西省会昌县人民法院民事判决书（2018）赣 0733 民初 11 号。

［18］湖南省郴州市中级人民法院民事判决书（2017）湘 10 民终 2673 号。

［19］安徽省阜阳市中级人民法院民事判决书（2017）皖 12 民终 3969 号。

［20］上海市松江区人民法院执行裁定书（2017）沪 0117 执 4553 号。

［21］辽宁省调兵山市人民法院民事判决书（2018）辽 1281 民初 22 号。

［22］新疆维吾尔自治区乌鲁木齐市新市区人民法院民事裁定书（2017）新 0104 民初 9467 号。

［23］新疆维吾尔自治区乌鲁木齐市新市区人民法院民事判决书（2017）新 0104 民初 9589 号。

［24］江苏省无锡市中级人民法院民事裁定书（2018）苏 02 民辖终 17 号。

［25］山东省招远市人民法院民事判决书（2017）鲁 0685 民初 2957 号。

［26］河南省睢县人民法院民事判决书（2017）豫 1422 民初 3662 号。

［27］山东省青岛市市南区人民法院民事判决书（2017）鲁 0202 民初 3401 号。

［28］广西壮族自治区贺州市中级人民法院民事裁定书（2018）桂 11 民辖终 1 号。

［29］内蒙古自治区鄂温克族自治旗人民法院民事判决书（2017）内 0724 民初 1301 号。

［30］新疆维吾尔自治区高级人民法院伊犁哈萨克自治州分院（2017）新 40 民终 1859 号。

［31］新疆维吾尔自治区乌鲁木齐市沙依巴克区人民法院（2017）新 0103 民初 6309 号。

［32］新疆维吾尔自治区乌鲁木齐市新市区人民法院（2017）新 0104 民初 2165 号。

［33］新疆维吾尔自治区乌鲁木齐市头屯河区人民法院（2017）新 0106 民初 991 号。

［34］新疆维吾尔自治区乌鲁木齐市头屯河区人民法院（2017）新 0106 民初 972 号。

［35］广东省广州市中级人民法院民事判决书（2006）穗中法民五终字第 3070 号。

［36］北京市高级人民法院民事裁定书（2018）京民申 70 号。

［37］云南省高级人民法院民事判决书（2008）云高民一再终字第 3 号。

［38］湖北省武汉市中级人民法院民事裁定书（2018）鄂 01 民终 2028 号。

［39］ 江苏省苏州市中级人民法院（2006）苏中民三初字第 0011 号民事裁定。

［40］ 广东省广州市中级人民法院民事判决书（2015）穗中法民五终字第 6026 号。

［41］ 海南省高级人民法院民事判决书（2006）琼民二终字第 30 号。

［42］ 四川省自贡市自流井区人民法院民事判决书（2017）川 0302 民初 1254 号。

［43］ 河南省高级人民法院民事判决书（2007）豫法民再字第 00109 号。

［44］ 广东省广州市中级人民法院民事判决书（2017）粤 01 民终 21224 号。

［45］ 广东省佛山市中级人民法院民事裁定书（2008）佛中法民一终字第 647 号。

［46］ 山东省威海经济技术开发区人民法院民事裁定书（2017）鲁 1092 民撤 5 号。

［47］ 云南省昆明市中级人民法院民事裁定书（2007）昆民四初字第 228 号。

［48］ 福建省厦门市中级人民法院民事判决书（2017）闽 02 民终 3866 号。

［49］ 云南省昆明市中级人民法院民事裁定书（2008）昆民三终字第 680 号。

［50］ 四川省成都市武侯区人民法院民事判决书（2017）川 0107 民初 498 号。

［51］ 北京市第二中级人民法院民事裁定书（2018）京 02 民辖终 81 号。

［52］ 海南省三亚市中级人民法院民事裁定书（2008）三亚民一终字第 38 号。

［53］ 陕西省铜川市王益人民法院民事判决书（2016）陕 0202 民初第 301 号。

［54］ 山东省威海市文登区人民法院民事判决书（2017）鲁 1003 民初 128 号。

［55］ 广东省佛山市中级人民法院民事判决书（2006）佛中法民五终字第 470 号。

［56］ 广东省江门市中级人民法院民事裁定书（2017）粤 07 民终 2158 号。

［57］ 福建省高级人民法院民事裁定书（2016）闽民辖终 297 号。

［58］ 辽宁省葫芦岛市中级人民法院民事判决书（2015）葫民终字第 01201 号。

［59］ 广东省中山市中级人民法院民事裁定书（2016）粤 20 民终 4584 号。

［60］ 最高人民法院民事裁定书（2005）民一终字第 86 号。

［61］云南省高级人民法院民事裁定书（2008）云高民一终字第 179 号。

［62］武汉无为投资管理有限公司与吴祖发借款合同纠纷案湖北省武汉市中级人民法院民事裁定书（2016）鄂 01 民终 4397 号。

［63］广东省珠海市中级人民法院民事裁定书（2016）粤 04 民终 1622 号。

［64］新疆维吾尔自治区高级人民法院民事裁定书（2015）新民三终字第 16 号。

［65］陕西省高级人民法院民事判决书（2016）陕民终 357 号。

［66］陈永光与陈凤华系列纠纷案（2011）海南一中民三终字第 38 号。

［67］（2012）海南一中民三终字第 25 号。

［68］河南省高级人民法院民事判决书（2010）豫法民三终字第 46 号。

［69］福建省福州市中级人民法院民事判决（2008）榕民终字第 898 号。

［70］宁夏回族自治区中卫市中级人民法院民事裁定书（2016）宁 05 民终 587 号。

［71］刘影不动产登记纠纷裁定书案吉林省吉林市中级人民法院民事裁定书（2016）吉 02 民终 1640 号。

［72］河北省廊坊市中级人民法院民事裁定书（2016）冀 10 民终 2871 号。

［73］湖南省郴州市中级人民法院民事裁定书（2016）湘 10 民终 1068 号。

［74］新疆维吾尔自治区高级人民法院民事裁定书（2016）新民申 770 号。

［75］广东省阳江市中级人民法院民事裁定书（2016）粤 17 民终 641 号。

［76］湖北省高级人民法院民事判决书（2016）鄂民终 927 号。

［77］（2012）苏商申字第 256 号民事裁定。

［78］中华人民共和国最高人民法院民事裁定书（2015）民一终字第 362 号。

［79］河南省高级人民法院民事判决书（2010）豫法民三终字第 46 号。

［80］广东省深圳市中级人民法院民事裁定书（2016）粤 03 民终 8252 号。

［81］吉林省长春市中级人民法院民事判决书（2016）吉 01 民终 1429 号。

［82］江苏省南京市中级人民法院民事裁定书（2016）苏 01 民终 4937 号。

［83］河南省郑州市中级人民法院民事判决书（2016）豫 01 民终 6140 号。

［84］河北省高级人民法院民事判决书（2016）冀民终 333 号。

［85］江苏省南通市中级人民法院民事判决书（2016）苏 06 民终 1120 号。

［86］河南省漯河市中级人民法院民事裁定书（2016）豫 11 民申 48 号。

［87］海南省高级人民法院民事裁定书（2016）琼民申 245 号。

［88］ 湖北省武汉市中级人民法院民事判决书（2016）鄂 01 民终 2059 号。

［89］ 湖北省高级人民法院（2017）鄂 07 民终 495 号。

［90］ 北京市第二中级人民法院审理的北京中建二局装饰工程有限公司与北京凌飞空间钢结构工程有限公司承揽合同纠纷上诉案（2012）二中民终字第 02539 号。

［91］ 京市高级人民法院行政判决书（2005）高行终字第 31 号。

［92］ 福建省高级人民法院民事判决书（2005）闽民终字第 64 号。

［93］ 湖南省高级人民法院民事判决书（2005）湘高法民三终字第 49 号。

［94］ 天津市高级人民法院民事判决书（2005）津高民三终字第 51 号。

［95］ 福建省高级人民法院民事裁定书（2009）闽民申字第 915 号。

［96］ 海南省第一中级人民法院民事判决书（2011）海南一中民初字第 61 号。

［97］ 福州市晋安区人民法院民事判决书（2007）晋民初字第 2452 号。

［98］ Case 406/92：Tatry v MaciejRataj 34.

［99］ Charles E. S. McLeodv. R. B. Hamilton，Etc.，（1982）.

［100］ Smith v. Kirkpatrick，111 N. E. 2d 209（N. Y. 1953）.

［101］ Case 420/97：LeathertexDivisioneSinteticiSpA v Bodetex BVBA. 11.

［102］ Case 150/80：ElefantenSchuh v Jacqmain［1981］ECR 1671，paragraph 19，and Case 51/97：RéunionEuropéenne and Others v Spliethoff's Bevrachtingskantor and Another［1998］ECR I－6511，paragraph 39.

［103］ Case 420/97：LeathertexDivisioneSinteticiSpA v Bodetex BVBA. 40. 41.

［104］ Case 68/93：Shevill v Presse Alliance32.

［105］ Case 266/85：HassanShenavai v Klaus Kreischer. 19.

［106］ Reynolds Metals Co. v. Wand，308 F. 2d 504（9th Cir. 1962）；Spaulding v. Cameron，239 P. 2d 625（Cal. 1952）.

［107］ Fox v. Connecticut Fire Ins. Co.，380F. 2d 360（10th Cir. 1967）.

［108］ Case 406/92：Tatry v Maciej Rataj. 41－43.

［109］ Case 406/92：Tatry v MaciejRataj 50，51，52，53，54，55，56，57.

［110］ Case 189/87：Kalfelis v. Schroder［1988］ECR，5565. 20.

［111］ Case 420/97：LeathertexDivisioneSinteticiSpA v Bodetex BVBA. 39.

［112］ Case 144/86：GubischMaschinenfabrik KG v Giulio Palumbo 14.

［113］ Case 144/86：GubischMaschinenfabrik KG v Giulio Palumbo 15.

［114］ Case 144/86：GubischMaschinenfabrik KG v Giulio Palumbo 16 – 17.

［115］ Case 144/86：GubischMaschinenfabrik KG v Giulio Palumbo 18.

［116］ Case 144/86：GubischMaschinenfabrik KG v Giulio Palumbo 14.

［117］ Case 406/92：Tatry v MaciejRataj 30 – 35.

［118］ Case 406/92：Tatry v MaciejRataj 38.

［119］ Case 406/92：Tatry v MaciejRataj 39.

［120］ Case 39/02：Mærsk Olie & Gas A/S proti Firma M. de Haan en W. de Boer. 38 – 39.

［121］ Case 39/02：Mærsk Olie & Gas A/S proti Firma M. de Haan en W. de Boer. 38 – 39.

［122］ Case 406/92：Tatry v MaciejRataj）37.

［123］ Case111/01：Gantner Electronic GmbH v BaschExploitatieMaatschappij BV.

［124］ Case 111/01：Gantner Electronic GmbH v BaschExploitatieMaatschappij BV. 25.

四 网站文献

［1］ http：//www. artsbj. com/Html/observe/zhpl/wypl/wenxue/095854. html.

［2］ http：//www. 110. com/falv/minshisusong/dongtai/2010/0709/69542. ht-ml.

［3］ https：//www. rxyj. org/html/2010/0623/1941961. php.

［4］ http：//www. chinacourt. org/public/detail. php？id = 218898.

［5］ http：//www. chinacourt. org/article/detail/2004/04/id/114200. shtml.

［6］ http：//www. chinacourt. org.

［7］ http：//www. akfy. org. cn/Article/Class6/Class39/200808/641. html.

［8］ http：//news. luaninfo. com/2006 – 08 – 24/21515. html.

［9］ http：//eur – lex. europa. eu/smartapi/cgi/sga_ doc？smartapi！celexplus！prod！CELEXnumdoc&lg = en&numdoc = 61985J0266. 2018 – 2 – 16.

［10］ http：//eur – lex. europa. eu/smartapi/cgi/sga_ doc？smartapi！celexplus！prod！CELEXnumdoc&numdoc = 61993J0068&lg = en. 2018 – 2 – 16.

［11］ http：//eur – lex. europa. eu/LexUriServ/LexUriServ. do？uri = CELEX：32003R2201：EN：HTML 2017 – 9 – 12.

［12］ http：//eur – lex. europa. eu/LexUriServ/LexUriServ. do？uri = CELEX：

61986J0144：EN：HTML. 2017 – 10 – 16.

［13］ http：//eur – lex. europa. eu/smartapi/cgi/sga _ doc? smartapi！celex-plus！prod！CELEXnumdoc&lg = en&numdoc = 61992J0406. 2018 – 1 – 5.

［14］ http：//eur – lex. europa. eu/LexUriServ/LexUriServ. do? uri = CELEX：62002J0039：CS：NOT. 2018 – 1 – 11.

［15］ http：//eur – lex. europa. eu/LexUriServ/LexUriServ. do? uri = CELEX：62001J0111：EN：NOT. 2018 – 1 – 16.

［16］ http：//eur – lex. europa. eu/smartapi/cgi/sga _ doc? smartapi！celexplus！prod！CELEXnumdoc&numdoc = 61997J0051&lg = en. 2018 – 1 – 26.

［17］ http：//eur – lex. europa. eu/smartapi/cgi/sga _ doc? smartapi！celexplus！prod！CELEXnumdoc&numdoc = 61997J0051&lg = en. 2018 – 1 – 28.

［18］ http：//eur – lex. europa. eu/smartapi/cgi/sga _ doc? smartapi！celex-plus！prod！CELEXnumdoc&lg = en&numdoc = 61997J0420. 2018 – 2 – 2.

后　记

总有一些遗珠之憾，需要在这里表白。

本书提出了民事裁判边界的确定方法——目标管理案件事实法。目标管理这四字，初衷在于将管理学之目标管理实践，引入民事案件的裁判边界管理。目标管理案件事实法的提出，受哺于中国民事诉讼实务的经验以及诸多学界前辈的智慧。写作过程中，终日流连于裁判文书的山山水水，受启发于台湾的民事诉讼标的相对论和英美法的纠纷事件说，自然而然地将案件事实作为决定民事裁判边界范围的本体性要素。案件事实自身的散漫化天性，会直接影响裁判边界的确定性。于此问题，德国的二分肢说和欧盟国际民商事管辖权规则确有对症下药解惑之效。事实上，欧洲法院的做法已经完成了对概念法学的超越，其对于法律体系内在自恰性的理解，较德国的二分肢说更胜一筹。即便如此，欧洲法院仍然更多停留于司法实务的视角来思考民事裁判的对象性。民事裁判对象的确定，应更为注重于普遍正义而不是个案正义，其不单应受制于个案的诉讼目的，更应当考虑民事诉讼程序的整体运行目的——程序保障的有效性。目标管理案件事实法，在这方面显著不同于欧洲法院的处理思路。无论如何，这是一次站在前人肩膀的思考，也是对中国司法资源供不应求紧张局面的回应。

作品终需出版，思考永无止境。将目标管理案件事实法在民事诉讼的其他重要逻辑支点中进行体系性验证，是下一阶段的工作目标，具体有如诉之合并、共同诉讼、第三人诉讼、反诉、重复诉讼等问题。所幸的是，我已经得到国家社科基金资助，下一部作品《论诉之牵连》也在锤炼锻造中，敬请期待。

需要感恩的人和事很多很多，如风如画如诗，恩师齐树洁的谆谆教诲，责编宋淑洁的严谨有致，家人的默默支持。感恩福建工程学院和我那些亲爱的同事、同学、朋友和学生，感恩一年一度中国民事诉讼法学研究会年会带来的教益和同仁。

人生成长的每一步都离不开良师益友的爱和温暖，谢谢你们！

感恩自己，莫道萤光小，犹怀照夜心。

图书在版编目（CIP）数据

民事裁判的边界／梁开斌著. -- 北京：社会科学
文献出版社，2018.4（2021.11 重印）
ISBN 978 - 7 - 5201 - 2567 - 3

Ⅰ.①民… Ⅱ.①梁… Ⅲ.①民事诉讼 - 审判 - 研究
- 中国 Ⅳ.①D925.118.24

中国版本图书馆 CIP 数据核字（2018）第 064962 号

民事裁判的边界

著　　者／梁开斌

出 版 人／王利民
项目统筹／陈凤玲
责任编辑／宋淑洁
责任印制／王京美

出　　版／社会科学文献出版社·经济与管理分社（010）59367226
　　　　　地址：北京市北三环中路甲 29 号院华龙大厦　邮编：100029
　　　　　网址：www.ssap.com.cn
发　　行／市场营销中心（010）59367081　59367083
印　　装／北京虎彩文化传播有限公司

规　　格／开　本：787mm × 1092mm　1/16
　　　　　印　张：16.75　字　数：272 千字
版　　次／2018 年 4 月第 1 版　2021 年 11 月第 2 次印刷
书　　号／ISBN 978 - 7 - 5201 - 2567 - 3
定　　价／79.00 元